ビギナーのための
海のルアーフィッシング

王道シーバスから
お手軽ライトゲームまで

これ1冊でわかる
ソルトルアーのすべて

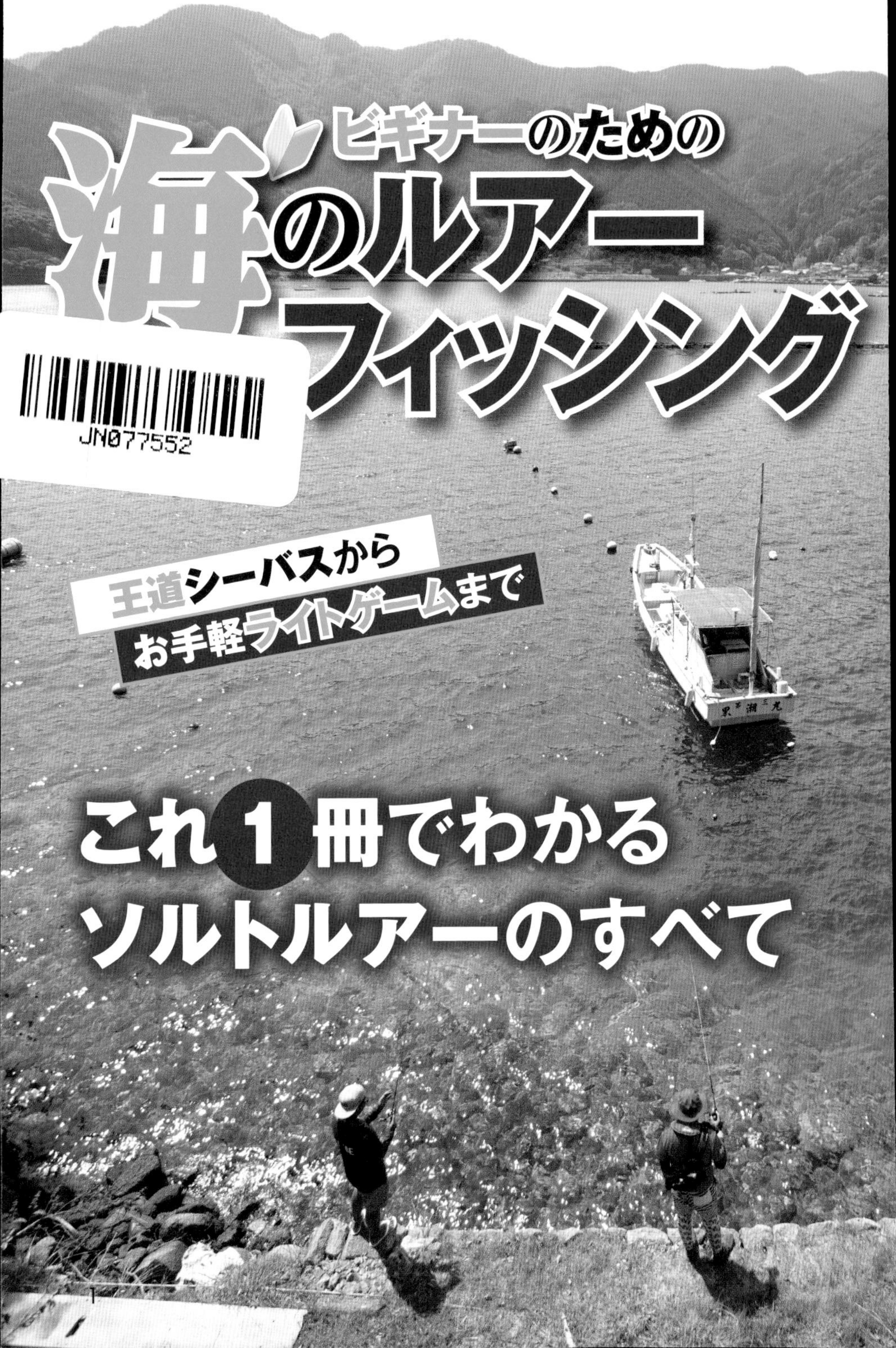

INDEX ビギナーのための海のルアーフィッシング

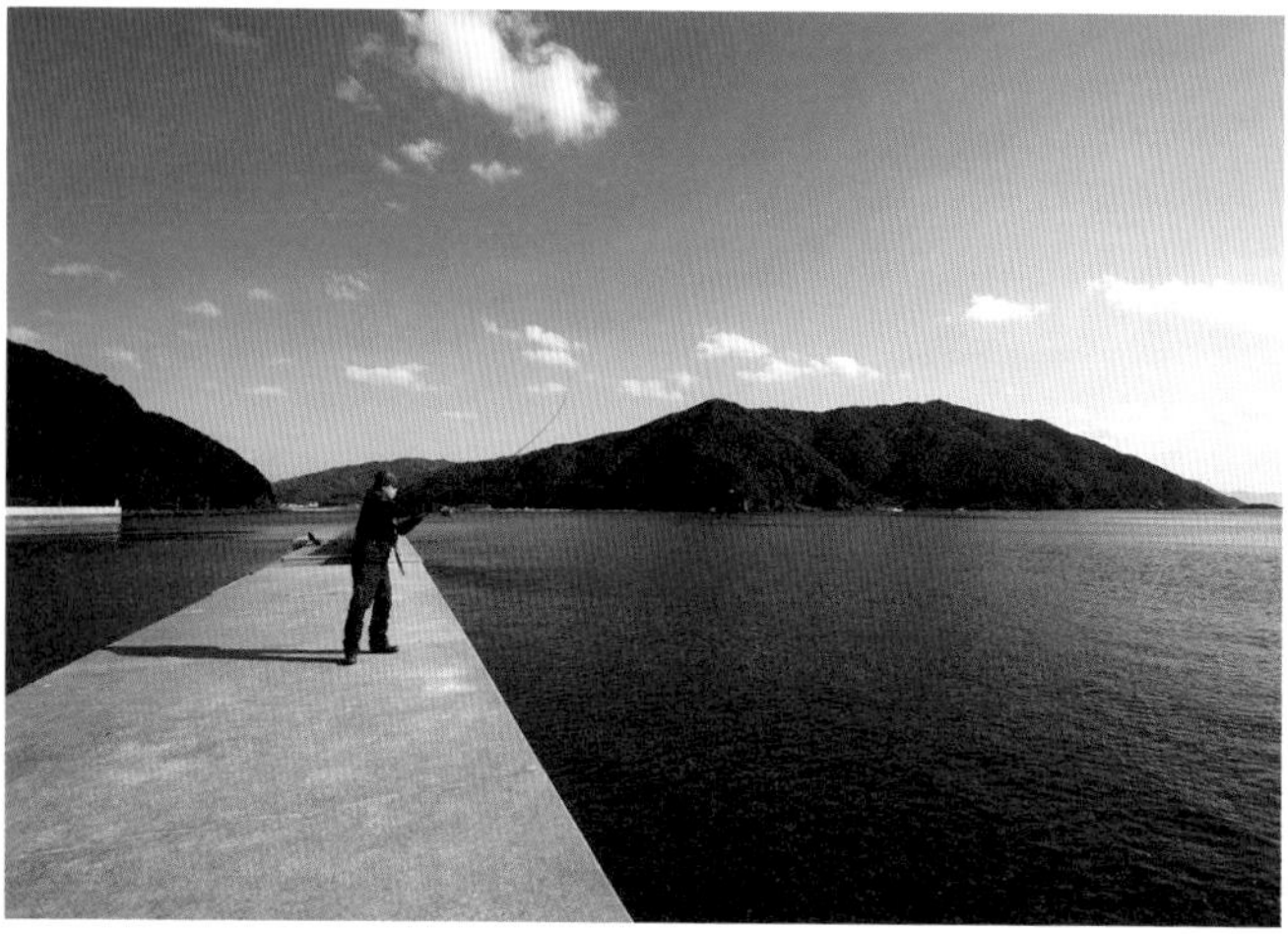

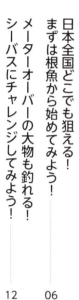

第3章
ルアーフィッシングのウエアと装備
49

第4章
釣り場・状況の把握
63

第5章 ルアーフィッシングで狙えるターゲット 81

第6章 ルアーフィッシングを100%楽しむテクニック 97

第7章 ライトオフショア 115

COLUMN コラム

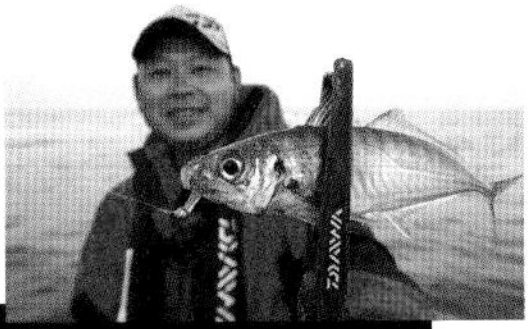

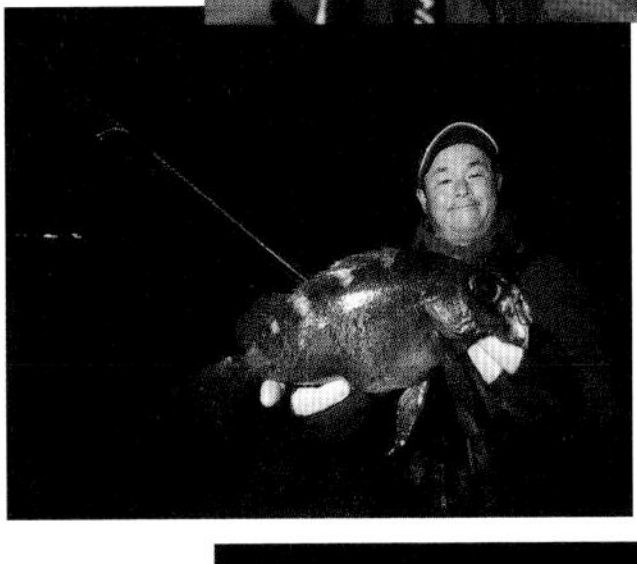

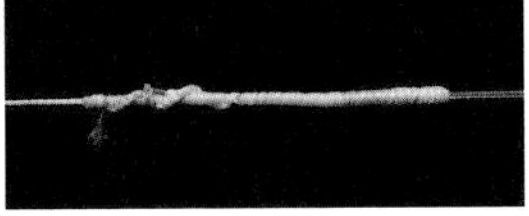

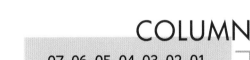

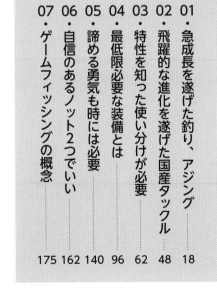

根魚

日本全国どこでも狙える！
まずは根魚から始めてみよう！

どんな魚を釣れば良いのか？どんな道具を揃えれば良いのか？それがルアーフィッシングの世界を体験しようとした時に最初に突き当たる壁だろう。おすすめはズバリ根魚。思い立ったら、今すぐにでも挑戦できる身近で手軽な相手なのだ。

まずは身近な魚で基礎を学ぶ

ルアーフィッシングの対象魚は堤防で手軽に楽しめる小物類から船釣りで狙う巨大魚まで、その種類やサイズは幅広い。特に近年は魚種ごとの専用タックル化（この魚を釣るためには、この竿とリールが適しているという細分化）が一気に進み、あれもこれもと幅を拡げれば拡げるほど道具も増えてゆくという傾向にある。もし湯水のごとく遣えるお金が有り余っているならば、いろんな道具を揃えていろんな魚にチャレンジしてみればいい。だが、多くの読者はとりあえず「簡単に釣れる魚」を釣ってみたいというのが本音だろう。

順番としてはそれが正解。まったく焦る必要はない。まずは身近で簡単に手軽に狙える魚を相手にして実践をくり返しながら、必要な用語をひとつずつ覚えてゆけばいいのだ。

入門者にとっては釣り場の安全が第一。根魚は、どこにでもある足場の良い堤防まわりで楽しめる。

アイナメは東北地方や北海道で人気のターゲット。最大で50cm 前後まで成長する。

ムラソイはゴロタやテトラの穴釣りの代名詞的存在。カサゴ同様、全国に幅広く生息している上、見た目も似ている。赤く、明るい色をした個体が多いカサゴに対し、ムラソイは茶褐色の暗い色をしている。

北海道から九州まで広範囲に生息するカサゴ。もちろん専門で狙うのも面白いが、他の魚種が釣れない時間帯などに狙っても釣れることがあり、その点でも愛されているターゲットだ。

最初は根魚がおすすめ

日本全国の海に生息し、近場の防波堤で昼でも夜でも狙える魚が根魚（ねざかな）だ。根魚とは海底の自然石や人工のコンクリート（ケーソン）、消波ブロック（通称テトラポット）など、障害物の近くに好んで生息する魚のこと。自分の身を隠せる障害物があり、小魚やカニ、貝類などのエサが豊富な条件であれば、水深は10ｍ以上でも１ｍ以下でも関係ない。南北に長い日本列島なので、太平洋側や日本海側、北と南では狙える魚の種類に多少の違いがあるが、代表的な根魚はメバル、カサゴ、ムラソイなどである。

根魚の多くは自分の縄張りを持って、寝ぐらになる障害物を中心にエサを捕り行動している。つまり、障害物の周りから遠く離れることはなく、例えば何もない砂地底の海では釣れる可能性が低いということになる。

根魚狙いのタックル

7 ～ 8 フィート（2.1 ～ 2.4m）のメバル用ロッドがあれば、ほとんどの根魚が狙える。いろんな種類のルアーが使える「チューブラー穂先」を選ぼう。

トラブルの多い PE ラインは入門者には不向き。まずはナイロンかフロロカーボンで慣れよう。ちなみに、フロロやナイロンのことを総称してモノフィラメントラインと呼ぶ。

例外もあるが、根魚釣りの主なターゲットは大きくても 30cm 程度までで、使用するルアーも軽めのものが多い。そのため、細めのものが多く、なおかつアジングロッドなどのように極端に繊細なものではないメバル用の竿が最初の 1 本には向いている。

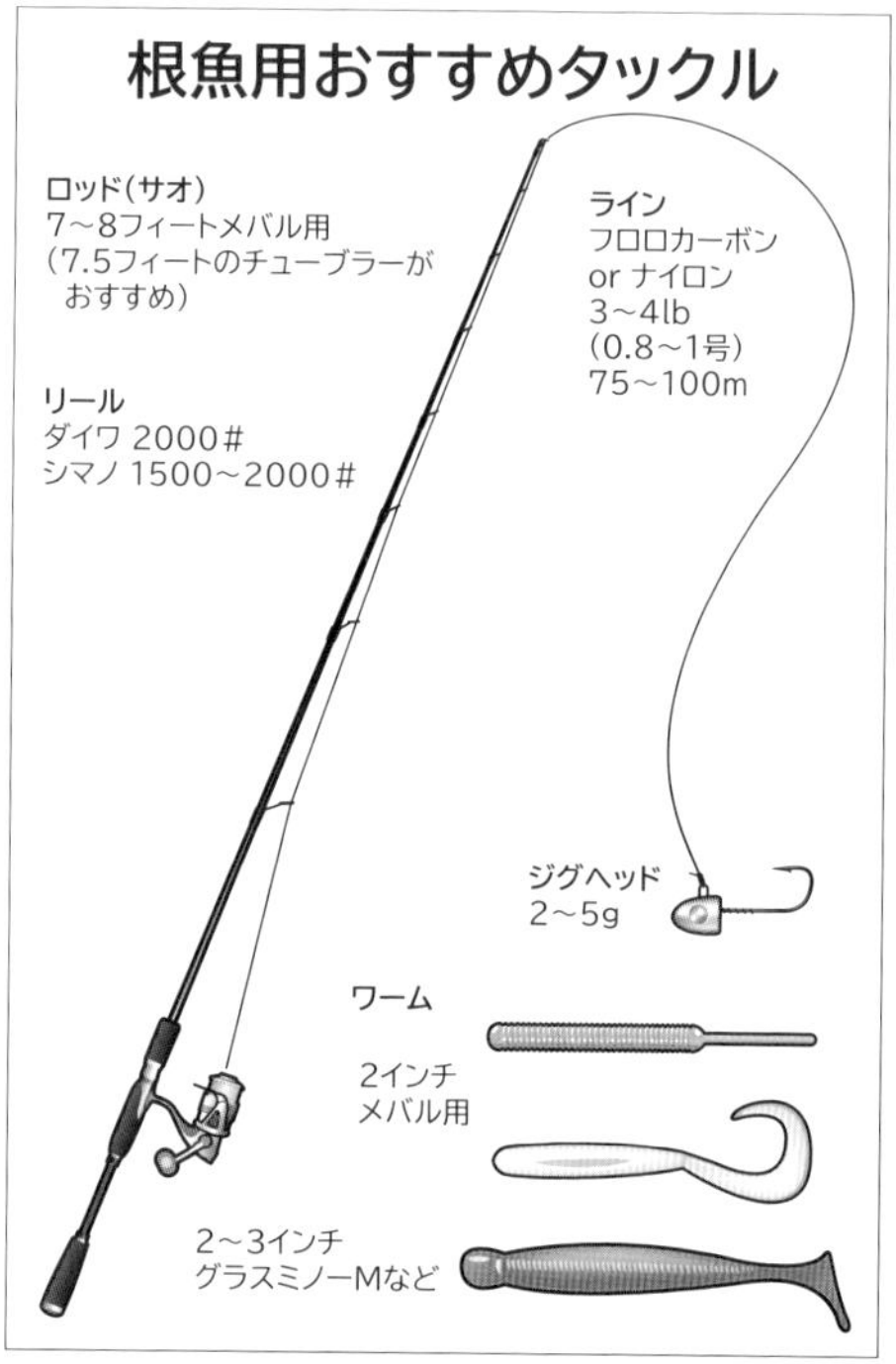

具体的にどんな道具が必要か？

ルアーフィッシングを始めようとして入門書を読んでみたのだが、よく分からないという人も多いだろう。多くの入門書は用語を知っていることを前提に、道具が揃った後のステップから説明が始まる。だから、根魚が入門向けということは分かっても、具体的にどんな道具を揃えれば良いのか？がわからない。

根魚にも種類があり生息場所が違うため、釣りたい魚によって必要な道具には少しばかりの違いがある。その違いは簡潔に言えば「太い竿か細い竿か？」になるのだが、堤防からカサゴやメバルを狙うことを前提にすれば、「細い竿」を選ぶのが良い。竿が決まれば、リールも糸もルアーも自然に決まる。最初に揃えるべき道具の組み合わせを次ページで説明しているので参考にしていただきたい。

様々なルアーで釣ることができる根魚。ジグヘッドリグだけでなく、メタルジグや小型プラグなども想定してタックルを選ぼう。

障害物周りを攻略することが多く、なおかつ引きも強い根魚。そのため、パワフルな巻き上げを得意とするベイトタックルを活用するアングラーも多い。

初心者に扱いやすいのはトラブルの少なさで圧倒的にスピニングタックルだ。根魚釣りに使用する小型リールはほかの釣りへの汎用性も高い。

メバルロッドがおすすめ

竿はルアーフィッシングの場合「インチ」と「フィート」で長さ（レングス）を表す。1インチは約2・5㎝、1フィートは約30㎝（=12インチ）であり、例えば8フィートだとmに換算すれば30㎝×8=2・4mだ。

釣具店に行ってみると様々な竿が並んでいる。その中からメバル用の竿で長さが7～8フィートのものを選ぼう。中間の7フィート6インチが妥当かもしれない。同じメバル用で7フィート6インチの竿でも、穂先（ティップ）の作り方で「チューブラー」と「ソリッド」がある。チューブラーは穂先の中が空洞のタイプで高感度。ソリッドは穂先の中がムクになっていて、1本の棒状になったタイプだ。メバル専用で選べばソリッドでも良いのだが制約も大きい。最初はチューブラーを選ぶのが正解だ。

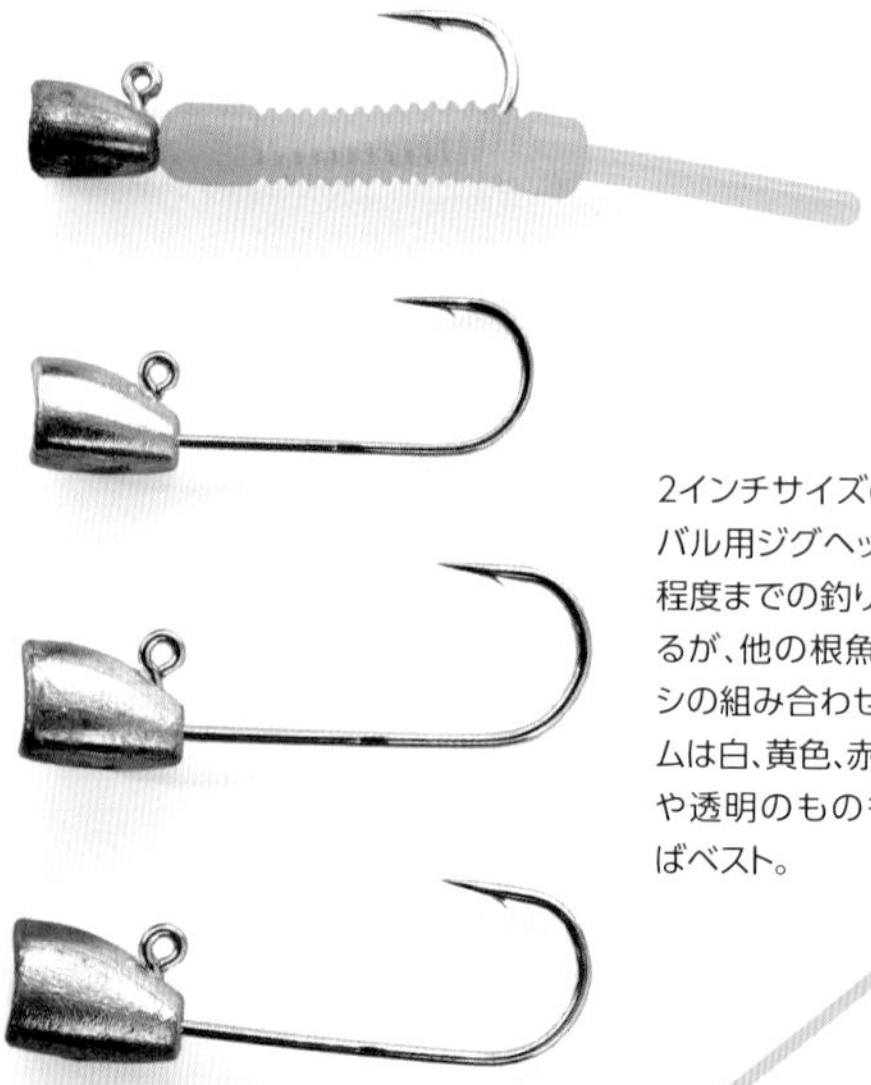

メバル主体の組み合わせ

2インチサイズのメバル用ワームと、1〜3gのメバル用ジグヘッドの組み合わせ。水深10m程度までの釣り場でメバルが主体になるが、他の根魚にも有効なイチオシの組み合わせと言える。ワームは白、黄色、赤の他、夜光や透明のものもあればベスト。

クロソイやムラソイ主体の組み合わせ

メバルは釣りにくいが、海底付近（ボトム）に潜むクロソイやムラソイ狙いならばちょっと重めの5〜7gジグヘッドを使ったほうが入門者には釣りやすい。ワームは写真のようなカーリーテール、シャッドテールなどアピールが強いタイプが誘いやすい。

汎用性が高い小型リール

最初のターゲットとして根魚を狙うならリールはダイワなら2000番、シマノならC2000番がバランスがよく、渓流やバスなど他の釣りに流用もしやすい。

ラインは3〜4ポンド（0・8〜1号）のフロロカーボンかナイロンで75〜100mあれば充分だ。

リーダーを組む必要があり、初心者には扱いづらい部分があるが、今後長く釣りを続けていくことを考えると最初からPEラインという選択肢もありだ。

この他に必要なのがワームとジグヘッド。別項で説明しているが、メバル用の2インチサイズのワームがあれば、ほとんどの魚が釣れる。ジグヘッドは慣れるまでは2g以上が扱いやすいし、メバル以外を釣るのであれば5gくらいの重めのものでも良い。

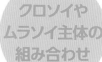

入門者に優しい根魚図鑑

夜ならばワーム、日中ならば小型メタルジグがおすすめ。

◯メバル

本州のほぼ全域と北海道南部の沿岸に生息し、周年狙える一番人気の魚。厳密にはシロメバル、クロメバル、アカメバルの3種類に分類されるが、一括してメバルで構わない。堤防で釣れるものは、最大で30cmを超えるが、20cmを超えれば充分に良型。他の根魚と違い、海底から水面まで幅広いレンジ(層)を回遊するため、海底に拘らずできるだけ軽い仕掛けでユックリとリールを巻き、中層や上層にルアーを通すのがコツ。

煮付けにしても塩焼きにしてもとても美味な魚で、魚屋やスーパーには出回らない高級魚。背ビレのトゲには注意。

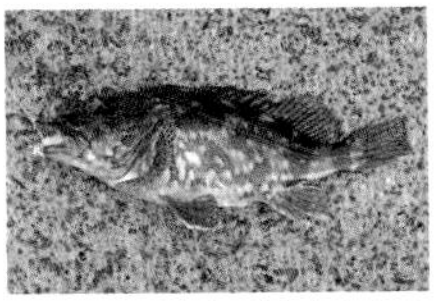

このサイズならば文句なしの良型。20㎝オーバーなら、充分な持ち帰りサイズだ。

◯カサゴ

本州全域に生息するが北ほど数は少なく、関東以南では定番の根魚。他の根魚よりも警戒心が強く、日中は消波ブロックの穴の中や、岩の隙間に隠れていることが多い。夜になると穴から出てエサを捕るが、縄張りから遠く離れて回遊することはない。いずれにしても根掛かりが多い場所がカサゴのポイントになる。

メバルやクロソイのように、ルアーを追ってきてヒットするというケースは希なので、底付近でルアーを上下させて誘う方法が有効。調理法は唐揚げが有名だが、大型は刺身でも旨いし塩焼きや煮付けにしても絶品だ。

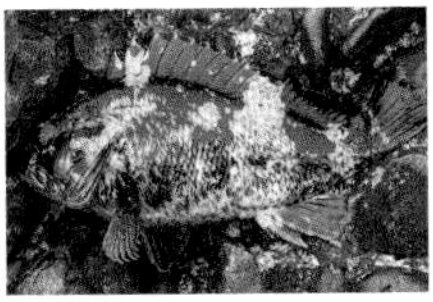

抱卵状態のムラソイ。堤防からでも最大で40㎝を超えることがある。

◯ムラソイ

ほぼ全国に生息するが、北に向かうほど似た種類のオウゴンムラソイが多くなる。日中よりも夜釣りで多く釣れ、中層よりも海底付近のヒットが多い。サイズの割に好ファイターで、引きは鈍重ながらトルクのあるズッシリとした感触で楽しませてくれる。専門に狙うならば、メバル用ワームよりも大きめの2〜3インチのものが良いだろう。ジグヘッドも5g前後が釣りやすい。

釣りたての新鮮なムラソイは身が硬いので、内臓やエラを取って冷蔵庫で一晩寝かせてから食すのがいいだろう。

信じることから始めよう

ところで貴方は、「本当にルアーで魚なんて釣れるの？」という懐疑心を抱いてないだろうか？　ルアーフィッシングでは、この懐疑心が一番厄介だ。エサでも釣れないのに、ゴムやプラスティックで魚など釣れるわけが無い……と思うのは当然かもしれない。確かに、エサでなければ釣れない時もあるが、「ルアーでしか釣れない」ことも多いし、ルアーのほうが大物が釣れる確率が高いのだ。

「絶対に釣れる」

そう信じることからルアーフィッシングは始まるのである。

根魚は地域によって魚種が様々なのも面白さのひとつだ。中にはオオモンハタのような回遊傾向が強い魚もいるが、魚種ごとの性質も大きくは変わらないことが多いため、ボトムゲームを中心にした釣りで様々な魚を釣る「五目釣り」が可能なこともある。写真は北海道で釣れた巨大なクロソイ。

シーバス

メーターオーバーの大物も釣れる！
シーバスにチャレンジしてみよう！

どんなルアー雑誌にも、定番ターゲットとして必ず登場するスズキ（一般的にはシーバス＝SeaBass）。数多いゲームフィッシュの中でも、とりわけゲーム性が高く、陸からの釣りでメーター級が狙える魚は国内では数少ない。極めるのは困難。しかし、最初の1匹は意外に近いところに居るかもしれない。

日本全国で狙える

海のルアーフィッシングを始めて、多くの釣り人が最初の目標に掲げるのがスズキ（シーバス）だ。

スズキは本州全域と北海道、沖縄の一部まで広範囲に生息する全国区の魚。近場の堤防や小河川の河口域など、我々の極めて身近に存在し、しかも1mクラスの大型が陸から狙える魚は他にない。さらには食べて美味しい高級魚でもある。スズキがルアーターゲットの一番人気として君臨しつづける理由である。

しかし、入門者にとってスズキは敷居が高い。根魚から始めた人であれば、魚のサイズはもちろんタックルやルアーまですべて異なるのだから、戸惑うのも当たり前だ。スズキほど奥が深い魚は類がないし、何十年もスズキを追い続けているベテランでも読みが外れることもある。

◯シーバス（SEA BASS）

もともとシーバスという名前の魚は存在していないのだが、スズキの見た目と性格が湖沼で釣れるブラックバスによく似ていることから釣り人の間で「海のバス」=シーバス（SEA　BASS）と呼ばれたのがきっかけで、やがてその呼び名が定着した。一般的にシーバスと言えば普通のスズキ（マルスズキ）を言い、ヒラスズキは「ヒラ」あるいは「ブラックフィン」と呼ばれる。

◯ヒラスズキ

マルスズキに比べて頭部が小さい、幅広、シッポの付け根付近が太いなどの特徴を持つ。生息域は日本海沿岸では能登半島、太平洋沿岸では千葉房総付近が北限とされるが、マルスズキに比べて絶対数は少ない。荒れた磯やサーフが主なポイントになるため、どちらかと言えばベテラン向けの対象魚。右上の写真の1尾はヒラスズキ。

◯マルスズキ

一般的な普通のスズキのことで、正確にはマルスズキという名前の魚は居ない。体型が平たいヒラスズキに対して、体型が丸いのでマルスズキと呼ばれる。本州全域と北海道南部にまで生息し、現在確認されている最北は北海道の小樽付近、南限は沖縄北部。最大で130cmくらいまで育つが、1mを超えればかなり大きいほう。

スズキの釣期は終年

南北に長い日本なので、北と南、日本海側と太平洋側では釣期にズレがある

1	2	3	4	5	6	7	8	9	10	11	12
③ 秋～冬のハイシーズン	④ 産卵期		① 春のハイシーズン			② 旬。食べて旨いのは夏				③ 秋～冬のハイシーズン	

陸っぱりからでも狙える身近なターゲットの中では最大級のメーターオーバーにまで成長するシーバス。大物にはなかなか出会えないが、長年追いかけるアングラーも多い。

最初の1匹

唯一無二の「奥の深さ」。それが逆にスズキの楽しさであり人気の秘密なのだが、釣期やポイントさえ間違えなければ、1匹を釣ることはそれほど難しいことではない。そして、ルアーフィッシングを始めたばかりの入門者にとってとても大切なのが、自信の素となる「最初の1匹」なのである。

ひょっとしたら、その最初の1匹は意外に簡単に釣れてしまうかもしれない。だからと言って「スズキは簡単な魚」と思ってしまうと後が続かない。何故ならばスズキは時期やベイト（小魚などのエサ）の種類、生息環境の違いで捕食のパターンが大きく変わってしまうからだ。いろんなロケーションにチャレンジすることが上達には必要不可欠であり、それを繰り返すことによって自分の中の「引き出し」が増えてゆくのだ。

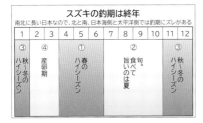

プラグ類

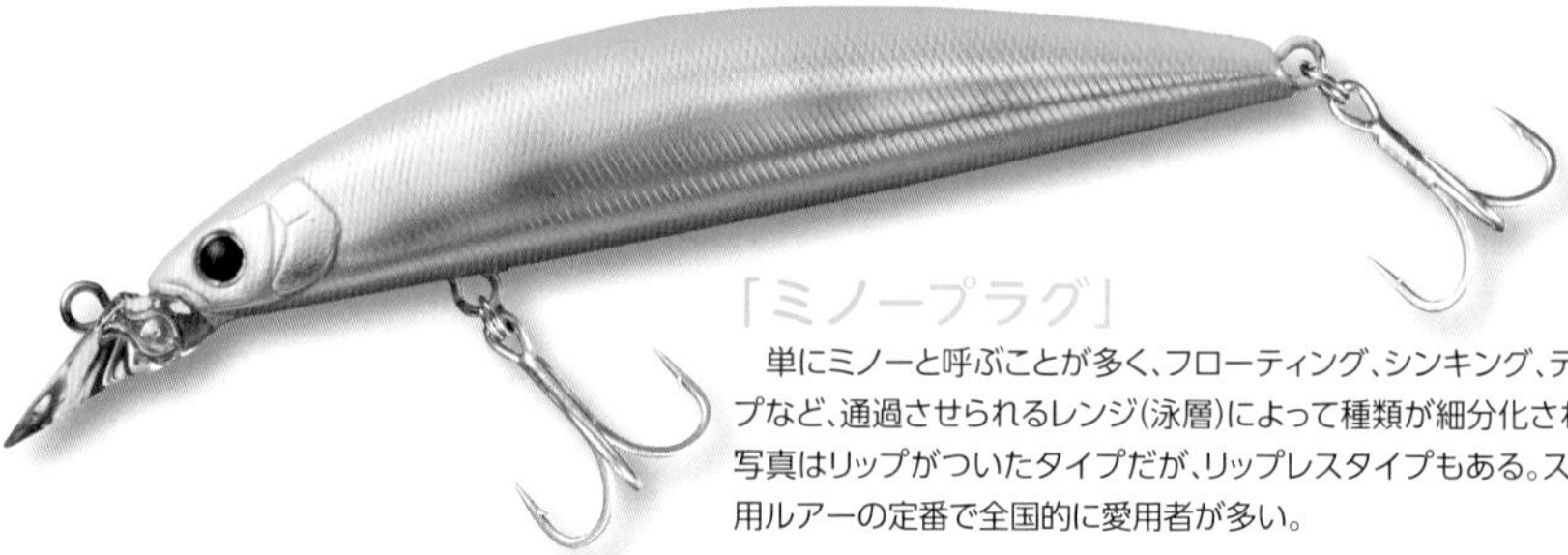

「ミノープラグ」

単にミノーと呼ぶことが多く、フローティング、シンキング、ディープなど、通過させせられるレンジ(泳層)によって種類が細分化される。写真はリップがついたタイプだが、リップレスタイプもある。スズキ用ルアーの定番で全国的に愛用者が多い。

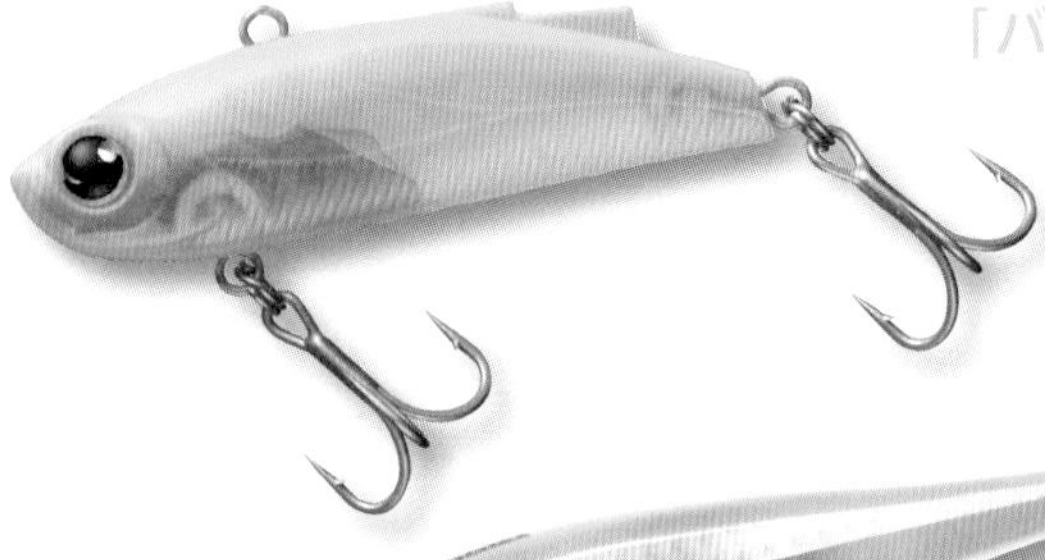

「バイブレーションプラグ」

「バイブレーション」または「バイブ」と呼ばれることが多い。サイズの割に重さがあるので良く飛ぶ。浮くタイプもあるが、ほとんどが沈むタイプで、ボトム(底)からサーフェス(水面直下)まで任意の幅広いレンジを探れる。

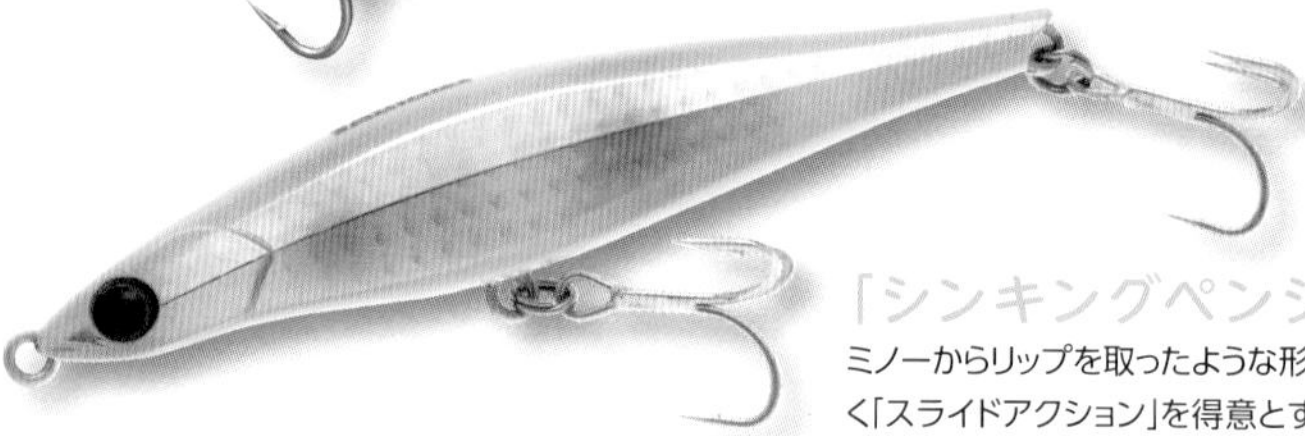

「シンキングペンシル」

ミノーからリップを取ったような形状で、蛇行するように動く「スライドアクション」を得意とする。空気抵抗が少ないのでサイズの割に良く飛ぶ。近年のスズキ狙いで使用頻度が高くなった。

100%の釣果を目指すには?

最終的に目指すのは、1釣行1匹という確率100%の釣果。あくまでどんな状況でも確実に1匹を仕留められるようになるための「足がかり」的な魚が最初の1匹だということを忘れてはならない。では、最初の1匹を釣るためには一体どうすれば良いのだろうか?

スズキに限ったことではないが、魚類の一生は「より多くのエサを食べてより強い遺伝子を残す」ことに費やされる。つまり繁殖期以外はエサを捕ること、食べることが生活のすべてなのだから、本能的にエサが多い場所に集結しやすい。

つまり、ポイントとして成立するのは小魚やカニ、エビなどの甲殻類、貝類などのエサが多い場所ということになり、必然的にそれらが生息しやすい環境の場所になる。

ポイント

スズキはこんな身近な場所で釣れる

意外に思うかもしれないが、スズキは人間の居住範囲にとても近いところに生息している。

特に狙いやすいのが河口域で、小魚が多い季節には高い確率でスズキの回遊が確認できる。

絶対条件はエサになる小魚類やエビ類が居ること。どんなに釣れそうなポイントでも、エサが居なければスズキも居ないということを忘れずに。

防波堤

海底に石や海草などの障害物があり、潮の流れがあればベスト。小魚が集まりやすい堤防の角付近や、夜釣りならば常夜灯の光の切れ目などが狙い目となる。また、小河川や排水口などの流れ込みがある場所にも小魚が集まりやすいので見逃せないポイントのひとつだ。スズキが居るのに食わない時は、ルアーを小さくしてみよう。

地形的に変化のある場所を攻めるのがコツ。夜は常夜灯の明かりの切れ目が良い。

河口域

河川の多い日本だから、大小の河川はどこにでもある身近なポイント。淡水と海水が混じって作られる「汽水域」は、プランクトンや微生物などのエサが多く、食物連鎖が発生しやすい環境が作られている。そんなエサ場をスズキも見逃すはずがない。特に、満潮からの下げ潮は、河口域に流れが発生するために、スズキの捕食行動が活発になるチャンスタイムだ。

満潮から下げ潮に向かって潮が動き始めた時がチャンス。

サーフ（砂浜）

単純な砂だけの砂浜よりも、ところどころに根があったり、小さな真水の流れ込みなどがあったほうが良い。また、水中には見えない起伏もあり、潮の流れが周囲と異なる部分もある。こうした「変化のある場所」がスズキのポイントで、時には波打ち際まで寄ってきてエサを追う大胆な行動もとる。朝晩のマヅメを中心に回遊する傾向が強い。

波打ち際でのヒットも多いので、最後までしっかりとリトリーブ（リールを巻く）すること。

河川内

スズキは海の魚。だが、実は川でも釣れるのだ。しかも、規模の大きな川ならば、河口から100km以上上流までエサを追って遡上（そじょう）している。メインになるエサがアユなので、時期的にはアユの遡上時期から「落ち」までのおよそ半年。雨後の増水～減水時が狙い目で、良い条件に当たれば大型の数釣りが楽しめることもある。

アユが釣れるポイントなら、スズキも好ポイント。流れの流芯（一番流れの強い部分）にルアーを通すのがコツ。

夏場の河口域は高確率

小魚が身を隠せる障害物があり、エサになるプランクトン類が多く発生する環境で一番分かりやすいのが河口域かもしれない。特に水温が上昇して塩分濃度が高まる夏場は、河口域が絶好のポイント。初めてのスズキを狙うには恰好の条件が揃う。

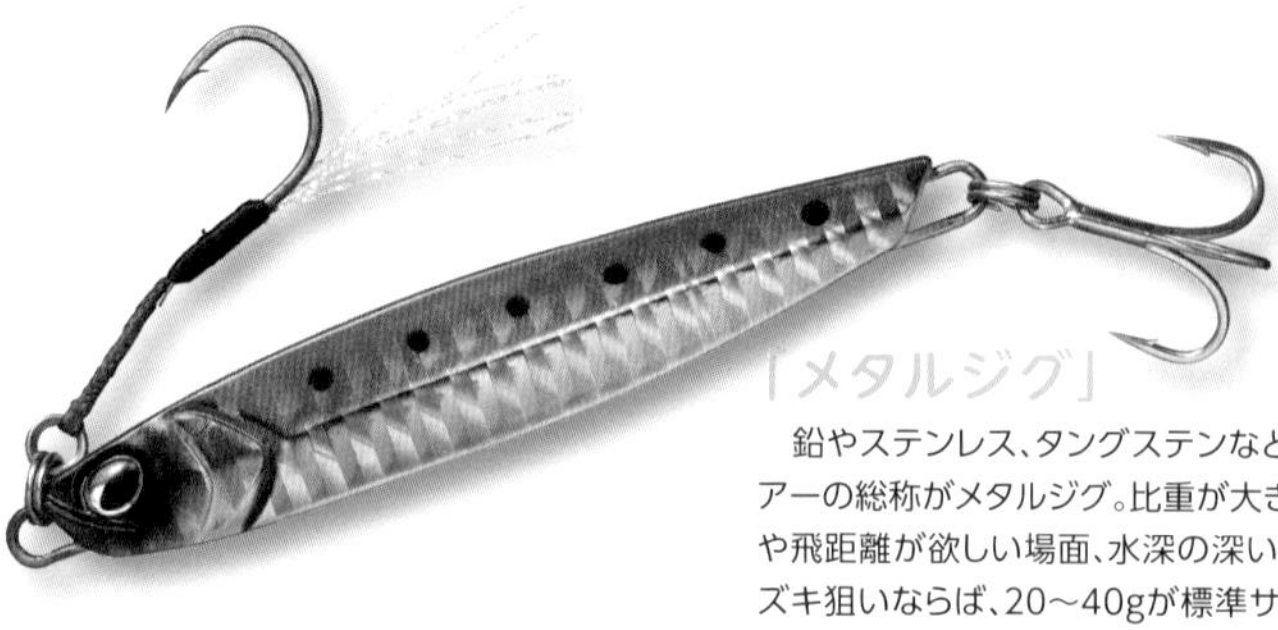

「メタルジグ」

鉛やステンレス、タングステンなどの金属で作られたルアーの総称がメタルジグ。比重が大きいので風が強い場面や飛距離が欲しい場面、水深の深い釣り場で活躍する。スズキ狙いならば、20～40gが標準サイズ。ミノーの要素を持たせた「ジグミノー」というタイプもある。

メタルルアー

「メタルバイブレーション」

鉛やステンレス、タングステンなどの金属で作られたルアーの総称がメタルジグ。比重が大きいので風が強い場面や飛距離が欲しい場面、水深の深い釣り場で活躍する。スズキ狙いならば、20～40gが標準サイズ。ミノーの要素を持たせた「ジグミノー」というタイプもある。

ソフトルアー

「ワーム」

根魚やヒラメ狙いに多用されるワームだが、スズキにも有効。通常はジグヘッドとの組み合わせで使用され、サイズは3～4インチが標準。フグが多いとすぐに食いちぎられてボロボロになるが、ハードルアーとは異なる演出が可能で、スズキが居ればヒット率は高い。

居る時期、居る場所にキャスト

スズキは、たくさん釣り人が訪れてルアーを投げるポイントではナーバスになる。この状態を一般的に「スレる」というが、こうなると釣るのはかなり難しい。だが、全くスレていない状態では、最初の1投でヒットしてしまうほど簡単に釣れるケースも多い。大袈裟な話ではなく、ルアーが届く範囲にスズキが居れば80％以上の確率でヒットするだろう。

スズキを釣るために一番大切なのは、そこに「スズキが居る」こと。居る時期に居る場所でルアーをキャストすることが最初の1匹への最短距離となる。問題は突然ルアーを襲ったスズキに対してどう冷静に対処するか？だろう。そのためにも、いつ大型のスズキが釣れてもいいように、タックル、特にトラブルが多いラインは万全にしておこう。

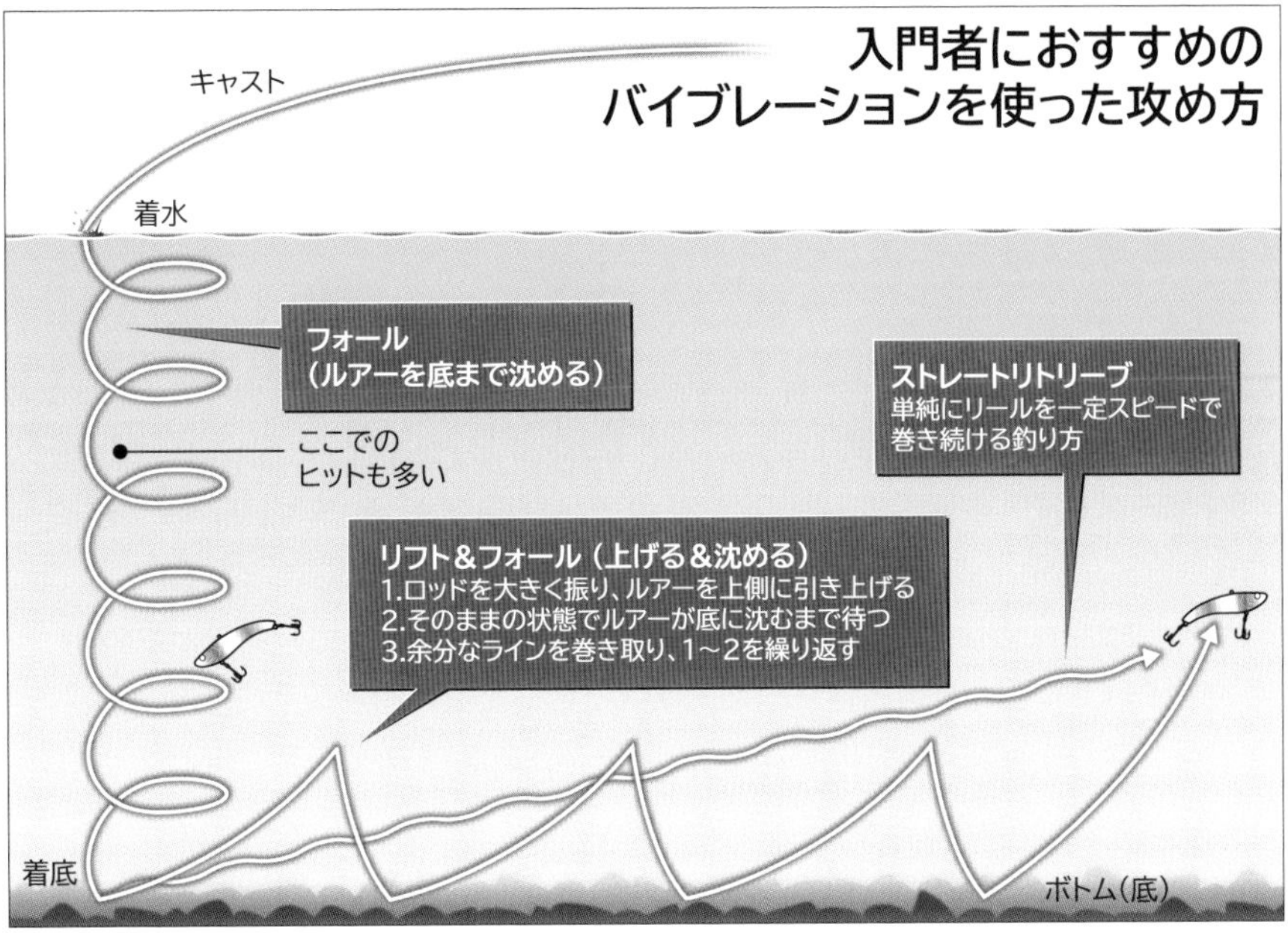

釣って楽しいスズキの中毒になる釣り人は後を絶たない。海のルアーフィッシングを始めたら、最初の目標にしたい魚だ。

ナイトゲーム(夜釣り)のイメージが強いスズキだが、魚の動きが視認できるデイゲーム(日中の釣り)のほうが楽しい。特に入門者は安全なデイゲームがおすすめ。

ライン 最初はトラブルの少ないナイロンで

スズキ狙いのラインは、ナイロンならば10 〜 16ポンド、フロロカーボンならば8 〜 10ポンド、PEラインなら0.8 〜 1号が標準。他にポリエステル系のラインもあるが一般的ではない。これらの中でトラブルが少なく扱いやすいのはナイロン。12ポンドクラスならば、ラインシステムを組まずにスイベルやルアーに直結でも強度的に安心できる。

繊維を編み込んだPEライン。細くて強く高感度。だが、リーダーが必要だったり、扱いが難しいので、入門者向けとは言えない。

ナイロンライン。トラブルが少なく扱いやすい入門者向け。価格も安いのが魅力だが、劣化が早いので早めに交換したい。

フロロカーボンライン。ナイロンより硬く感度が良いが、スプール馴染みが悪いので太いものはNG。2500 〜 3000番のリールならば8ポンドくらいまでが良い。

COLUMN01

AJING

まとめ○編集部

急成長を遂げた釣り、アジング

繊細さと高いゲーム性

ひと昔前、ライトソルトの定番ターゲットと言えば圧倒的にメバルだった。2000年代にはすでに専用ルアーやロッドが多数リリースされていたし、メバルがルアーで釣れることの認知度も高かった。いわゆる「飛ばしウキ」を使用したフロートリグも元々はメバルを釣るためのテクニックとして考案されたものだ。

昨今ではメバル人気は安定期に入り、アジングがブームである。

アジングブームの象徴とも言えるのがタックルの進化だろう。ブーム前夜はメバルロッドと兼用とされることが多く、「メバル&アジ用」をうたうロッドもあった。それが今では5フィート台のショートレングス、1g以下の超軽量ルアーも扱える操作性、そして繊細なソリッドティップなど、本気でアジングをやるなら専用ロッドは欠かせない状況だ。ラインも他の釣りではハリスや管理釣り場のトラウトくらいしか活用の場面がなかったエステルラインの使用が前提となっているような部分がある。

もちろん、これらは本気でアジングに取り組む場合の話。あくまで難しく考える必要はなく、単にアジがいるから狙うような場面ではメバルロッドやバスロッドを代用しても十分釣れる。実際に狙ってみて物足りなさを感じたら専用タックルに手を出してみればいいのだ。

人気の理由は多々ある

アジングが人気となった理由はいくつかある。ひとつは前述したゲーム性の高さだ。アジは時期、場所によっては全く魚影がないこともある魚だ。回遊魚であるアジを、繊細なタックルとリグで狙う。管理釣り場のトラウトのような緻密さと、広い海からアジを探し出すダイナミックさを合わせ持つ、それだけでも稀有な釣りだ。

最後に、やはり食味の良さも見逃せない。アジは日本人の食卓に馴染み深い魚でもあり、シンプルな刺し身や塩焼きに始まり、アジフライ、なめろう、南蛮漬けなど、料理法は枚挙にいとまがない。

エサ、ルアー問わず様々な釣り方がある魅力的な魚、アジ。これからもアジングはより深く楽しまれていくことだろう。

第1章 最初の1セットにはスピニングを推奨

タックルを知れば楽しさ倍増!!

例えばアジやメバルでは5フィート（約1.5m）前後からショアジギングでは10フィート（約3m）に至るまで、ロッドの長さひとつをとってもタックルは様々だ。まず、ある程度ターゲット（魚種）を絞り込み、最初の1セットを揃えたい。主にスピニングタックルを使用する場面が多いが、大型根魚などパワー系の釣りではベイトも根強い支持がある。

各部の名称を覚えよう

ロッドと並んでルアーフィッシングの柱となるタックルのひとつであるリール。特に扱いやすいスピニングタイプは、ルアーフィッシングでは定番中の定番。普段のメンテナンスが釣果を左右するほど重要なアイテムだけに、各部の名称や機能をしっかりと把握しておきたい。

リールはサイズがいろいろあるので、大きすぎても小さすぎても不具合が出る。自分が釣りたい魚が決まればロッドやラインの号数も決まるので、それらを考慮したバランスの良い大きさを選ぼう。

パーツひとつひとつの名称はなかなか覚えられるものではないし、メーカーによっても名称が変わるので完璧に覚える必要はないが、「どこのどのパーツがどんな役割をしているか」を把握しておくだけでも後々役に立つだろう。

タックル選びも釣りの楽しさ

釣りをする、魚を釣るという現場の行動ももちろん楽しいが、ロッドやリールなどのメインとなるタックルを釣具店で眺めたり、購入の予定を立てたりするのもまた釣りの楽しみ方のひとつである。また、釣り人同士の会話の中では必ずと言って良いほどタックルについての話題が持ち上がる。そんな時に必要になるのがタックルの部位や機能、性能についての知識。すべてを覚える必要はないが、自分が使っているタックルのスペックと用語を覚えているだけでも仲間同士の会話が弾むはずだ。

ここでは初心者からベテランまでの幅広い層が使用しているスピニングリールとスピニングロッド（合わせてスピニングタックルと言う）を中心にベイトキャスティングタックルまでを解説してみた。

スピニングリール

固定スプールでローター及びベールを回転させることでラインを巻き取る仕組みのリール。扱いやすく、キャスティングが容易なので初心者からベテランまで、もっとも需要が高い。機構上、ベイトキャスティングリールと比較してラインにヨレができやすい欠点があるが、近年は糸ヨレ防止の最新技術が投入され、以前に比べてトラブルは激減した。

リールフット

ロッドにリールを固定するための「足」の部分。ダイワ製とシマノ製で、この部分の形状と厚みが異なる。ダイワ製はシマノ製に比べて薄く、シマノ製はやや厚め。よって、ロッドによっては合わない場合もあるので注意が必要。

ローター

ベールと一体になった回転体で、ハンドルを回すことで回転し、スプールにラインを巻いてゆく。この部分のバランスが悪いと、高速で巻いた時にブレが出るが、近年のリールは精度が高く、昔ほどブレが無くなった。車のホイールと同じようにベール内部にバランサーが取り付けられているものもある。ローターの回転は、ギア比によって示され、ギア比1:4.8のリールではハンドル1回転に対してローターが4.8回転回る。

ハンドル

この部分を回転させることでローターが回転してラインを巻き取る。かつては収納に便利な折りたたみ式のものが多かったが、近年は軽く強度的に優れた一体型のものがほとんど。シマノ製はハンドルを緩めて折りたたむ方式、ダイワ製はハンドルを本体から外して収納する方式。純正だけでなく、サードパーティ（他のメーカー）のハンドルも多数販売されているので、好みで交換が可能。写真のリールはシマノ製。

ベール

ラインローラーにラインを誘導するガイド的な存在。ラインを傷つけない素材や工夫がほどこされたものが多い。外部からの力に弱く、変形してしまうとうまくラインがラインローラーに移動できなくなる。また、硬質の金属なので折れやすい。ダイワでは軽量化と変形防止を兼ねた「エアベール」が現在の基準。

ボディ（本体）

リールのメインギアやオシレートギアを収納した本体部分で、通常は3個のギアと2～5個のボールベアリングが納められている。軽金属製と樹脂製があり、軽金属製のほうが歪みが少なく精度が高いとされるが、樹脂に比べて重くコストが高いという欠点もある。また冬季の釣りでは冷たくなりにくい樹脂製が有利な場合もある。

ハンドルノブ

ハンドルの一部だが、この部分だけを交換して好みにカスタマイズできるので、独立したパーツとして扱われる。T型、I型など様々な形のものがあり、購入時は小型リールならばI型、3000番くらいまではT型のものが多い。内部にベアリングが内蔵されたもののほうが回転が軽い。

本体・ローター・ベール

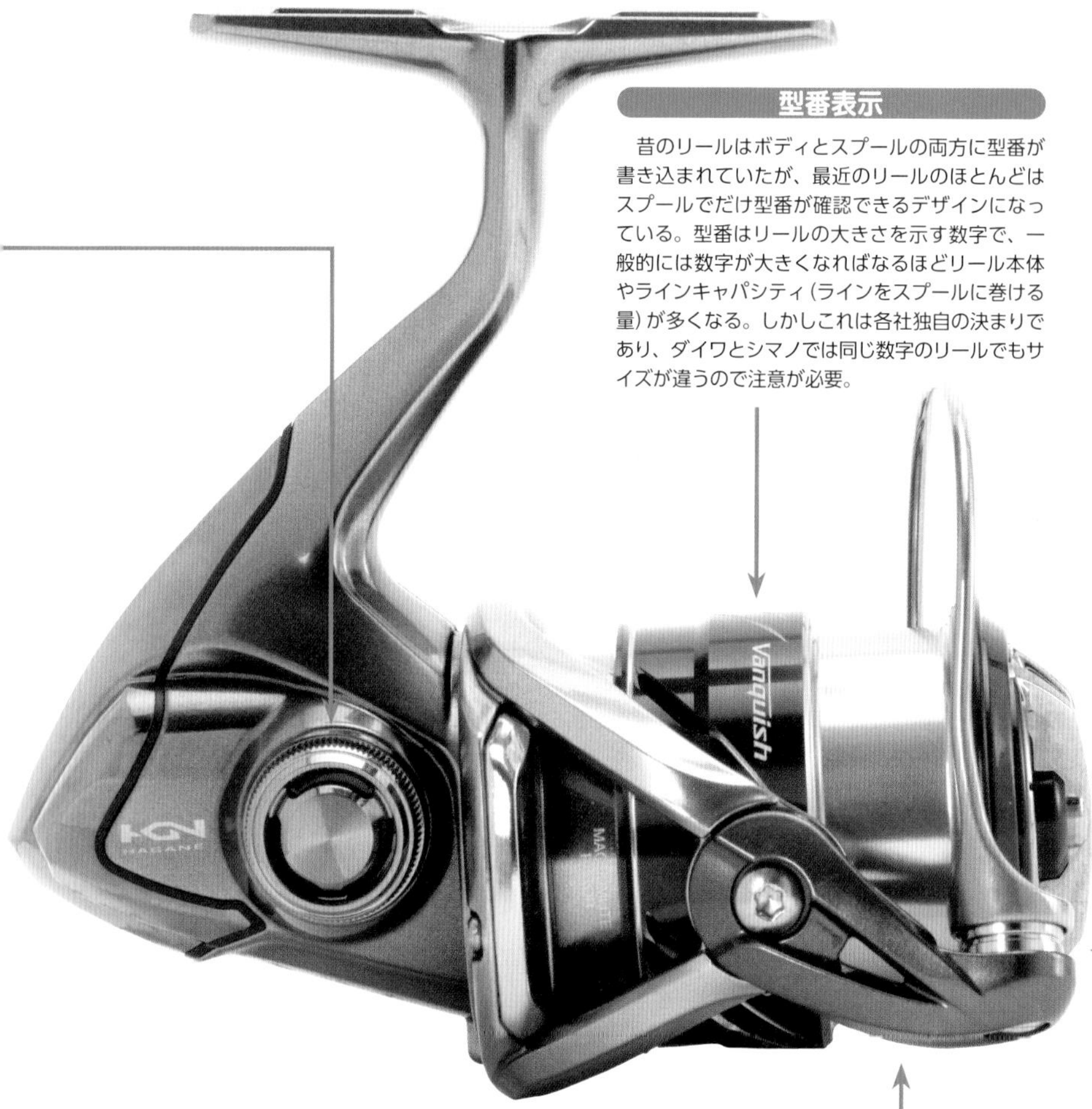

型番表示

昔のリールはボディとスプールの両方に型番が書き込まれていたが、最近のリールのほとんどはスプールでだけ型番が確認できるデザインになっている。型番はリールの大きさを示す数字で、一般的には数字が大きくなればなるほどリール本体やラインキャパシティ（ラインをスプールに巻ける量）が多くなる。しかしこれは各社独自の決まりであり、ダイワとシマノでは同じ数字のリールでもサイズが違うので注意が必要。

ボディキャップ

ボディのハンドルを取り付けた面と逆側に取り付けるキャップで、防水も兼ねる。このキャップを外すと、通常はボールベアリングが丸見えになるので、キャップが無い状態で使うと水や細かい砂などが入り込み不具合の原因となる。気づかないうちに紛失しやすいパーツなので要注意。

キャップ（ハンドルキャップ）

ハンドルのノブ部分に設けられたキャップで、ノブ内部に入りこんだ汚れを清掃したり、オイルを注入したりする時に外せる仕組みになっているものがほとんど。シマノリールでは単体パーツで取り寄せが可能だが、ハンドルとノブのセットでひとつのパーツとして扱うダイワ製リールでは、キャップ単体の取り寄せができない場合もある。

ベールアーム

ベールをターンさせるための足の部分で、ベール開閉時の可動角は110～130度とリールによって微妙に異なる。通常はアームの片側にコイル状のバネが入っており、このスプリングの反発力を利用してハンドルの回転とともに自動で閉じる機構になっているが、一部の大物用では手動で開閉しなければならないものもある。

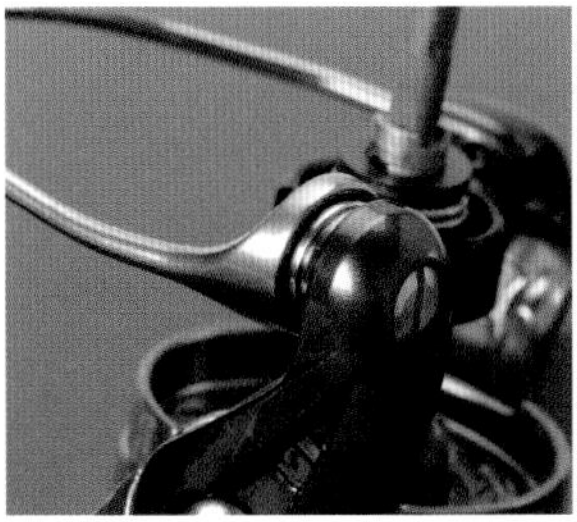

ラインローラー

ロッド側にラインを送り込む支点となる部分で、ラインが摩擦によって強度を落とさないようにローラーが回転する仕組みになっている。中級機以上はローラー内部にボールベアリングが内蔵されているが、中級機以下ではコストの面で樹脂製のカラーを採用するケースが多い。しかし、ボールベアリングは構造上水分が入り込むと錆びるという性質があり、定期的な交換が必要になる。最上級機種ではローラー内部に2個のボールベアリングを内蔵するものもある。2個のボールベアリングを内蔵した場合、ローラーのどの部分に負荷が掛かっても歪みが生じず安定した回転が可能になる。

スピニングリール

スプール・ドラグ・ボールベアリング

スプール

ライン（ミチイト）を巻く部分で、通常はドラグノブで本体に固定されているが、取り外すこともできる。金属製のものが一般的だが、軽量な樹脂製のものもあり、細いライン専用の「浅溝」タイプもある。型番の小さなリールほどスプール径も小さくなり、小さいスプールに太めのラインを巻くとトラブルが多くなる。よって、使いたいラインの太さに合わせてリールの大きさ（スプール径）を選ぶようにしよう。

下巻き

スプールに巻きたいラインの量・号数とスプールのラインキャパシティが合わない場合、例えば3号150m巻きのスプールに3号を100mだけ巻きたい場合には、あらかじめスプールに3号50m分のライン（もしくはスズランテープなどで代用する）を巻いておく必要がある。下巻きをすることで不要なラインを巻かずに済むので、無駄にコストを掛ける必要が無くなる。

ドラグ

大きな魚がヒットしたり根掛かりでラインに負荷が掛かった時に、ラインが切れる（またはロッドが折損する）前にラインがスプールから滑り出してラインの切断やロッドの折損を防ぐための機構。数枚のワッシャー類の組み合わせで作られ「ドラグ」というパーツは存在しない。どのくらいの負荷で滑り出すか？の設定は、ドラグノブで調整するが、高級なドラグほど調整幅が広く、微妙なセッティングが可能である。

ラインキャパシティ表示

そのスプールに何ポンド（何号）のラインをどれだけ巻けるか？の目安で、ほぼすべてのリールで表示されている。近年のリールはナイロン（フロロカーボン）ラインのキャパシティの他にPEラインのキャパシティも表示されているが、これらはあくまで「目安」であり、実際は表示された量を巻くとやや多めになる傾向が強い。

スプールエッジ

スプール先端部分のツバの部分で、キャスト時にラインがスムーズに繰り出せるように計算された角度で設計されている。メーカーや機種によっても異なるが、この部分はコンクリートなどに擦ってもキズが入らないほど硬度の高い素材が使われ、ラインにキズを着けない工夫が施されている。

ドラグノブ

スプールを本体に固定する目的と、ドラグを調整する目的の二つの役割を担う。スプール内部への水の侵入を防ぐために、ゴムパッキンを備えたものが多い。

ローターナット

ローターを固定している大型のナットで、リールのサイズにもよるが10～12mmのサイズが標準。通常は左側に回すことで緩むが、シマノリールでは逆ネジが採用されるケースが多い。このナット部分にボールベアリングを使うなど工夫を凝らすことで、メインシャフトの遊びを軽減し、スムーズな回転を実現している。

メインシャフト（ドライブシャフト）

スピニングリールではハンドルの回転にともない、スプールが前後することでラインが均一に巻かれる仕組みになっている。この仕組みをオシレート機構と言い、その動きを伝えるための金属の棒がメインシャフト。横方向からの力には弱く、少しでも変形すると滑らかな回転ができなくなる。

ボールベアリング

リールの回転性能を決定づける重要なパーツのひとつで、高級機種では1台のリールに10個以上のボールベアリングが使われている。しかし、本当に必要なのは6～7個で、性能とボールベアリングの数は必ずしも比例しない。大切なのは、どこにボールベアリングが使われているか？ということだ。錆びに弱いのが欠点だが、防錆加工をほどこした高級品もあり、シマノではA-RB、ダイワではCRBBと呼んでいる。

各部の名称を覚えよう

ベイトキャスティングリール

ベイトタックルは、リールをロッドの下側ではなくて上側にセットするタイプのタックル。慣れないとキャスティングが難しく、入門者向けとしてはおすすめできないので、ここでは各部の名称と欠点、利点についてのみ説明してみよう。

クラッチを切ることでスプールがフリー状態になることでルアーをキャストできる方式のリール。スピニングと異なり、スプールそのものが回転してラインを巻き取るため、巻き取りのパワーが大きい。ラインの出が止まっても、更にスプールが回転し続けることで起こるバックラッシュが大敵で、これを防ぐために、ルアーの着水と同時に親指でスプールの回転を止めてやる必要がある。これを「サミング」という。

●ロープロファイル型

ロープロファイル

ボディが薄く、手の中にスッポリと収まる形状のベイトリール。キャスティングを頻繁に手際よく繰り返す釣りでは、このタイプのほうが使いやすい。手が小さい人でも扱いやすいので、万人向けと言えるが、剛性は丸型に劣る。

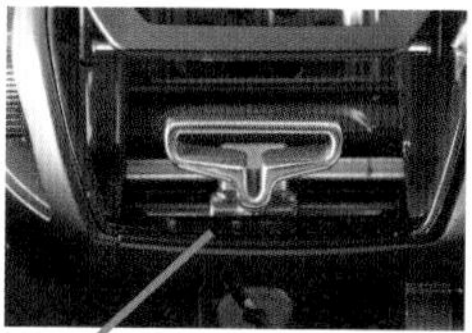

レベルワインダー

「並行巻き」とも言われるベイトリールの特殊機構。ハンドルの回転とともに左右に移動することで、スプールに対して均等にラインを巻いてゆく。スピニングリールのオシレートシステムと同じ役割。

ハンドル

多くのベイトリールはグリップをふたつ持つダブルハンドルを持つ。バランスが良く、どんな状況からでもすぐにリーリングが開始できる。

サイドカバー

ハンドルと逆サイドのカバー。ブレーキシステム調整用のダイヤルがあったり、内部にはブレーキ用のマグネットが収納されている。メンテナンス時はこの部分を外してスプールを取り出す。

ボディ

リール本体のこと。形状によって、丸型とロープロファイル型がある。

●丸型

丸形

外見が丸い形状のベイトキャスティングリールで、シマノ製カルカッタがあまりにも有名。形状的に剛性が高く、ソルトウォーターでも多用される。ただし、サイズも大きめでホールドしにくいため、手が小さい人には扱いにくい傾向がある。

船釣りでは水深や巻きスピードなどが分かるカウンター付きリールなどもある。写真はシマノ製のオシアコンクエストCT。

豆知識

遠心ブレーキ

スプールの一方の端に、遠心力で移動しブレーキの役割をする突起物がついていて、その突起物がスプール自体の回転を制御するシステム。ベイトリールのブレーキシステムとしてはかなり昔から存在する。

マグネットブレーキ

サイドカバーに複数個の磁石が内蔵され、その磁力を調整することでスプールの回転を制御するシステム。スプールには常にブレーキが掛かった状態なので、初心者にはこのタイプが扱いやすい。

ドラグ

ハンドルの隣にある星形の板を回すことでドラグを調整する、通常は時計周りに回せばドラグが締まり、反時計周りで緩む。

機種によっては特別なブレーキが用意されていることも。これらを駆使すれば、軽いルアーをベイトでキャストすることもできるのだ。

クラッチレバー

ギアとスプールを切り離したり繋いだりするクラッチを切るためのレバー。キャスト時に押してクラッチを切る。クラッチはハンドルを回転させることで繋がる。

メカニカルブレーキ(ノブ)

バックラッシュさせずにキャストするために大切な機構で、この部分の調整によってブレーキの効き目を調整する。使用するルアーをぶら下げた状態でクラッチを切り、重さに合わせて調整するのが一般的だが、慣れないうちは飛距離を犠牲にしても強めにセットしたほうが良い。

ベイトキャスティングリール

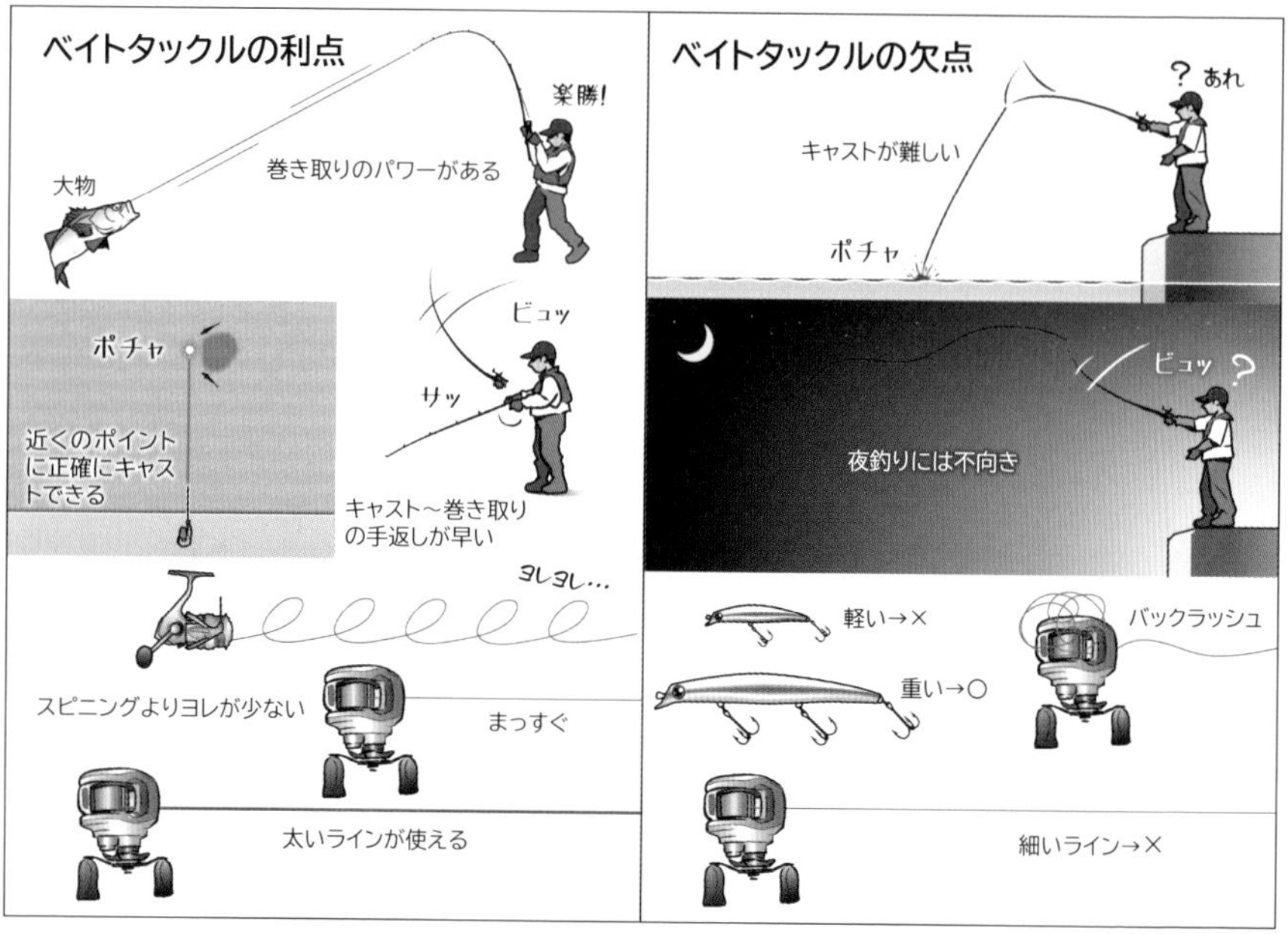

利点 advantage

○巻き取りのパワーがある
　ギアが直接スプールを回転する機構なので巻き取りのパワーがあり、大物がヒットしても楽に取り込みできる。

○ラインヨレが少ない
　機構的にラインのヨレが少なく、ラインの強度劣化が少なくて済む。

○太いラインが使える
　ヨレが少ないので、リールサイズの割に太いラインが使える。

○近くのポイントに正確にキャストできる
　スピニングでは難しい直ぐ近くのピンスポットに正確にルアーをキャストすることができる。

○キャスト～巻き取りの手返しが速い
　ベールの開閉動作が必要ないので、キャスト～巻き取りの手返しが速い。

○フォール中のバイトが取りやすい
　オフショアジギングでは、フォール中の小さなバイトが取りやすい。

○一定速度のスローリトリーブが可能
　スピニングでは難しい一定速度のスローリトリーブが容易にできる。

欠点 weak point

○慣れないと遠くに飛ばせない
　ルアーごとにブレーキの調整が必要なため、慣れないとキャスティングがうまくできない。バックラッシュが怖いので、思い切ったキャストができず、結果的にスピニングほど遠くに飛ばせない。

○夜釣りには不向き
　バックラッシュ防止のために、着水と同時にサミングが必要。だが、夜釣りでは着水のタイミングが視認できないために、「勘」を頼りにするしかない。

○バックラッシュを起こしやすい
　最近のベイトリールはかなり優秀になったが、それでもバックラッシュから完全に解放されたわけではない。釣りをしている時間よりもバックラッシュを直している時間のほうが長いことも。

○細いラインが使えない
　ベイトタックルのロッドは基本的に硬めの調子になるため、細ラインの使用は厳しい。使えないこともないが、ライン強度と性能を充分に発揮できない。

○軽いルアーがキャストできない
　キャストにはある程度の重さが必要。軽いルアーではリールのブレーキ調整が難しく、緩くしすぎるとバックラッシュしてしまう。よって、軽いルアーのキャストは難しい。

スピニングリール専用。ド定番の最初の１本。

スピニングロッド

ルアーフィッシングに関わらず、釣りをする上で無くてはならない存在がロッド（釣り竿）だ。「ブランク」、「ガイド」、「グリップ」、「リールシート」の４点から構成され、一般的にルアー専用のものは「ルアーロッド」と呼ばれる。アンテナのように伸ばして使う振り出しタイプ（テレスコピック）もある。

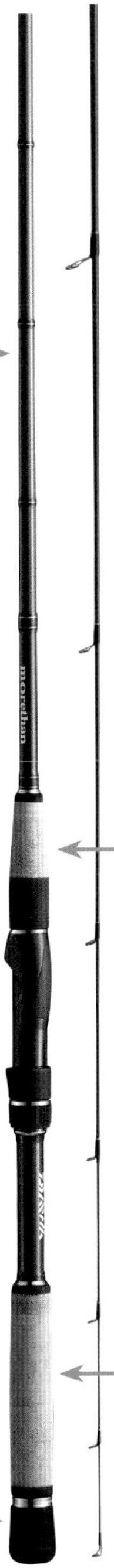

ブランク

ロッドの本体で、ガイドやその他のパーツを除いた裸の状態をブランクと言う。ボロンやカーボン、グラス、竹など、ロッドの素材を表す場合は「ブランク素材」と言うのが一般的。ブランクのみを購入して、自分でロッドを組み立てる楽しみ方もある。

リールシート

リールをロッドに固定する部分。ルアーロッドではほとんどが「スクリューロックシート」と言うリングを回して締め込むタイプが使われる。ロッドの先端側に向かってスクリューを締めてゆく方式が「アップロック」、グリップエンド側に向かって締めてゆくタイプが「ダウンロック」。

グリップ

単にグリップと言う場合もあるが、リールのグリップと区別してロッドグリップと言うのが正解。前ページで説明している通り、コルク製のものとEVA製のものが大半を占める。形状によって握った感触が異なるので、自分の手に合ったものを選ぶ必要がある。

グリップエンド

リールシートから下の部分を「グリップの最後の部分」という意味でグリップエンドと言う。この部分の長さはロッドの操作性と全体のバランスを左右する重要な部分。長めのものはバランスが良くキャストも楽だが、ロッドの細かい操作では邪魔になる。短めのものは操作性が高いもののバランスが悪くキャスト時も不利……と一長一短あるので、最終的には好みで選ぶことになる。

トップガイド

竿の先端のガイドで、通常は他のガイドよりも小径のものが使われる（バット側ほど大きい）。常にラインとの摩擦が発生し、ラインから伝わる様々な情報を手元に伝える重要なガイド。よって、ハードガイド仕様のロッドでもこの部分だけは滑りの良いSiCリングが使われることが多い。

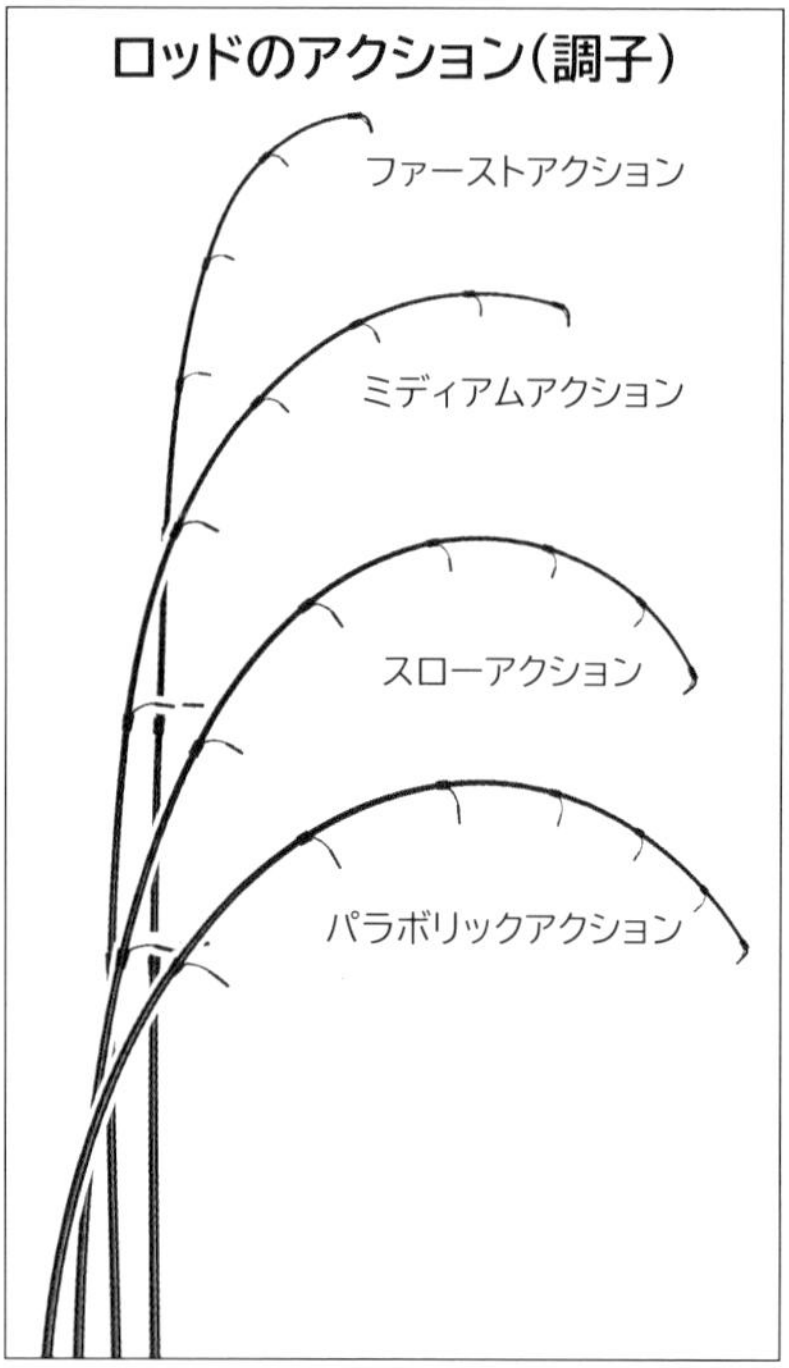

アクションについて

ロッドに関わる「アクション」の意味は、調子を表す場合(名詞)と、ルアーを動かすためのロッド操作(ロッドアクション=動詞)の二つがある。また、ルアーの泳ぎを表すルアーアクションも単に「アクション」と表現することがあるので注意。ルアー用語の中では難解な言葉のひとつ。

ファーストアクション

エサ釣りの竿で言う硬調で、曲がった時の負荷が竿の先端方向に集中する調子のこと。ルアー操作などの操作性は高いが、魚がヒットした時には釣り人側への負荷が大きくなり、バラシの確率も高くなる。ファーストテーパー、ファストアクションも同じ意味。

ミディアムアクション

負荷が掛かった時に穂先から少し下の部分でなだらかに曲がる調子。エサ釣りの竿で言う中硬調子で、全体のバランスが良く万人が扱いやすいもっとも一般的な調子。ミディアムテーパーも同じ意味。

スローアクション

負荷が掛かった時にロッドの真ん中あたりから曲がり、負荷をロッド全体で吸収する調子。エサ釣りで言う胴調子や中調で、ルアーの操作性とキャスト時の振り抜けは悪くなるが、ヒット後は魚が暴れず取り込み率が高い。スローテーパーも同じ意味。

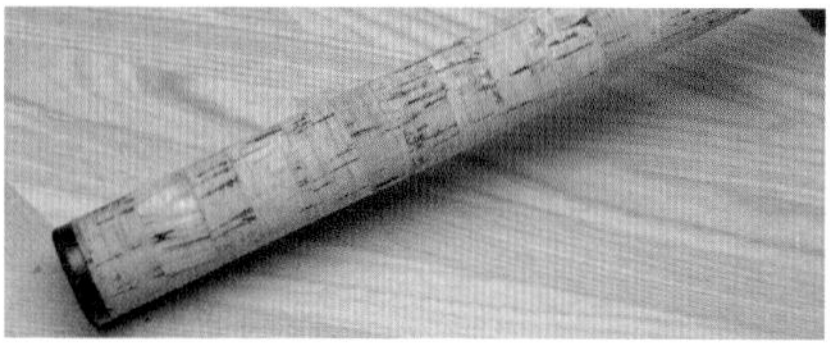

コルクグリップ

グリップ素材がコルク(ワインの栓などに使われる軽くて通気性のある木)で作られたタイプ。かつてコルクグリップはルアーロッドの代名詞的な存在だったが、現在はエコロジーの観点や生産量の減少から上質のコルクは入手困難になった。

EVAグリップ

コルクに変わって主流になりつつあるグリップの素材で、「イー・ブイ・エー」と読むのが一般的。EVAはエチレン酢酸ビニールコポリマーの略称で、人体に害が無い合成樹脂。硬いスポンジのような手触りで、水に濡れても滑りにくい性質がある。

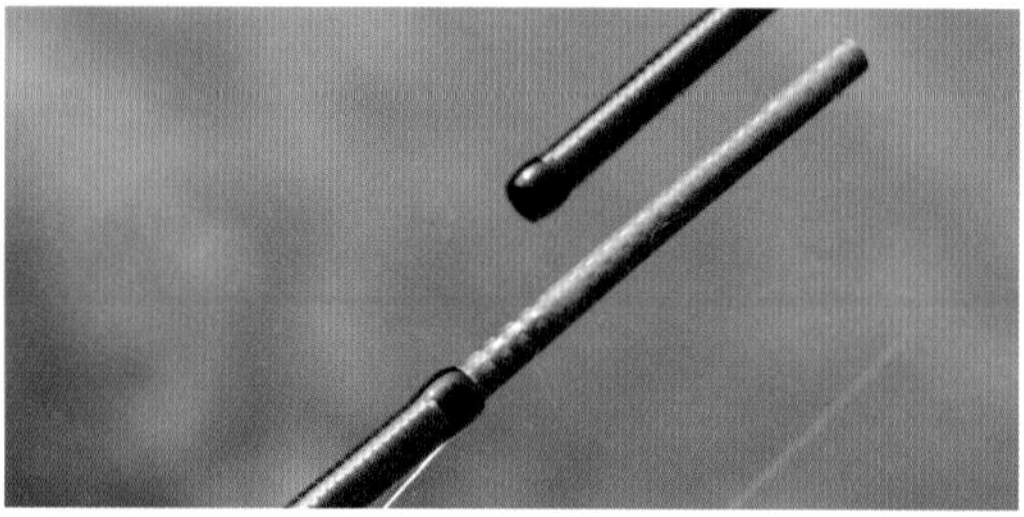

ピース

1片、1切れを表すpieceのことで、何本継ぎのロッドか?を意味している。2ピースは2本継。3ピースは3本継。7フィート以下のロッドでは、継ぎ目の無い1ピースもある。また、1ピースロッドだが、グリップ部分が外せるタイプは「オフセットグリップ」という。

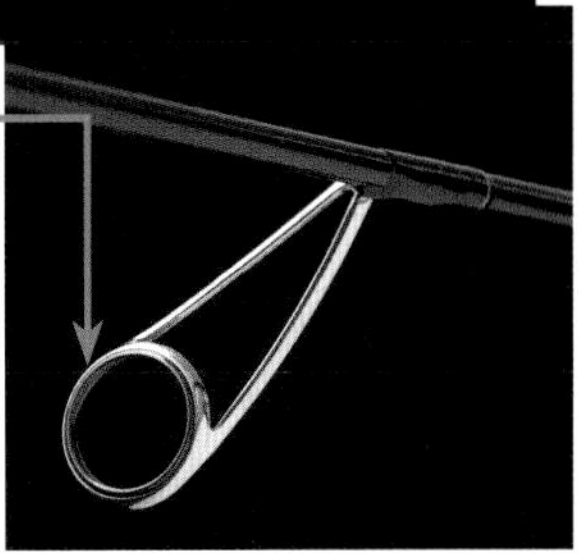

スペック

ほとんどのロッドはバットのこの部分にロッドの型番やスペックが表示されている。この部分でわかるのは、どのメーカーのなんというシリーズのロッドかで、長さ、適正ルアーウエイト、適正ラインなど必要な情報が一目でわかるようになっている。

ガイドリング

ガイドはリングとフレームに分けられ、直接ラインの触れる部分がリング。リング素材はファインセラミックやSiC、ゴールドサーメット、ルビーなどいろいろあるが、現在の主流はSiC（エス・アイ・シー）と呼ばれるシリコンカーバイト（炭化ケイ素）系のものである。

ラッピング

ガイドの足部分はスレッド（糸）を使ってロッドのブランクに固定されるが、その緩み止め、ほぐれ防止のために糸を巻いた上にラッピングが施される。メーカーによってラッピング方法は様々だが、仕上がりが硬いものと柔らかいものがある。ロッドの調子を出すためには柔らかいコーティング剤がベストだが、ガイドが抜けやすいなどの欠点もある。

ガイド

ガイドリングとフレームが一体になったものの総称で、世界的に富士工業（株）の製品が圧倒的なシェアを誇る。リールから繰り出したラインをスムーズに送り出すのが主な役割。ガイドの取り付け位置や数でロッドそのものの調子が変わる。また、ガイドの重さやリングの径でもロッドの操作性に変化が出る。

ガイドフレーム

ガイドリングを覆うフレームで、ロッドブランクに直接接する部分。現在のフレーム素材の主流はチタンとステンレスで、軽量、高感度という点ではチタンが優れている。ただし、チタン製フレームのガイドは高価なのが欠点。入門向けロッドの多くは錆びに強いステンレスフレームが使われている。

ロッドの各部名称

ティップ

定義はないが、一般的にはロッド全体の穂先側1/3の部分。またはトップガイドが付けられた先端部分を言うこともある。2ピース（2本継）のロッドでは、穂先側の1本をティップと呼ぶ場合もある。

ベリー

ロッドの中央付近で全体を3分割した時の中央1/3。釣りの現場では、キャスト時もファイト時ももっとも負荷が掛かる大切な部分。「ベリーに傷が付いた」などの表現で使う。

バット

グリップの上部も含めた手元部分。大きな魚の抜き上げなどでは、この部分に手を添えると楽に取り込める。「バットまで曲がる」「バットパワーが凄い」などの使い方をする。2ピースロッドでは、手元の1本をバットと呼ぶこともある。

ベイトリール専用。大物志向ならこの1本。

ベイトロッド

調子や長さの点で、選択肢が狭いベイトキャスティングロッド。キャスティングの難しさと相まって、入門者向けとは言えないが、オフショアではメジャーな存在であり、またショアでもベテランの間では根強い人気があるのもまた事実。特に大物志向のアングラーには絶対的な支持を受ける。

ブランク

ロッド本体の素材は、スピニングタックルと同じように主流はカーボン繊維。ファーストテーパーという特性上、長いロッドでは重さの点で不具合が出るため、ベイトロッドでは長くても8～9フィートまでのものがほとんど。

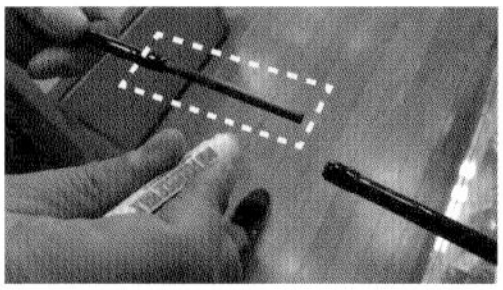

フェルール

ロッドの「継ぎ目」の部分をフェルールと言う。フェルールは大まかに並継ぎと印籠継ぎ（スピゴット）の二つの方法が使われ、印籠継ぎのほうがブランク本来の調子を活かせ、またキャスト時のスッポ抜けが少ない。長年使っていると摩耗によって継ぎ目が緩くなるので、ロウソクや専用のワックスを塗って調整する。印籠継ぎは隙間が1cmほど空いているのが正常。

適合ライン

そのロッドで扱う上で、最適なラインの強度（太さ）を示したもの。近年のロッドでは、従来から表記されていたナイロンやフロロカーボンラインの適正値の他、PEラインの適合数も表記されることが多い。これも表記の方法はメーカーで異なるので、あくまで目安でしかない。

ベンディングカーブ

ロッドにラインを通して負荷を掛けた状態で描かれる曲がり具合のこと。全体で負荷を吸収する優れた設計のロッドは、なだらかな曲線のカーブを描き、一部分のカーブが全体よりも鋭角だったり鈍角だったりのムラが出ることはない。

ガングリップ

ロッドを保持しやすいようにグリップ下部にあるピストルの引き金のような形をした出っ張り（トリガー）を持つタイプのグリップで、ガングリップとも言う。トリガーを持たないストレートタイプは、トリガーレスと呼ばれることが多い。

グリップジョイント

2ピースではなくて、グリップ部分だけが外れる仕様をオフセットグリップと言う。7フィート以上のロッドで多く採用される。

キャスティングウエイト

Casting WeightまたはLure Weightと表示される。そのロッドで、どのくらいの重さのルアーまでキャストできるか？という表示。船用のジギングロッドの場合は、ジャークできるルアーの重さとなる。安全値で表記されたものもあれば、限界値で表記されたものもあるので、あくまで目安でしかない。基本的にはベイトロッドのほうが重いものが背負える。

テーパー

ベイトロッドでは、ラインがブランクの上を通る「ラインまたぎ」と呼ばれる現象を防ぐ目的で、ファーストテーパー（先調子）ものが多い。ラインまたぎはロッドを立てすぎるほど起きやすいので、ファイト時も気持ち寝かせ気味にしてやり取りすることで回避できる。キャスト時も、ロッドをやや横向きにすればブランクへの干渉は少ない。

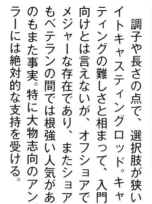

第2章 釣果を得る過程で重要な意味を持つ

ルアー・フック・リグ・ラインを理解しよう

巧みなアクションでバイトを誘うルアー、ルアーと釣り人をつなぐライン、魚との唯一の接点となるフック……いずれかひとつでも欠けてしまうとルアーフィッシングは成立しない。ここでは大まかにプラグを始めとしたハードルアー、ワームとフックを組み合わせるリグ、フックやスナップ、リングなどのパーツ、そしてラインについてまとめた。

ルアー・フック・リグ・ライン を理解しよう

リール、ロッド、ラインだけでは釣りはできない。ルアーやリグ、フックをターゲットに合わせて使い分けることが、釣果を上げるうえで重要となる。ここではそんな重要項目をしっかりと覚えていこう。

ターゲットに合わせて
適材適所で選ぼう

ルアーの組み合わせは様々

入門者の前に立ちはだかる高い壁のひとつがルアーの選択だろう。わずか20数年前まで、使えるルアーが無くて困っていた事が嘘のように、現在では絞りきれないほど多くのルアーが店頭に陳列されている。自分に本当に必要なルアーを見つけなければ、るためにはまず「どこで何を釣るのか?」を決める必要がある。すでにターゲットが決まってタックルも購入済みであれば、そのタックルに合わせたルアーの選択が必要だろう。

選択する上で必要なのは、どのレンジを通すことができるか?というトレースレンジの知識である。同じレンジしか攻められないルアーを何個揃えても意味が無い。プラグ類ならば、水面からボトムまで幅広いレンジを探れる組み合わせでタイプ別、カラー別のものを揃えたい。

プラグの種類 1

ミノープラグはソルトルアーの代名詞的存在

●プラグとは

硬い素材を使って立体的に作られたものにフック（ハリ）を取り付けたルアーの総称。もともとはバルサなどの木製が多かったが近年は大量生産が可能で安価に作れるプラスチック製が主流。

●ミノープラグ

イワシやキビナゴなどのような細身の小魚に似せて作られたルアーで、単に「ミノー」と呼ぶ場合もある。浮くものや沈むもの、潜るものなど設計によってタイプが異なる。アジのような幅のある小魚を模したルアーはミノーではなくてシャッド。

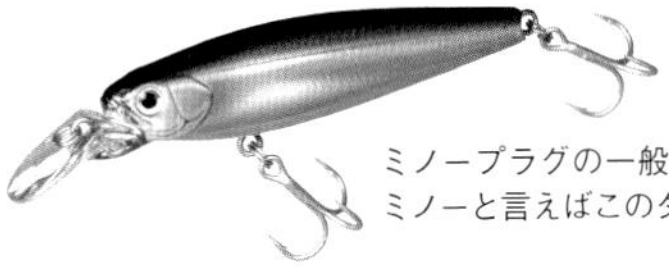

ミノープラグの一般的な形状。単にミノーと言えばこのタイプを指す。

●ディープダイバー

大きなリップを持ったミノーで、「潜る」タイプ。潜る深さを「潜行深度」と言い、通常は1～2mの間に設定されている。ロングビルとも言う。フローティングとシンキングの他、少しだけ沈むサスペンドというタイプもある。

●リップレスミノー

ミノープラグのタイプだが、リップが無いタイプ。潜行深度は通常のミノーと比較して浅く、20～80cmくらいのものがほとんど。タックルハウスの「K-TEN リップレスミノー」やimaの「komomo SF-125」があまりにも有名。

●フローティングミノー

放置した状態で水面に浮かぶミノープラグの総称で、多くの場合はヘッド部分に唇のようなリップを持ったものを指す。浮力は一定なので、海水用を淡水で使用すると、やや沈み気味になるので注意。

●シンキングミノー

放置すると沈んでゆくルアーのこと。比重が大きいので風の強い時にも飛距離が稼げ、流れの速い状態でも安定した泳ぎをする。シンキングと言っても、沈み方はスローで、任意のレンジを探れるので根掛かりは意外に少ない。

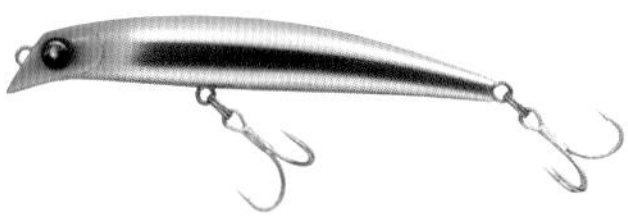

リップがボディと一体化したリップレスミノー。シーバスやフラットフィッシュ用のミノーに多い。

「沈む」と「潜る」は違う

ソフトルアーもテール形状やカラーの違うものを揃え、とりあえずは一番簡単なジグヘッドに組み合わせてみれば良いだろう。いずれにしてもルアーは多いほうが良い。仕様的に被らないもので、最低でも10個は準備しておくべきだ。

ルアーのトレースレンジは、そのルアーがもつ潜行深度（どれだけ潜るか）で決まってくる。シンキングミノーは沈むルアーだから潜行深度も深いと思いがちだが、これは大きな誤解。フローティングでも潜行深度が深いものはシンキングよりも低層まで潜るものが多い。多くの場合、シンキングミノーは任意のレンジまで沈めてリトリーブを開始すると、そのレンジを少し上下しながら移動するのである。選択時、「沈む」と「潜る」を勘違いしないように注意する。

プラグの種類 2

表層系とバイブレーションも
あれば完璧

●トップウォータープラグ

主に水面で操作して食わせるルアーの総称で、もともと木片を削って作られたプラグはすべてトップウォーターだった。ソルトウォーターゲームでトップウォータープラグと言えばポッパーやペンシル（ペンシルベイト）のことを指して言うが、他にスウィッシャー、ダーター、ノイジー、フロッグなどの種類がある。

●ペンシルベイト

トップウォータープラグのひとつで「ペンシル」も同じ意味。その名の通り、鉛筆のように細長い形状のボディにフックを付けたルアーだが、全体が丸みを帯びたものやカーブしたもの、魚に似せて作られたものなど種類は多い。静止状態では、水面に対して水平に浮くものとウキのように立つものなどがある。基本アクションはドッグウォーク。

●ポッパー

トップウォータープラグのひとつで、ロッドを煽ることで「カポッ、カポッ」と音を立てる。また、ヘッド部分がカップ状になっていて、音と同時に水しぶき（スプラッシュ）を上げる。シーバスや青物で使われることが多く、連続的なアクションでは反応が悪いので、アクションさせて暫く待つ……という誘い方が有効。

クロダイ狙いで多用されるポッパーはトップウォータープラグの代表的存在。

●フローティングバイブ

バイブレーションの形状で水面に浮くタイプ。自重が軽く、空気抵抗も大きいので飛距離が稼げないという欠点がある。以前は何種類か販売されていたが、最近はほとんど目にすることが無くなった。

●バイブレーションプラグ

菱形の形状で、バック（背中）部分にアイがあるルアー。小刻みに振動（バイブレート）するので、バイブレーションと呼ぶ。比重の大きいものが多く、遠投して遠目のポイントのボトム付近を攻める時に有効。ノーアクションでも良く釣れる。

●スピンテールバイブ

バイブレーションとスピナーブレードを組み合わせたコンビネーションルアー。アピール力が高く、特にシーバスゲームでは港湾の定番ルアーになりつつある。フックとスピナーブレードの位置設定によっては、スレ掛かり（フックが口以外に掛かる）を誘発しやすい欠点がある。

良く飛び良く釣れるバイブレーションプラグ。30mm サイズの小型から 60g クラスのヘビーウエイトまで数多く発売されている。

プラグ各部の名称

◆アイ

デザイン上の「目（眼）」の部分。フィッシュイーターは目を目標に食い付くと言われ、プラグ類のデザインで目の存在は重要。塗料で塗っただけのものもあるが、プラスティックやガラスでできた、「グラスアイ」は見た目にリアル。

◆バック

ルアーの背中部分。主にカラーリングで背中の色を表す時に用いられる用語。背中が黄色いカラーのルアーは「チャートバック」、黒ならば「ブラックバック」という言い方をする。

◆ボディ

ルアー本体のこと。プラスティックルアーでは、左右対称のパーツを２枚斬り合わせて作られる。内部にはウエイトルームや重心移動システムなど、各社のノウハウがたくさん詰め込まれている。

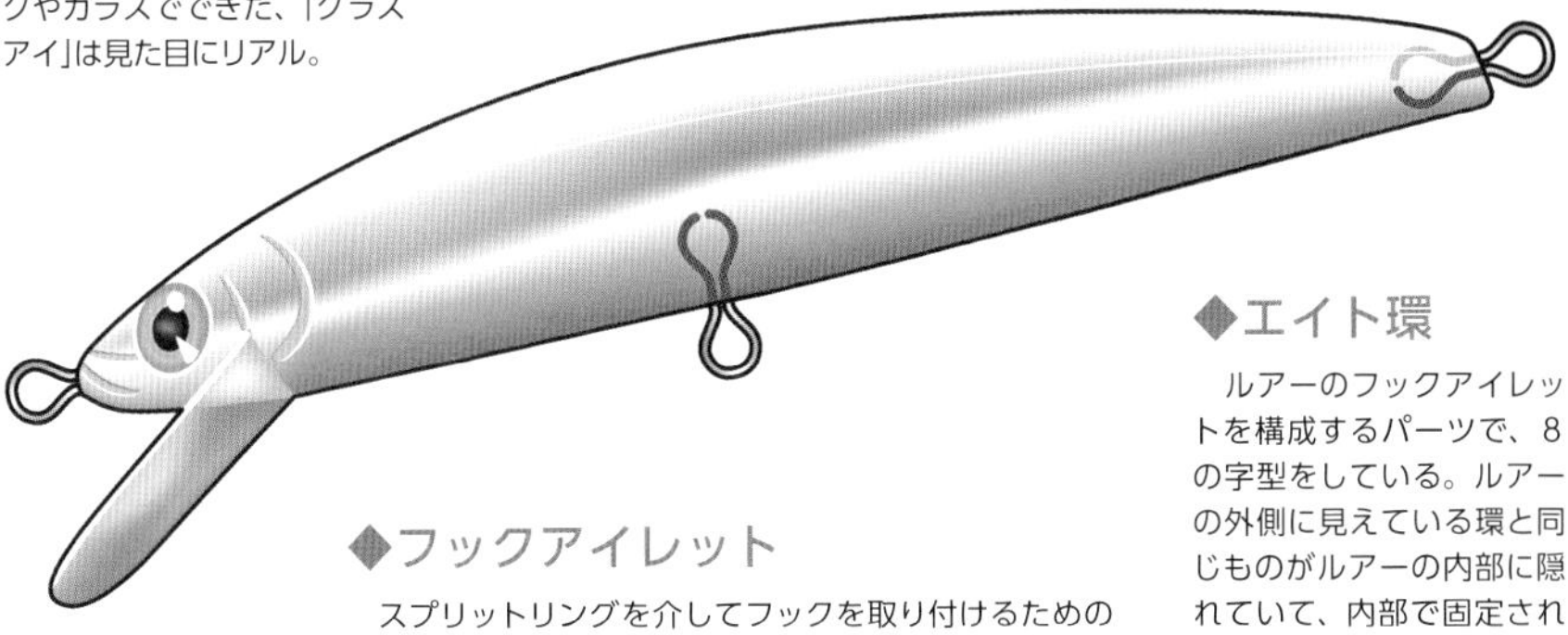

◆エイト環

ルアーのフックアイレットを構成するパーツで、８の字型をしている。ルアーの外側に見えている環と同じものがルアーの内部に隠れていて、内部で固定されている。独立したパーツなので、ルアーが壊れるとフックごと抜け落ちる。

◆フックアイレット

スプリットリングを介してフックを取り付けるための環。ルアーの種類やタイプにもよるが、通常は1 ～ 3個のフックアイレットがある。近年のプラスティックルアーでは、エイト環を使ったものがほとんど。

◆リップ

「唇」の意味で、ミノー類の頭部にあり、水の抵抗を受けて潜行させたり、ルアーに振動を与えて泳ぎを演出する役目を担う。長さや幅、取り付け角度によってルアー自体の性能を大きく左右する。「ビル」とも言う。

◆ベリー

ルアーの腹部のこと。バックと同じように、主にカラーリングで使われる用語。腹部がオレンジのカラーは「オレンジベリー」、白の場合は「ホワイトベリー」などと表現する。全体がパールホワイトベースで、背中が黄色、腹部がオレンジならば「パールホワイト・チャートバック・オレンジベリー」となる。

◆テール

ボディ全体を３分割した後方1/3のこと。ミノープラグでは水切りによるアクションの変化など、設計上重要な役割を果たす。また、テール部分が細すぎる設計では、強度的な問題も出る。

◆ワイヤースルー

大物対応設計。ラインアイレットから各フックアイレットまで１本のワイヤーで作られた構造のもの。ルアーがバラバラに破壊されても、ワイヤーが貫通していることで魚のゲット率が高い。

◆スプリットリング

フックをルアー（プラグ類）にセットする時に用いる金属製のリング。古くなって錆びると強度が落ちて伸びやすくなるので早めの交換を心がけたい。陸っぱりからのルアーフィッシングでは1 ～ 4番サイズの使用率が高い。

◆フック

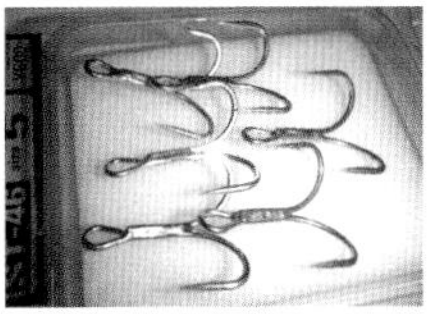

ハリのことで、プラグ類には通常イカリ型をしたトリプルフックが1 ～ 3本セットされている。同じイカリ型でも、フックの種類は豊富。また、バラシの少ないシングルフックもある。フックに関してはP42を参照。

その他のハードルアー

●ハードルアー

金属や木材、発泡素材、プラスチックなど、軟質系以外の硬い素材で作られたルアーの総称。最近はハードルアーとソフトルアーを組み合わせたコンビネーションタイプもある。

●メタルジグ

ナマリやタングステンなどの金属製ルアー。単に「ジグ」と言う場合もある。一般的には魚に似た形状をしていてサイズの割に重さがあり、遠投が必要な場合に有利。またオフショアでは底層を狙う場合にメインとなる。

●ジグミノー

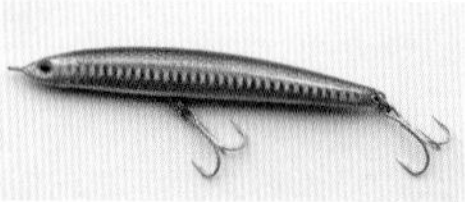

メタルジグの「高比重で良く飛ぶ」という特性と、ミノーの「良く泳ぐ」という特性を併せ持ったタイプのルアー。遠くのポイントをジックリと魅せながら攻める時に有効で、主にサーフで多用される。河川のシーバスゲームにも有効。

●スプーン

金属片のルアーで、スプーンに良く似ている。主にトラウト用として進化してきたが、近年はソルトウォータールアーのターゲットに対しても多用される。スズキやヒラメ、マダイなどには特に有効。

●エギ(餌木)

もともとは漁師が使っていたイカを釣るための漁具だが、アオリイカ釣りのルアーとして広く釣り人の間に浸透した。ほとんどのイカ類に有効。近年は船からアオリイカを釣る(ティップラン)ヘビーウエイトのものも多い。

プラグ・ハードルアーのレンジ

●レンジ

ルアーを通過させることができる水中の層のこと。「このルアーは1m以上のレンジをカバーできる」などと使う。またはその時に魚が定位している泳層のこと。「水温低下でシーバスはボトムレンジまで下がった」などの表現。

●ボトム

海、湖沼、河川などの釣り場の底のことで、「ボトムに根がある」とか、「ここはボトム狙いのほうが良く釣れる」などの使い方をする。底が岩などで硬い場合は、ハードボトムと言う。

ルアータイプ別レンジ一覧

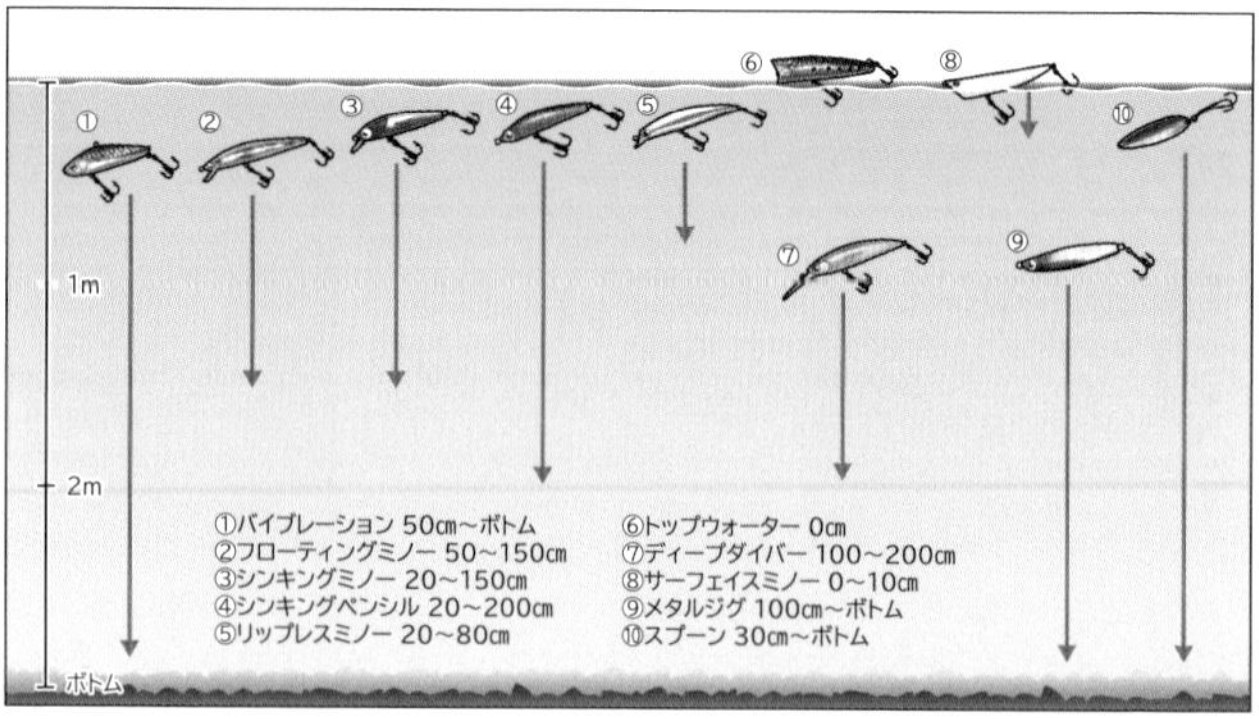

ソフトルアーの種類

●ソフトルアー

ゴム系の合成樹脂やラバーなどを素材に作られた、柔らかい感触のルアーの総称。ソフトベイト、ワームなどとも呼ばれる。フックが無いので単体では使えず、多くの場合「リグ」と呼ばれる仕掛けにセットして使用される。

●テール

ソフトルアーのシッポの部分で、形状によって生まれる波動が異なるため、魚の反応も大きく変わる。ソフトルアーの分類は、全体の形状の他に、テール形状で行われることが多い。

◆ストレートテール

真っ直ぐな形状のテールを持ったソフトルアー。メバルに多用されるスクリューテールやピンテール、ストローテールなどもストレートテールの中に含まれる。

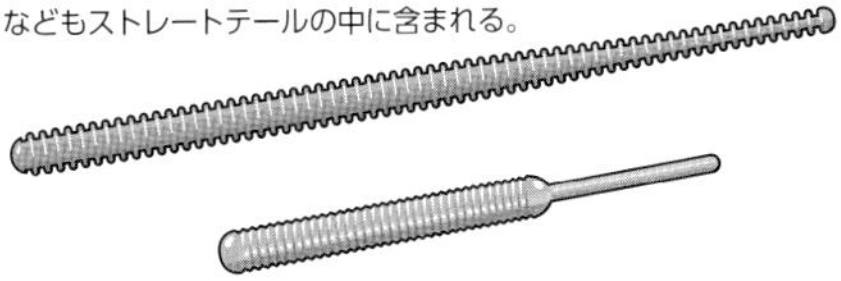

◆パドルテール

カヌーやカヤックで使うパドルに良く似ている形状のテールをもつソフトルアー。ブラックバスでは良く使われるタイプだが、ソルトウォーターゲームでは水流の抵抗が大きいせいか、あまり出番が無い。

◆カーリーテール

甲殻類、主にザリガニなどのエビ類に似せた形状のソフトルアー。フワフワと上下させて誘う使い方がメインなので、手軽なジグヘッドよりもキャロライナリグに組み合わせて使われることが多い。海用ではカニに似せたタンクなどもある。

◆グラブ

ソフトルアーの種類が細分化された現在では、分類から外されることも少なくない。芋虫のようなずんぐりした胴が特徴で、丸いカール状のテールが付いているものはカーリーテールグラブ、パドルテールが付いているものはパドルテールグラブと言う。

◆シャッドテール

水流を受けると小魚のシッポのような動きをする形状のテールを持ったワーム。扱いやすく、海のルアーフィッシングでは定番のひとつ。ロングセラーを続けるエコギアのグラスミノーなどが有名。

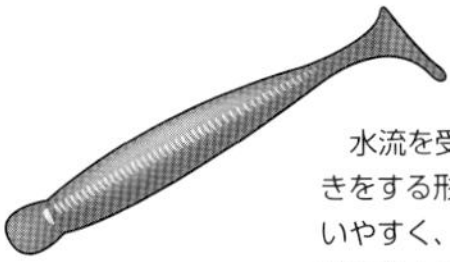

◆クロー

甲殻類、主にザリガニなどのエビ類に似せた形状のソフトルアー。フワフワと上下させて誘う使い方がメインなので、手軽なジグヘッドよりもキャロライナリグに組み合わせて使われることが多い。海用ではカニに似せたタンクなどもある。

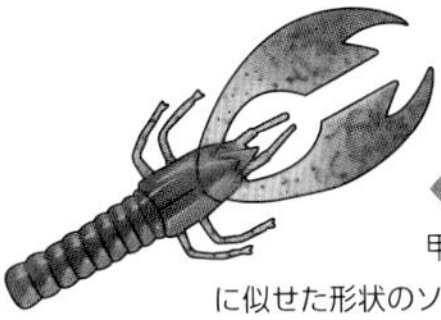

◆スティックベイト

その名の通り棒状をした単純な形のソフトルアーで、バス狙いではよく使われる。海での使用率は低いが海の魚に対しても反応は良い。スラッゴーやセンコーなどが有名。

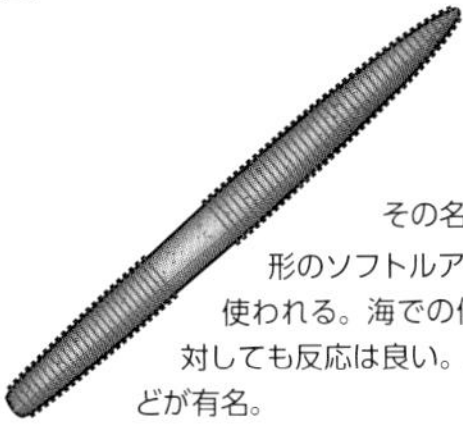

まずは一番手軽なジグヘッドと組み合わせて使ってみよう。

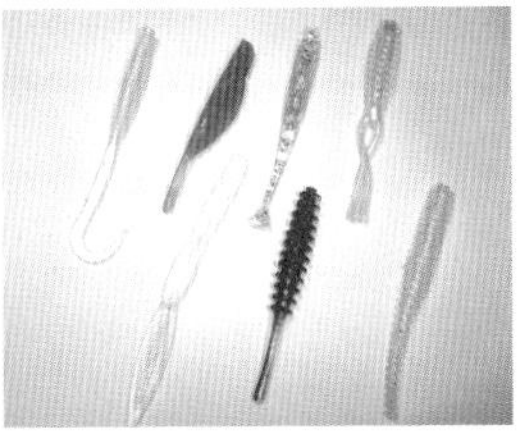

様々なテールのソフトルアー。テールの形状で魚の反応が大きく違う。

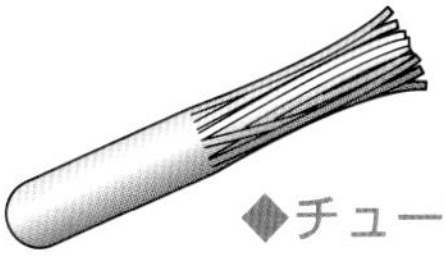

◆チューブ

ボディの内部が中空になり、テールの部分が細かくカットされてタコのようになった形状のソフトルアー。日本製のタコベイトに良く似ている。専用のジグヘッドと組み合わせて使われることが多いが、最近はほとんど見かけることが無くなった。

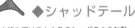

ジグヘッドの種類と使い分け

ウエイト別ターゲット

0～3.5g

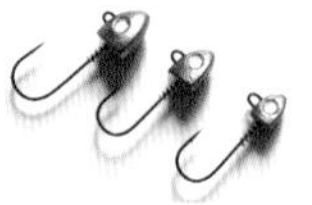

メバル用ジグヘッドは、3g以下のものがほとんど。写真はマリア製ビークヘッド。

◆メバル・アジ用

小型ジグヘッド、スモールジグヘッドと呼ばれるサイズで、重さは0～3.5gくらいまでのメバルやアジ用のもの。フックも細軸でフッキング優先のものが多い。ヘッド形状は様々で、ラウンド、弾丸型、トライアングルなどが選べる。サイズ的に2インチ以下のワームがベストマッチで、それ以上だとフッキングが悪くなる。

5～14g

定番のラウンド型とフットボール型は安いのが魅力。写真はカルティバ製。

◆根魚他汎用

根魚やシーバス、ヒラメやマゴチなど、魚種を選ばずオールマイティに使える汎用ジグヘッドが5～14gサイズ。このサイズになるとフックも強度的に問題は無く、大物が相手でもトラブルは少ない。一般的にラウンド型と弾丸型が多い。ワームは3～4インチが標準。

21～28g以上

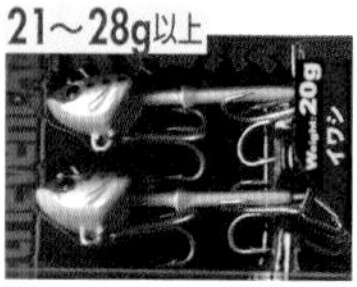

全体が大きいので、フッキング率アップの目的でトリプルフックがプラスされたものが多い。

◆遠投大物用

近年流行のサーフからの遠投大物狙いや、シーバスのワインド釣法で使用されるのがこのタイプ。重さは28g以上のものもあり、オフショアでも使用できる。通常のフックの他にトリプルフックがセットされたものも多い。シャンクが長いので、ワームは6インチクラスがベストマッチ。

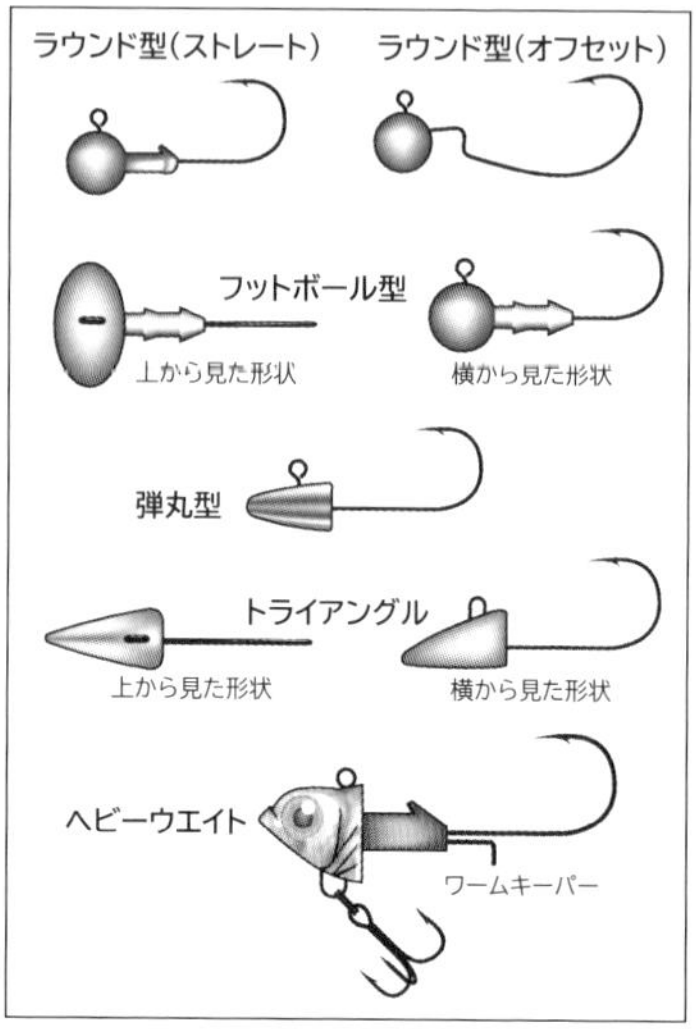

●ワームキーパー

ジグヘッドのフックの付け根付近に設けられたワームの「抜け落ち防止」の工夫。ナマリを盛ったタイプや、スレッド（糸）を巻いたタイプ、ワイヤーを巻いたタイプなど、メーカーによって様々な工夫がされている。

■ 号・グラム換算表 ■									
号（匁）	10	8	5	4	3	2	1	0.8	0.5
g（グラム）	37.5	30	19	15	11	7.5	3.75	3	1.88

■ オンス・グラム換算表 ■								
OZ（オンス）	1/32	1/16	1/8	1/4	1/2	2/3	3/4	1
g（グラム）	0.9	1.8	3.5	7.1	14.2	18.9	21.3	28.4

■ ガン玉の重さの目安 ■							
ガン玉	6B	5B	4B	3B	2B	B	1/2B
g（グラム）	2.65	1.85	1.2	0.95	0.75	0.55	0.27

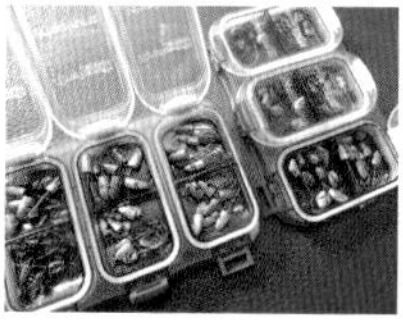

●オンス（OZ）

ヤード・ポンド法に基づく質量の単位で、1ozは約28.35g。英国圏とアメリカの単位なので、日本では馴染みが薄く、分かり難い。ルアーフィッシングでは主にジグヘッドの重さを表す単位として使われてきたが、最近は直感的に分かりやいg表示が多くなってきた。

●号

古くから日本の釣りで使われているオモリの重さを表す単位。1号は1匁（もんめ）の重さのことで、グラム数に換算すれば約3.75g。号数とグラム数の換算は上の表を参照。

●ガン玉（スプリットショット）

散弾銃の弾に使われている鉛玉に溝を入れたもので、サイズ表記も散弾銃と同じものが使われている。ただし、メーカーや材質によって同じ表記サイズでも微妙にサイズや重さが異なる点に注意。英語ではスプリットショットと言い、スプリットショットリグはそのままこの名前に由来する。

リグの種類と使い分け

●シンカー

オモリのこと。定義は無いのでどんなオモリを使っても自由だが、それぞれのリグに合わせた専用シンカーがたくさん売られている。以前はナマリのものがほとんどだったが、近年は環境に優しい素材のものも随分と多くなった。

●リグ

仕掛けのことで、主にソフトルアーとの組み合わせで使われる仕掛けのことを言う。ソルトウォーターゲームでは、ジグヘッド、スプリットショット、ダウンショットの他、キャロライナリグなどターゲットや釣り場の環境で様々なリグを使い分ける。

◆キャロライナリグ

シンカーにラインを通し、スイベルを介してリーダーを50cmほどとり先端にフックを結ぶ。テキサスリグと同じように、スイベルとシンカーの間にグラスビーズを入れても良い。海のルアーでは海底の起伏が激しい磯などで、ボトムの根魚を狙う場合によく使われる。シンカーを重くしたものは、ヘビーキャロライナリグ（ヘビキャロ）と呼ばれる。

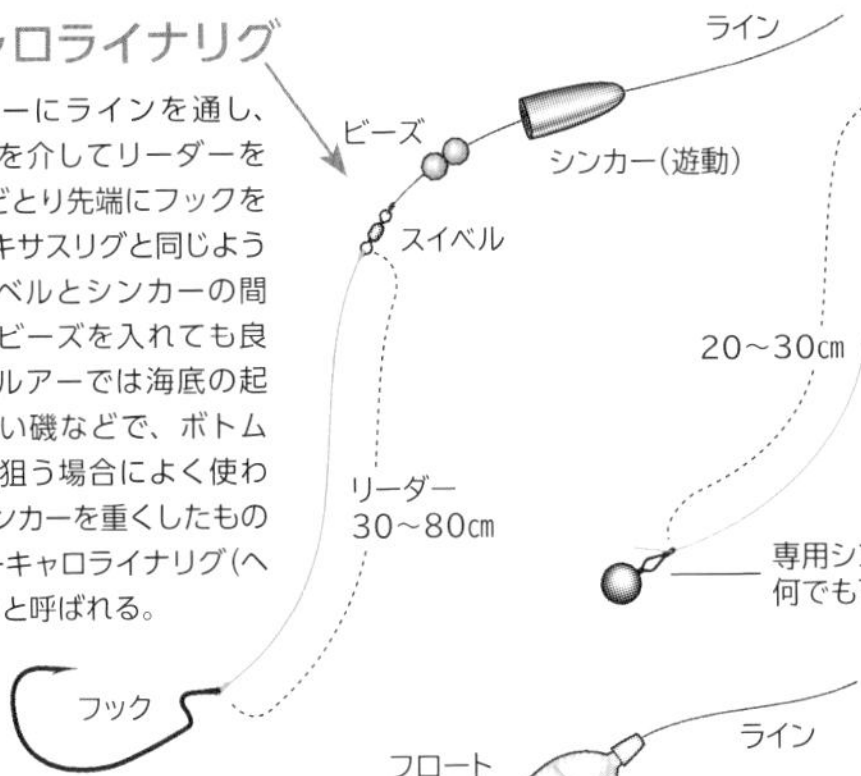

◆ダウンショットリグ

「常吉（ツネキチ）リグ」、「アンダーショットリグ」とも呼ばれる。フックの下にシンカーを固定するリグで、エサ釣りの「胴付き仕掛け」のハリス無しバージョン。一定のレンジを攻められ、バイトをダイレクトに感じられるという利点がある。フックから下の長さは、釣り場のボトムの状態や流れの速さに応じて変える。

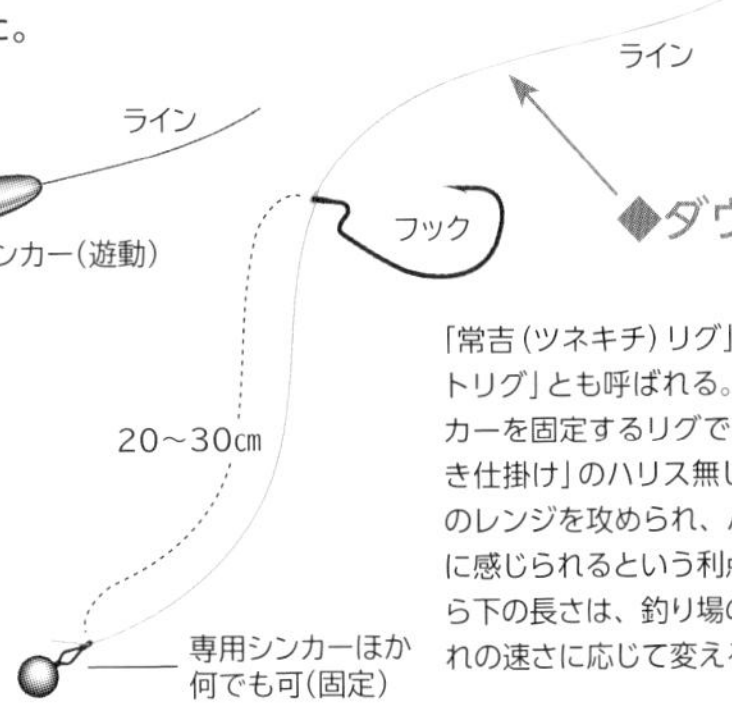

◆フロートリグ

メバル狙いで根掛かりの多いシャローエリアを探ったり、軽いリグで遠くまで飛ばしたい時に有利なリグ。通常はスイベルを介してリーダーを50cmほど取り、リーダーの先端にシングルフックを結ぶが、軽量ジグヘッドでも良い。市販の専用フロートは浮くタイプと沈むタイプ、固定式と遊動式がある。

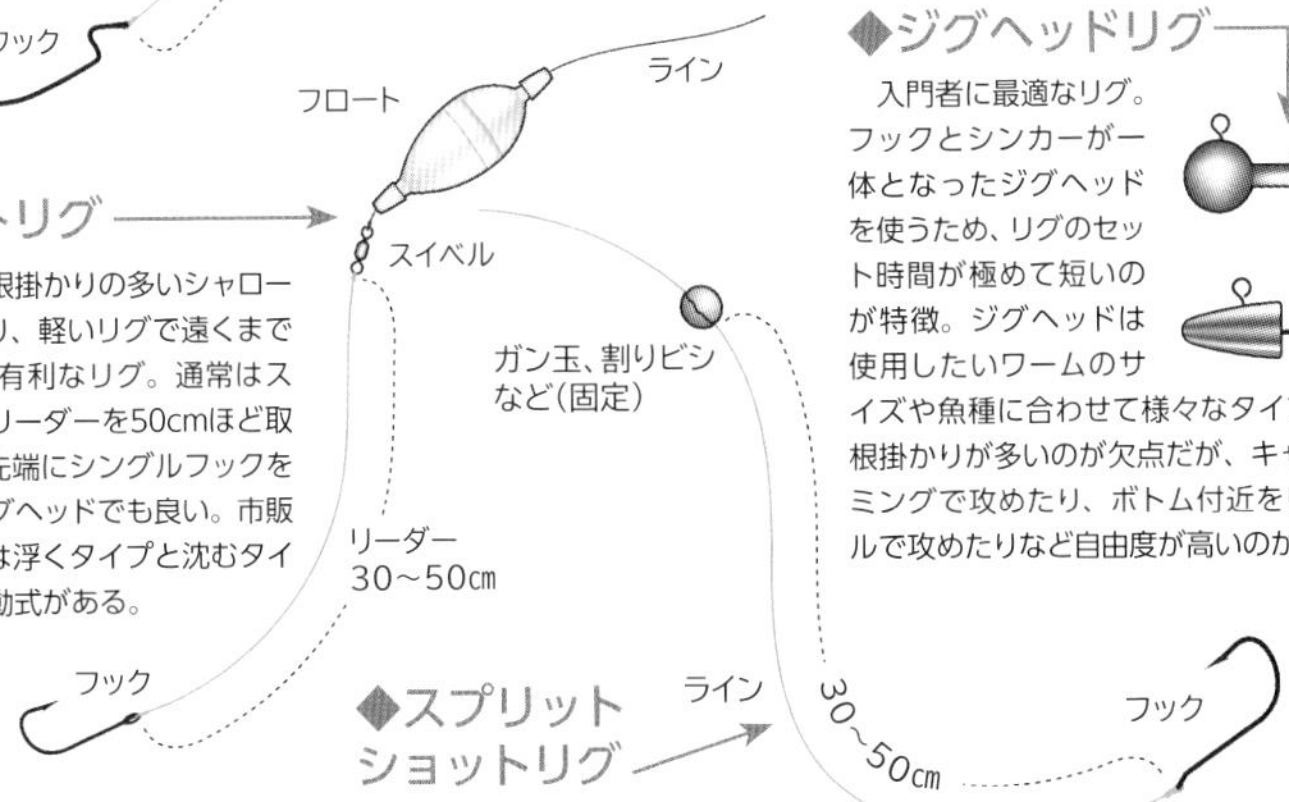

◆ジグヘッドリグ

入門者に最適なリグ。フックとシンカーが一体となったジグヘッドを使うため、リグのセット時間が極めて短いのが特徴。ジグヘッドは使用したいワームのサイズや魚種に合わせて様々なタイプから選べる。根掛かりが多いのが欠点だが、キャストしてスイミングで攻めたり、ボトム付近をリフト&フォールで攻めたりなど自由度が高いのが利点。

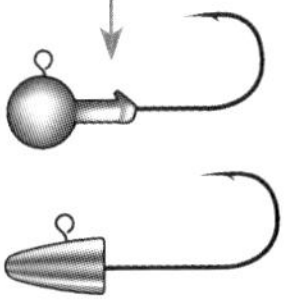

◆スプリットショットリグ

ほとんどのワームで使用でき、リグ全体が軽く抵抗が少ないので食い込みが良い。ライン先端にフックを結び、30～50cmほど上にシンカーをセットするだけの簡単なリグ。ロッド操作によるアクションを優先したい場合には、フックからシンカーまでの間隔を短くすれば良い。シンカーは強く噛ませ過ぎるとラインを痛めるので注意。

◆テキサスリグ

中通し型のシンカーにラインを通し、ラインの先端にフックを結ぶ形のリグ。根掛かりが少なく、障害物まわりをタイトに攻めることができる。フックとシンカーの間にグラスビーズなどを入れて、カチカチと音をさせるラトルとして使用する場合もある。シンカーとフックが近い位置になるので、キャロライナリグと比較して食い込みが悪くなる場合がある。

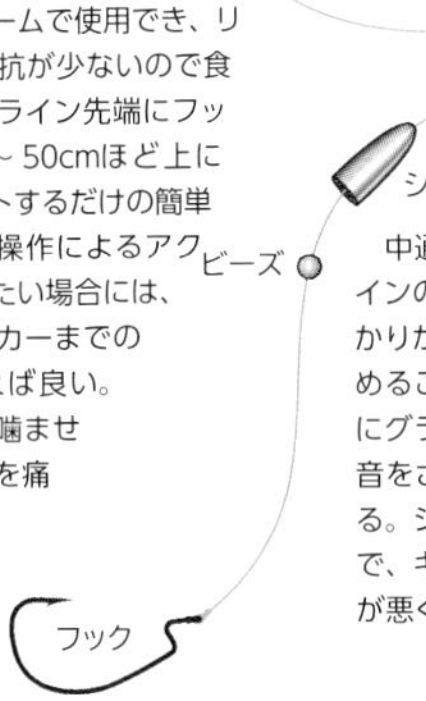

テキサスリグに使われる弾丸型（バレット）シンカー。芯の部分に穴が貫通している。

フック・接続金具の形状と使い分け

●トリプルフック

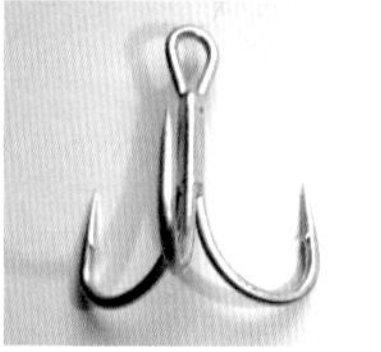

錆びやすいので消耗品と割り切ること。

イカリ型をした3本バリのフックのことで、多くのルアーに最初からセットされている。最近のルアーではフックの重さも全体のバランスに関係してくるので、交換時は同じ型番、サイズにするのが好ましい。ポイントが甘くなったものは早めに交換。がまかつ製フックはトレブルフックという名称。

●シングルフック

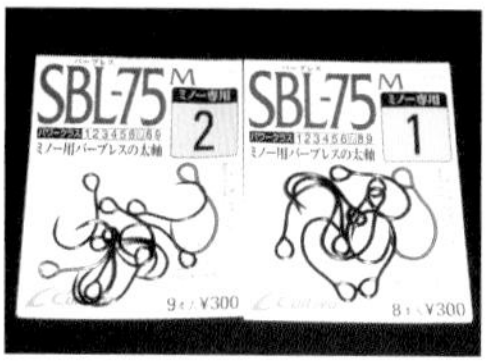

釣り方に合わせた専用フックを選ぼう。

ルアー用の1本ハリのことで、ルアー用で販売されているものはラインを結んだり、スプリットリングを通すためのアイがある。ストレート、オフセットなど用途によって形状が異なる。トリプルフックよりも掛かりは遅いが、しっかりとフッキングしてしまえばバラシが少ない。

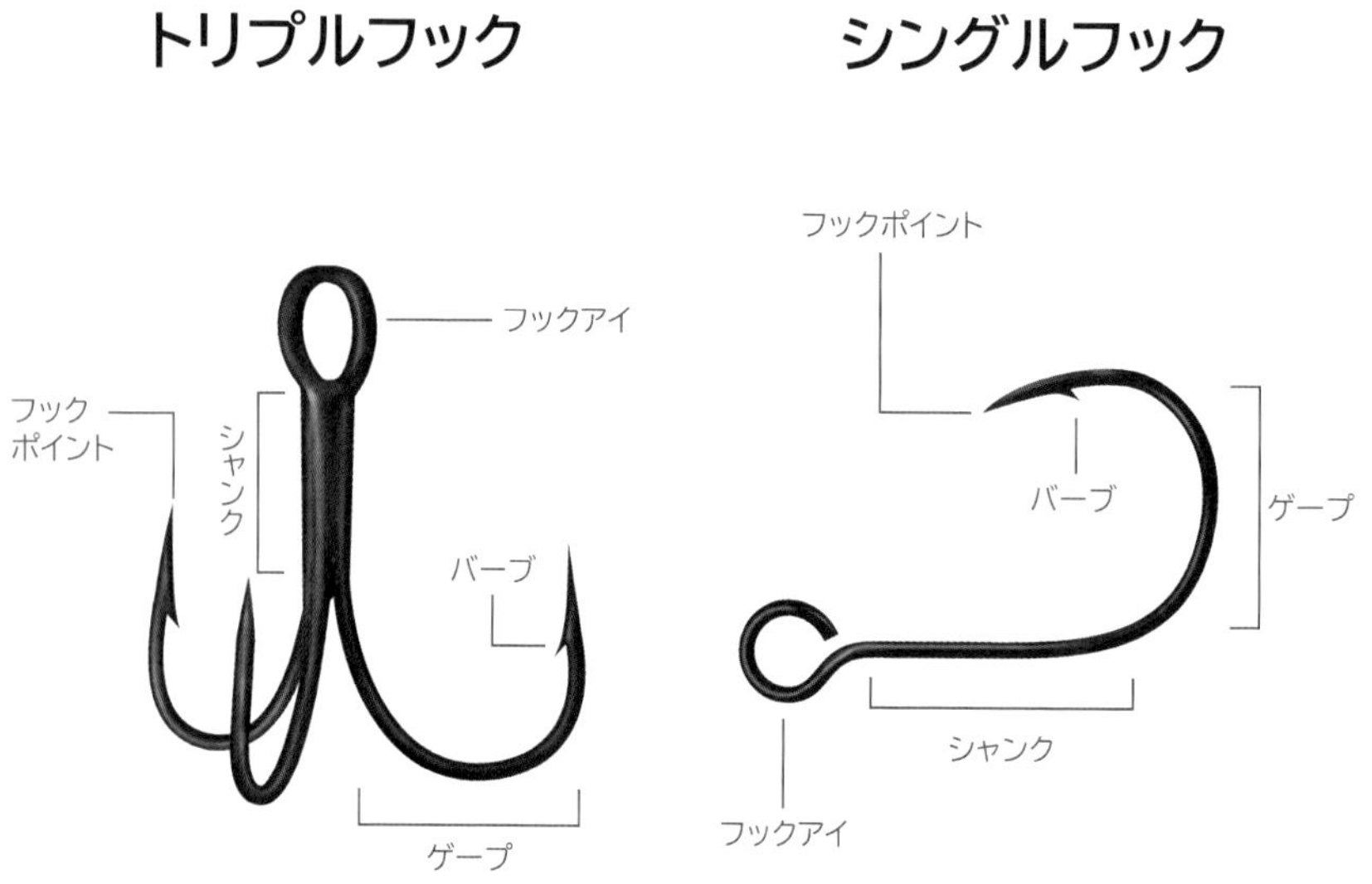

●フックアイ

ラインを結ぶ、またはスプリットリングを介してルアーにセットする時に使用する穴。シングルフックの場合は角度によってダウンアイ(内向き)、ストレートアイ、アップアイ(外向き)に分かれる。

●シャンク

アイからポイント(ハリ先)に向かった直線部分。ワームの場合はこの部分の長さでセットできるワームのサイズが変わる。トリプルフックの場合は、ミノーでこの部分が長いものを使うと「背負い」現象が頻発する。

●スイベル

接続金具のひとつで、エサ釣りで使われる「よりもどし」のこと。プラグを使った釣りでは単体で使われることは少ないが、ワームではキャロライナリグやフロートリグで使われる。

ジギングでは直接ラインを結んでスプリットリングに接続して使うこともある。

●ソリッドリング

PEラインを使った大物釣りでは、スプリットリングやスナップ類の強度不足が問題になることもある。そんな場面で使用されるのがソリッドリング。型抜きされた継ぎ目の無いリングで、変形や裁断の心配が無い。溶接リングも同じ使い方をする。

ヘビータックルの大物狙いではソリッドリングが活躍する。

●スプリットリング

フックをルアー（プラグ類）にセットする時に用いる金属製のリング。古くなって錆びると強度が落ちて伸びやすくなるので早めの交換を心がけたい。ルアーサイズやフックサイズに合ったものを使うこと。

スズキ用プラグの多くが採用している#3サイズ。陸っぱりのルアーフィッシングでは、大きくても#4～5程度まで。

●スナップ

スイベルが付属しないフックタイプの接続金具。よりもどしの役目はしないが、軽いのでルアーの泳ぎを殺さず、ルアー（主にプラグ類）の交換がスムーズに行える。近年のルアーフィッシングでは定番になりつつある。

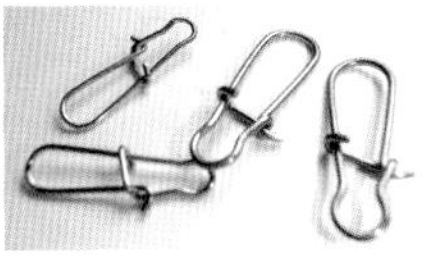

サイズは使用するラインで決まる。フロロカーボンやナイロンでは小型のもので良い。

●ゲープ（ゲイプ）

シャンクとハリ先までの幅のこと。シングルフックでワームを使用する場合には、ワームの太さに合わせて選ばないとフッキングが悪くなる。

●フックポイント

ハリ先のこと。最初に魚に接触する部分だけに、この部分が甘くなっているとフッキングミスやバラシの原因になる。シャープナーで研ぐことも出来るが、近年のフックは研ぎがきかない材質になっているので、新品に交換したほうが良い。

●バーブ

フックのカエシのこと。近年のルアーフィッシングは魚に与えるダメージが少なく、キャッチ＆リリースには必要不可欠なバーブレスフックの使用率が高い。カエシが無いことでフッキング率が高く、むしろ普通のフックよりもバラシは少ない。

●アシストフック

元来はジギングにおいて、ルアー後部のメインフックを補助（アシスト）する目的で考案された。一般的にはフロントのアイレット部分に装着されるシングルフックのこと。近年はリアのフックを外し、アシストフックのみで使用されることも多く、この場合はアシストフックではなくてメインフックと呼ぶのが正解。

ジギングにおいてアシストフックは欠かすことができないアイテム。むしろリアのメインフックより重要。

●スナップスイベル

スナップと一体になったスイベルのこと。ライン先端部に結んでラインのヨリを防止するための金具。素早いルアーチェンジが可能だが、サイズを間違うとルアーの泳ぎを殺す。

便利だが、全体が長いのでライン絡みなどのトラブルもある。重さも欠点のひとつ。

ラインの種類と性質

現在では主に４種類のラインを使い分けている

高い感度と優れた遠投性能が特徴のPEラインがソルトルアーでは定番となってきた。一方で初心者には扱いづらい部分もあり、基礎を覚える段階ではナイロンラインがおすすめだ。

ラインの特性を知ろう

現在のソルトルアーシーンでは、主に4種類のラインが使われている。なぜ4種類ものラインが使われているのかというと、それぞれのラインの特徴を生かして、さらに多くの魚を釣るためだ。

ラインに対してアングラーが求める性能は、

❶直線強度
❷耐摩耗性
❸感度
❹クッション性
❺視認性

の5点。しかし、すべての項目でアングラーが思ったような性能をカバーできる素材は存在していない。あらゆる場面で万能なラインはないため、現時点では使うルアーやメソッドに応じてアングラー側がラインを使い分ける必要がある。

種類	ナイロンライン	フロロライン	PEライン	エステルライン
長所	・直線強度が高い ・クッション性に優れている ・柔らかいので初心者にも扱いやすくトラブルが少ない	・耐摩耗性が高い ・光の屈折率の関係で魚から見えにくい ・比重が重いのでルアーが浮き上がりにくい	・超高感度 ・圧倒的強度 ・ルアーを操作しやすい ・コストパフォーマンスが高い	・PE同等の高感度 ・ルアーが操作しやすい ・ルアーが浮き上がりにくい ・透明なので魚にプレッシャーを与えにくい！
短所	・伸びるため感度が低い ・伸びるのでルアーの操作性が低い	・素材が硬いので、太いと扱いづらい	・視認性が良く魚からも見える ・リーダーを組む必要がある ・ラインの浮力が高いため、軽量ルアーは浮き上がりやすい	・素材が硬いので扱いにくい ・対摩擦性能が低い
比重	やや浮く（1.14）	沈む（1.78）	浮く（0.97）	ナイロンとフロロの中間くらい（1.35）
伸率	伸びる（25～35%）	少し伸びる（23～30%）	ほぼ伸びない（5%以下）	ほぼ伸びない（20～22%）
結節強度	約90%	約85%	約50～90%（結び方による）	約80%
値段	安い（100m1,000円前後）	高い（100m2,000円前後）	やや高い（100m3,000円前後）	安い（100m1,000円前後）
こんな時に！	・初心者にオススメ！ ・細かい操作の不要な釣りに！	・太さによりすべての釣りに対応 ・細いラインが必要な釣りに！	・飛距離を出したいとき！ ・ルアーをバーチカルに動かす ・ルアーを細かく動かす釣りに	・繊細な釣りに！ ・強風時にPEラインの代わりに使用

ラインをスプールに巻き取るときは、何に気を付ければいい？

ラインを巻く時に注意したいのがヨレだ。ヨレが残ったままスプールにラインを巻き取ってしまうと、キャスト後にライントラブルが起きてしまうこともある。心配であれば、釣具店でライン購入時に巻いてもらうといいだろう。

ボビンを横にセットして、糸をスプールに結ぶ。準備ができてもこのまま巻くのはNG。

ボビンに巻かれたライン自体がヨレているので、必ずボビンから2m離れて巻くこと。

ラインにしっかりテンションを掛けて、巻くスピードにムラが出ないよう気をつけて巻いていこう。

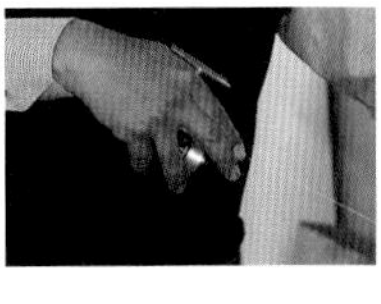

ボビンからラインが出きった瞬間、ラインの端に大きなヨレができるので、ボビンからラインが外れたら手でしっかりヨレを取りながら巻き込んでいけば作業終了だ！

遠投した場合に起きるメリット、デメリットは?

それぞれのラインを使い分けるときに、ラインの感度も忘れてはならない。PEラインのような伸びの少ないラインのほうが、魚からのアタリをしっかり手元へ伝えてくれるので遠投時は有利になる。フィールドの大きさや狙うポイントの距離もライン選びの一つの要素として考えよう。

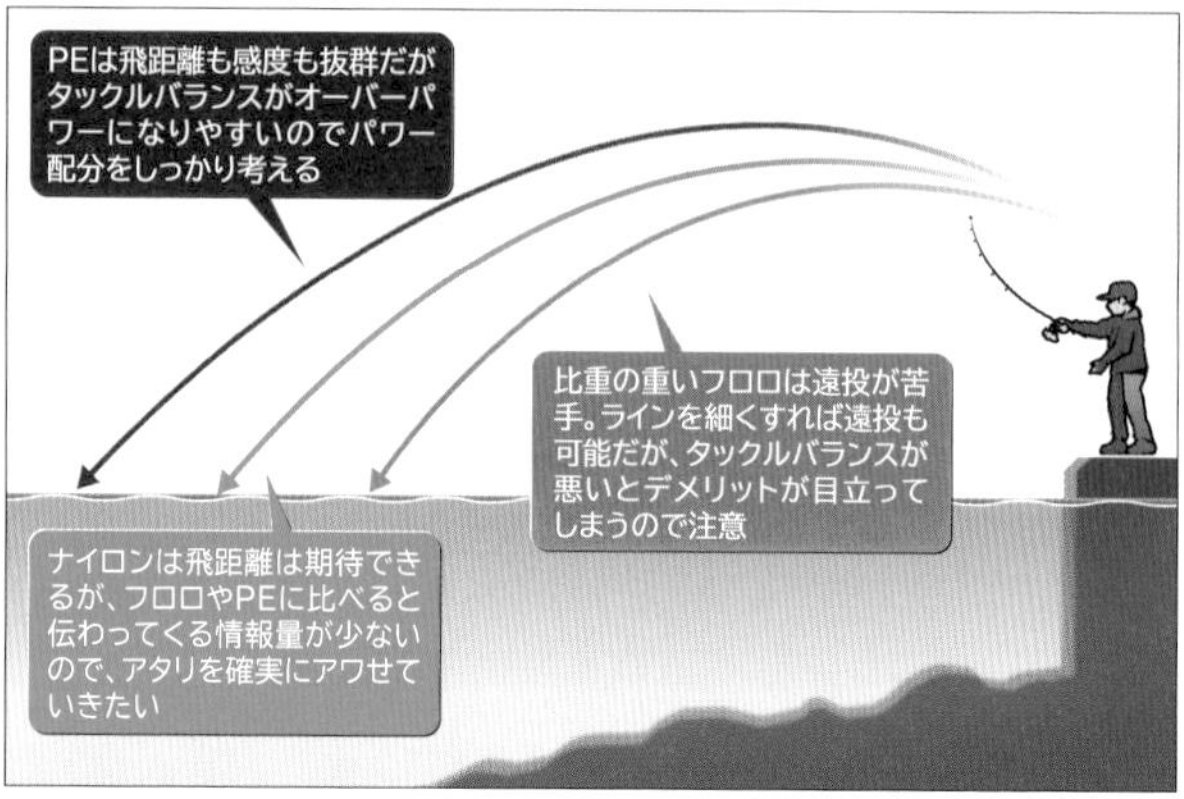
PEは飛距離も感度も抜群だがタックルバランスがオーバーパワーになりやすいのでパワー配分をしっかり考える
比重の重いフロロは遠投が苦手。ラインを細くすれば遠投も可能だが、タックルバランスが悪いとデメリットが目立ってしまうので注意
ナイロンは飛距離は期待できるが、フロロやPEに比べると伝わってくる情報量が少ないので、アタリを確実にアワセていきたい

ラインの水中でのイメージを掴もう!

各ラインの水中での軌道イメージは以下の通り。比重が高いラインは沈みやすいのでルアーを浮かせずに操作できる。また、ラインスラックが無い分ルアーを意図的に動かしやすい。同じラインの場合、細いほうが水切れがよく沈みやすいのも覚えておこう。

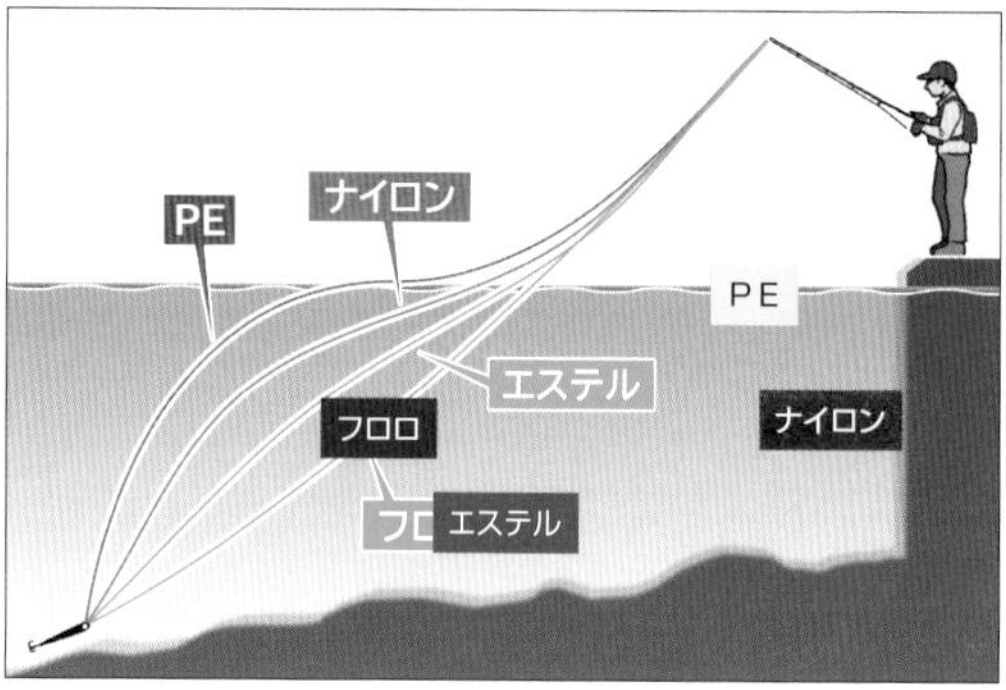
PE
ナイロン
エステル
フロロ
フロ
エステル
PE
ナイロン

ライン選びはバランス重視で

どのラインも太くなると浮き上がりやすくなり、細くなると水切れが良く沈みやすくなるのは全ライン共通。飛距離もすべてのライン共通で、太くなれば飛距離は短くなり、細くなれば遠投性能が上がる。小型の魚がメインのフィールドでは、太いラインを使うとオーバースペックになる。シチュエーションに合わせた太さをしっかり選ぶことが大切だ。

釣りに慣れてきたら、釣り方に合わせてラインをセレクトしてみよう。軽量ルアーにはフロロライン、ミノーやバイブレーションにはPEライン（PEラインを使用する際は必ずリーダーを結節する）が使いやすい。エステルラインはフロロとPEのいいところを併せ持っているが、素材が硬いことと耐摩耗性が低いことから、上級者向けのラインだ。

タックルバランスを考えてラインを選ぶのが重要!

2種類のタメのどちらか1つを使うと釣りにゆとりができる

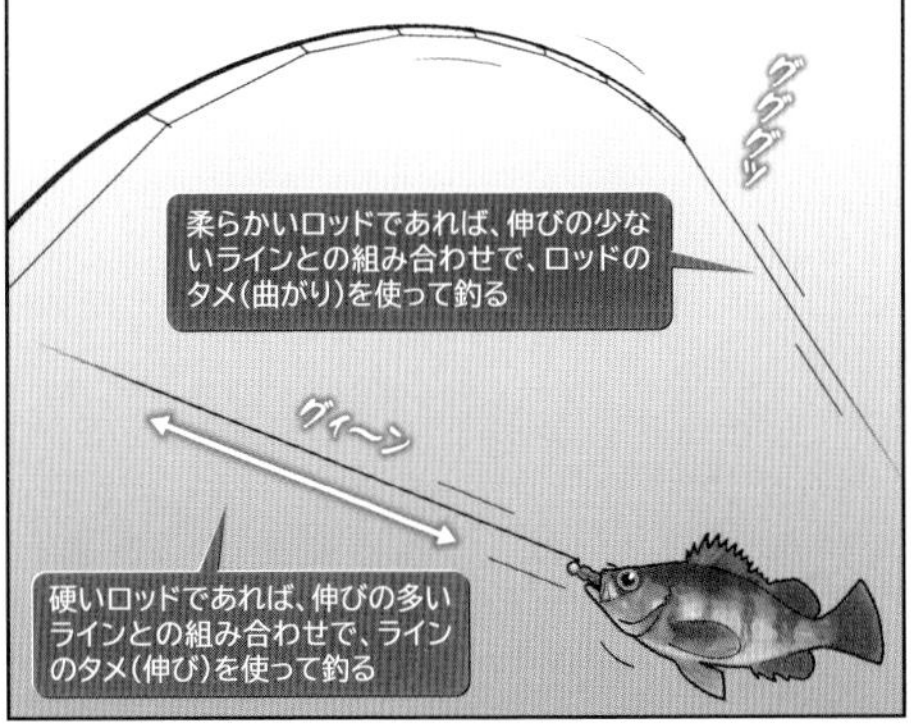
グググッ
柔らかいロッドであれば、伸びの少ないラインとの組み合わせで、ロッドのタメ(曲がり)を使って釣る
グィ～ン
硬いロッドであれば、伸びの多いラインとの組み合わせで、ラインのタメ(伸び)を使って釣る

アタリはあるけど乗らない、フックチェックをマメにしているのにすぐにバレてしまう……。原因はわからないけどキャッチできないときは、タックルのバランスを疑ってみよう。タックルバランスが強すぎたり、逆に弱すぎるとフッキングが悪かったりバラシやラインブレイクの原因になってしまうのだ。以下の表を見て自分のタックルのバランスを確認してみよう。

ラインとロッドのバランスの考え方

ロッド（+ほど硬く、−ほど柔らかい）

ライン（+ほど伸びず、−ほど伸びる）	ロッド +	ロッド −
+	硬いロッドと高感度で伸びの少ないラインの組み合わせは、感度は最も高いが魚のアタリを弾いてしまったり、バレる原因となる。	柔らかいロッドを使う場合は、伸びの少ないラインを組み合わせてロッドのタメを生かすと、バランスのよい釣りが出来るようになる。
−	硬いロッドを使う場合は、伸びの大きなラインを組み合わせることで、ラインのタメを生かしたバランスのよい釣りが展開できる。	柔らかいロッドと伸びのあるラインの組み合わせは、感度が鈍いだけでなくロッド、ラインともにタメを作ってしまい、魚が掛かりにくい。

ラインの強さの単位は?

ラインの強度は、Lb（ポンドテスト）で表記される。

1Lb=0.454kg

3Lbのラインは1.36kgの強度があることになる。Lb数が同じであればどの種類のラインも強度は変わらないが、初期伸度や破断伸度はラインごとに全く違う。Lb以外に号数の表記があるが、号数はラインの太さを現す単位だ。

カラーラインを使用すると釣果が落ちる?

ラインの中には視認性を高めるために着色されたものもある。ルアーがどこにあるのかわからない初心者や、渓流などでルアーの位置を把握するのに便利だが、人から見易いということは魚からも同様なので、クリアなフィールドではとくに警戒されてしまうことがある。そういうときは透明なラインをリーダーとして結ぶとよい。

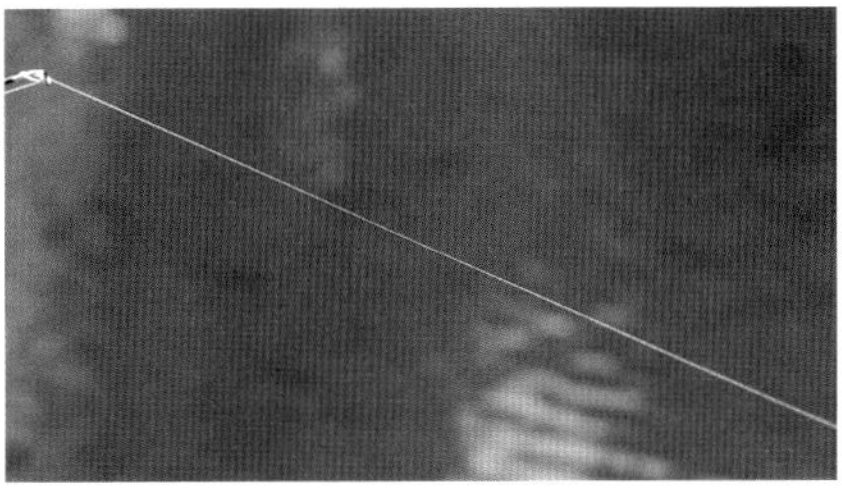

カラーラインは初心者のうちは重宝するが、慣れてきたらクリアラインを巻くようにしたい。

COLUMN02

TACKLE

飛躍的な進化を遂げた国産タックル

世界トップレベルに成長した日本製タックル

軽量ボディ、遊びの無いクラッチ、絡まないガイド、釣りそのものを変えたPEライン。もはや国産タックルは他国の追従を許さないトップレベル。

ルアーフィッシングが日本に入ってきて半世紀ほどになる。一般の釣り人にルアーが浸透しはじめたのは40年ほど前だから、70年代後半の頃だ。当時の日本は、エサ釣りが主流であり、道具もエサ釣りに特化したものが大半。ロッドは重くて太いグラス製、リールも鋳物でできた単純な構造のもの、国産ルアーに至っては、数えるほどしか生産されていなかった。

カーボン素材がロッドに使われるようになったのは80年代から。しかし、当時のカーボンロッドは高価で、なかなか手を出せる代物ではなかった。その後数年でやっと手の届く価格帯に落ち着き、同時にSIC ガイドの採用や全体の軽量化もはかられて、国産ルアーロッドは一気に世界トップレベルにのし上がることになる。

ロッドと並行してリールも進化した。樹脂を使ったボディの軽量化とともにルアーフィッシングに不可欠な高いギア比のモデルも登場。信頼性の高さも相まって、80年代後半には海外のアングラーがこぞって日本製リールを求めるまでになる。

ルアーも80年代半ばから一気に国産が増えた。トラウト用から始まり、ソルト関係では陸っぱりのシーバスやロックフィッシュ用のものが多かったが、90年代に入ってオフショア用メタルジグやプラグが一気に進化してゆく。

革新的な技術の賜物

過去40年を振り返ればガイドの軽量、小径化やカーボン、ボロンの採用など、ロッドの進化も著しいが、一番の進化と言えばやはりリールの軽量化とストッパー機構だろう。特にストッパー機構は、ワンウエイクラッチの登場で遊びがほとんど無くなった。巻き上げとストップを短時間で頻繁に行うルアーフィッシングにおいて、この進化は画期的だった。そして剛性を保ちつつ2000番台で自重200gを切るリールの軽量化は、日本が世界に誇る革新的な技術の賜物である。

第3章 万全な装備で快適＆機能的な釣りを

ルアーフィッシングのウエアと装備

お気軽なスタイルで楽しめることもあれば、ウエーダーやスパイクブーツなどが必要になることもあるのが海のルアーフィッシング。夏の日差しや冬の寒さ対策も重要だし、雨に備えてレインウエアも必要だ。安全対策としてライフジャケットも欠かせない。ここでは必要な装備から忘れがちな小物、あると便利なアイテムまでをまとめた。

安全対策は万全に！

必要な装備の絞り込みから始めよう

最低限必要な安全のための装備。そして効率良く釣りを楽しむためのアイテム。釣り場の環境に合わせたルアーフィッシングの基本ウエアと装備について、まとめてみた。他にもあれば便利なものはたくさんあるが、それらは必要になった時に揃えればよい。

防寒対策

防寒スーツ

冬季の釣りでは、早朝や夜間は氷点下は当たり前。防寒がしっかりしていないと、全く釣りにならない。堤防の釣りがメインならば上下のスーツで、ウエーダー着用が多いならば上だけでも揃えよう。それでも寒い場合は、最近流行の薄手で暖かいインナーと、フリース素材の上着を着ればかなり暖かい。

ニット帽・ネオプレーングローブ

防寒対策で忘れられないのがニットキャップ。暖かさを求めるなら耳まで隠せるタイプのものに限る。グローブも冬季はネオプレーンやチタニューム製のものが良く、中に薄手の手袋をインナーとして使えば、かなり寒さに耐えられる。風が直接当たらない工夫をすれば、寒さで指が痛くなるということも少ないだろう。

リストバンドの内側に使い捨てカイロを入れて、手首を温めるだけでもかなり違う。

ネオプレーンソックス

手も足も冷たいのは耐えられない。集中力が続かず、釣りどころではなくなってしまう。足の冷えは全身に堪えるので、ネオプレーンソックスを活用したい。ショートからロング、厚手から薄手までさまざまなタイプがあるので、履き物に合わせて選びたい。履いているだけで、寒さが全く違う。

使い捨てカイロ

御存知寒さ対策の定番アイテム。首の下あたりと、腰のあたりに各１枚使用することで、体感気温が全く違う。貼って使うタイプでなければ使い物にならないので購入時は注意。下着の上から貼れば良い。

安全で快適な釣りのために

ロッドとリール、そしてラインとルアー。それだけ揃えば何とかルアーフィッシングを楽しむことができる。しかし、自然が相手の遊びだけに、ウエア類の装備が不充分では満足な釣りができないばかりではなく、自分自身を危険に晒すことになりかねない。

ここではルアーフィッシングを100%楽しむために必要なウエア類を中心に、現場に携帯すべき小物類や、車載しておけば便利な物までを解説してみた。ここで解説しているすべてのものが必要なわけではなく、自分のホームグランドで必要な装備だけで良い。

ただし、安全を確保してはじめて楽しめるのが釣りという遊びである。安全のための装備は釣り人としてのマナーでもある。

ウエアと装備　港湾・防波堤の基本ウエア

ハット

全周にツバがあるハット型。後方から直射日光を受ける時は、キャップよりも日焼け防止になる。サイズが大きめなので、キャップだと小さいという人にはこちらがおすすめ。最近はソルトウォーターデザインのものが多数販売されている。

偏光グラス

目の保護を目的とした色付きのメガネで、釣り場の環境を問わず必需品。詳細は別項を参照。デザインも価格も様々なものがある。

キャップ

釣り全般で一般的に使われる野球帽タイプの帽子。デザインも素材も豊富で選択幅が広いので、好みのものを選べばよい。夏場は涼しいメッシュ生地がおすすめ。

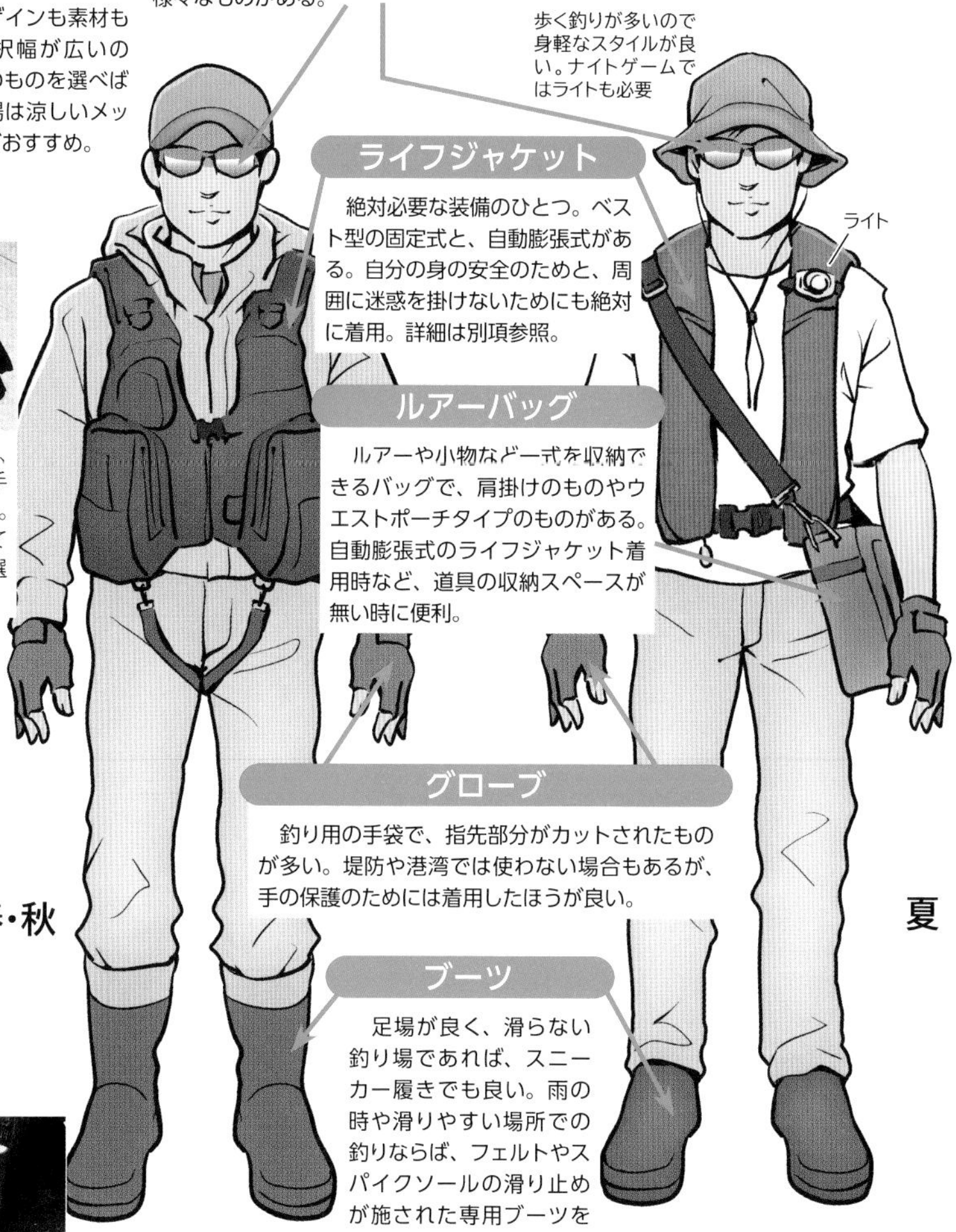

歩く釣りが多いので身軽なスタイルが良い。ナイトゲームではライトも必要
ライト
春・秋
夏

ライフジャケット

絶対必要な装備のひとつ。ベスト型の固定式と、自動膨張式がある。自分の身の安全のためと、周囲に迷惑を掛けないためにも絶対に着用。詳細は別項参照。

フックや吸血虫、紫外線などから手を守るグローブ。季節に合わせて素材やタイプを選ぼう。

ルアーバッグ

ルアーや小物など一式を収納できるバッグで、肩掛けのものやウエストポーチタイプのものがある。自動膨張式のライフジャケット着用時など、道具の収納スペースが無い時に便利。

グローブ

釣り用の手袋で、指先部分がカットされたものが多い。堤防や港湾では使わない場合もあるが、手の保護のためには着用したほうが良い。

ブーツ

足場が良く、滑らない釣り場であれば、スニーカー履きでも良い。雨の時や滑りやすい場所での釣りならば、フェルトやスパイクソールの滑り止めが施された専用ブーツを使いたい。

堤防の定番、ラジアルソールのニーブーツ。ただし消波ブロックの上や濡れた場所、雪の上では滑るので注意。

ウエアと装備

サーフ・河口の基本ウエア

必需品の偏光グラス。デザインと機能の両方で選べる。詳細は別項参照。

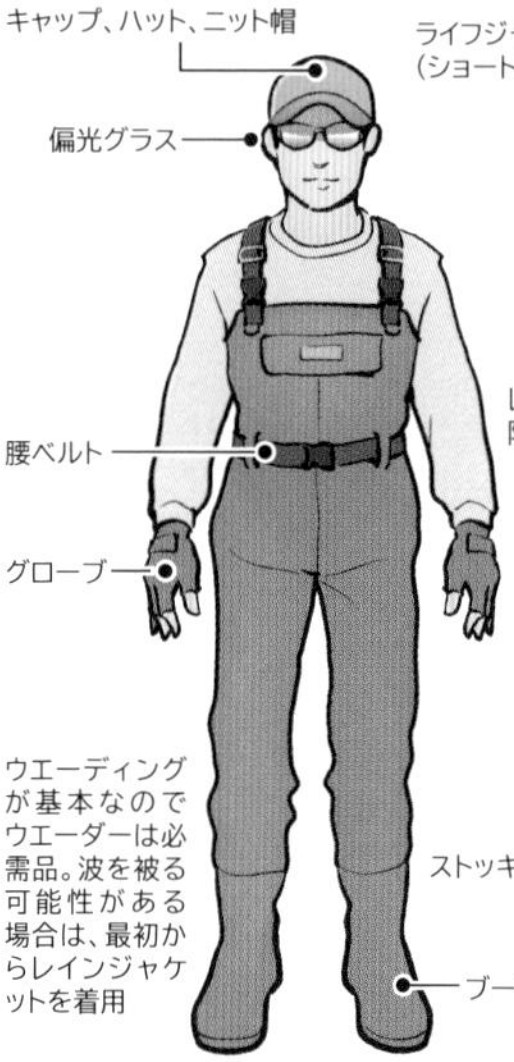

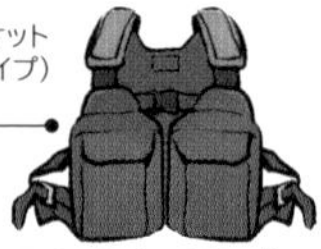

ライフジャケットは、ディープウエーディング用のショートタイプのほうが良い

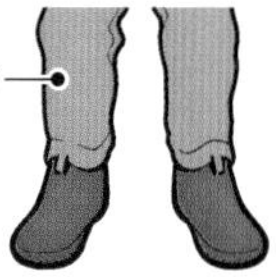

ウエーダー

ウェーダーも同じで、英語のwader＝歩いて渡るという意味から、水の中を移動する時に履く長靴のこと。日本語では胴までの長さがあるので胴長靴・胴長と言われる。大まかに長さは3種類、素材はナイロン製、透湿素材、ネオプレーンなどがあり、靴底の種類まで合わせるとかなりの種類になる。ブーツとズボン部分が一体になったものが普通だが、それぞれを組み合わせて使うストッキングタイプもある。

チェストハイウエーダー

チェスト＝胸。ウエーダーの中では、もっとも長いタイプで、上端が胸の部分になる。腰の深さまで立ち込むならば、チェストハイウエーダー以下では浸水する可能性あり。よって、川、海を問わず、ルアーフィッシングではもっとも使われているタイプのウエーダー。他に比べて同じ素材ならばやや高価になる。

ナイロンウエーダー

主に420デニールナイロンを素材にしたウエーダーで、低価格の上強度的にも優れている。安価なものならば3000円程度で購入可能。ただし、透湿性が無いため、ムレやすく、歩きが多い場合や夏場の釣りではウエーダー内部に汗がたまりやすい。替えの下着とズボンを準備しておいたほうが良い。

ネオプレーンウエーダー

クロロプレーンを主体とする合成ゴムの商標で、伸縮、防水性、保温性に優れている。ダイビングで使われるスーツと同じ素材。地域によっては、夏場を除いた3シーズンをネオプレーンで通す場合もあり、特に冬季はこのタイプでなければ寒くて釣りにならない。ほとんどがチェストハイタイプで、価格は1.5～3万円くらい。

ストッキングタイプ

正確には「ストッキングウエーダー」と言い、靴とウエーダー本体が別々になったタイプ。つま先部分は袋状の靴下のようになっていて、ウエーディングシューズと組み合わせて使用する。ブーツタイプよりも見た目に格好良く歩きやすいが、コスト的には高くなる。また、砂地でのウエーディングは、ソックスとブーツの間に砂が溜まりやすい。

ウエストハイウエーダー

ウエスト＝腰上。いわゆるズボンの長さのウエーダーで、実際の立ち込みでは股下以上立ち込むと浸水してしまうため、膝上程度の軽いウエーディングに向いている。チェストハイと比較すると、立ち込める範囲が制限されるため、メインで使用するには不適。価格的に少し高めでも、最初からチェストハイを購入したほうが良い。

ゴアテックス(透湿素材)ウエーダー

透湿性の素材はたくさんあるが、中でも有名なのが アメリカのWLゴア&アソシエイツ社が製造販売する防水透湿性素材「ゴアテックス(Gore-Tex)」。水滴は通さないが、汗は外部に出す性質があり、この生地で作られたウエーダーは長距離を歩いても夏場でもムレが少ない快適さが魅力。ただし、高価なことと、ナイロンと比較して強度が劣るので取り扱いが面倒。

ウエーディングシューズ

ストッキングウエーダーと組み合わせて使用するための専用シューズ。もともとは渓流用のものなので、フェルトソールのものが多いが、ソルト用のフェルトスパイクも最近は多くなった。サイズ合わせが難しく、乾いた状態で丁度良いと、濡れた時に大きめになるため、ちょっときつめのものを選んだほうが良い。

腰ベルト

立ち込みをしていて、波や流れに足もとを掬われると、高い確率で転倒する。その時に腰ベルトが無いと、ウエーダーの中に水が入ることで空気が足のほうに上がり、逆さまになって身動きできなくなる。事故防止の重要なアイテムになるので、必ず締めるようにしたい。

ウエアと装備　磯・ボートゲームの基本ウエア

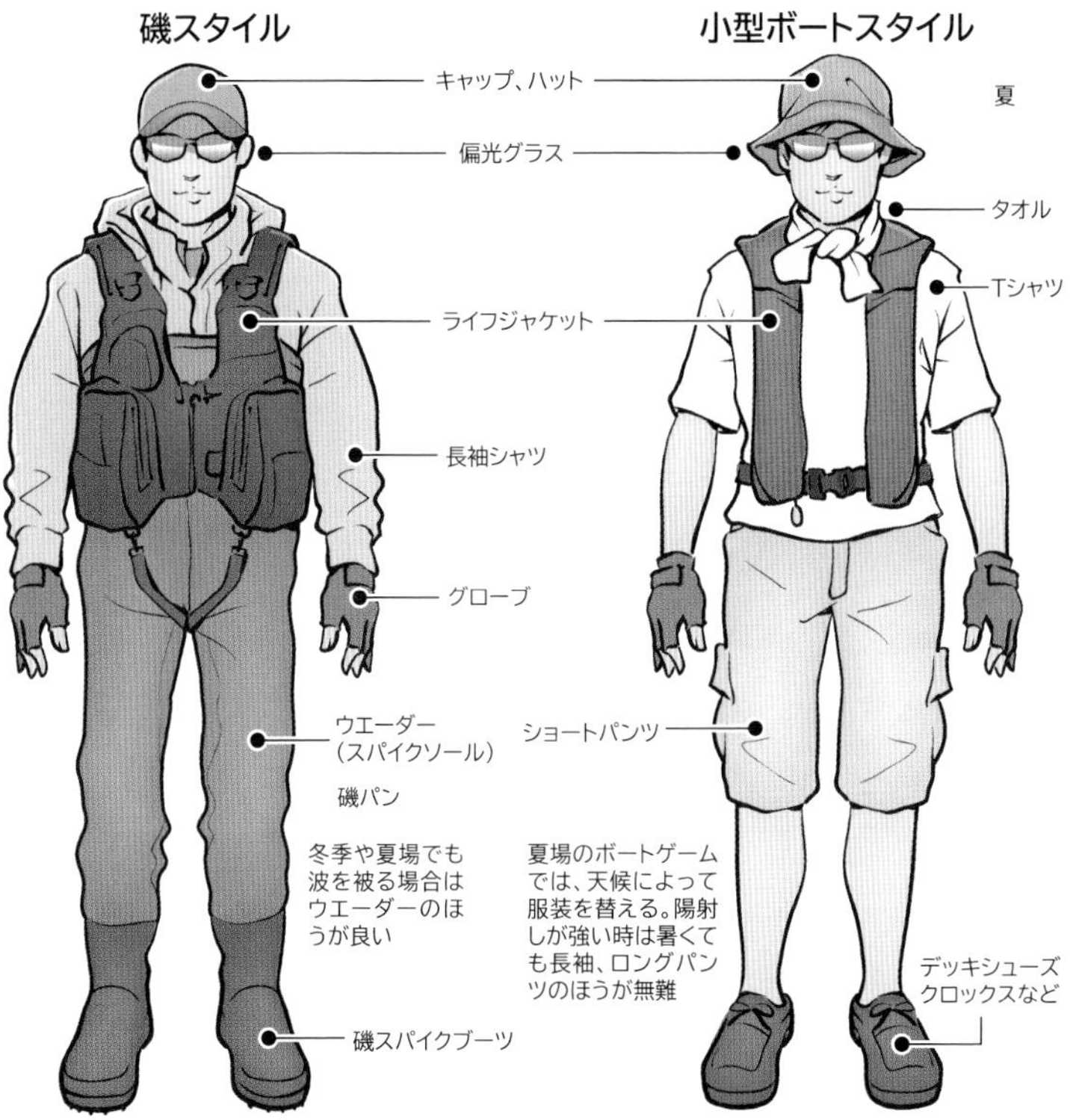

日焼け防止

暖かい季節のボートゲームでは、Tシャツ短パンで乗船するケースも少なくない。しかし、夏の海の照り返しの強さは想像を絶するものがある。帽子を被っていても水面からの反射で強烈に日焼けするので、日焼け対策として透湿素材のレインスーツを持参したほうが無難。もしくは最初から暑さ覚悟で長袖、ロングパンツのほうが良い。日焼けを甘く見ると大変なことに……。

フェルトスパイクソール

フェルトベースのソールにスパイクピンが出たタイプで、磯から堤防、サーフ、消波ブロックまわりまで幅広くカバーできる。ただし、フェルトソールと同じで、冬は雪がコブになって歩けなくなるので、雪国がフィールドの場合は注意。

スパイクソール

ラジアルソールにスパイクピンが打たれたタイプで、磯用のウエーダーでは普通の仕様だが、ルアー用のものはほとんど見かけない。磯などの足場が悪いところでは、この上なく効果的だが、斜めになった消波ブロックの上などでは摩擦面が少ないために逆に滑りやすい。

デッキブーツ

ボート用のブーツやシューズで、ソール部分は溝の入った柔らかいゴム底。濡れた船上での安全性は高い。堤防上でも使えるが、ゴム質が柔らかいので減りが早い。また、歩く釣りを考慮してないので、大きく移動する場合は疲れやすい。

フェルトソール

渓流釣りなどで一般的に使われているフェルト底のタイプ。滑りやすい堤防やサーフ、河川などの釣りで有効だが、磯ではフェルトの消耗が早く、すぐにボロボロになる。また、冬季の低温時は、石にフェルトが張り付くことがある。

ラジアルソール

普通のゴム底なので、一番歩きやすいが、その分滑りやすいという欠点がある。ウエーダーでラジアルのものはほとんど見かけないが、スニーカータイプのショートブーツでは一般的な仕様。乾いた場所は特に問題ないが、濡れている場合は要注意。

磯スパイクブーツ

ラジアル＋スパイクピンのいわゆる「磯靴」と言われるブーツ。ルアーメーカーよりも、総合メーカー製のものが多く、サイズもデザインもいろいろ選べる。穏やかな季節の磯釣り限定であれば、機能的にこのタイプに勝るブーツは他にない。ただし、ボートではNG。

ウエアと装備

ウエーダーとライフジャケットの選び方

サスペンダー

チェストハイとウエストハイのウエーダーは多くのモデルで肩掛けのサスペンダーを採用している。大抵はマッチするが、場合によっては長さ調整が体に合わない事もある。購入時は、必ず着用してみて、調整幅に余裕があることを確認したい。

ポケット

無くてもなんとかなるが、有るととても便利な機能がポケット。小物を入れるための防水のものや、手を温めるハンドウォーム機能付きのものなどがある。防水ポケットは、携帯電話やデジカメを入れておくと安心。

腰ベルト

ウエーディング時に転倒した場合、腰ベルトが無いと水が内部に入り込み、最悪の場合は大事故になる。よって、ウエーダーを履いた時の腰ベルトは、ライフジャケットと同じくらい重要。本体に付属していない場合は、必ず別途購入。

ソール

靴底のことで、釣り用のブーツではラジアル、スパイク、フェルト、フェルトスパイクの4種がある。釣り場の環境によっては、滑りやすくて危険な場合もあるで、どんな場所で使うか？で選ぶ必要がある。

ウェーダー

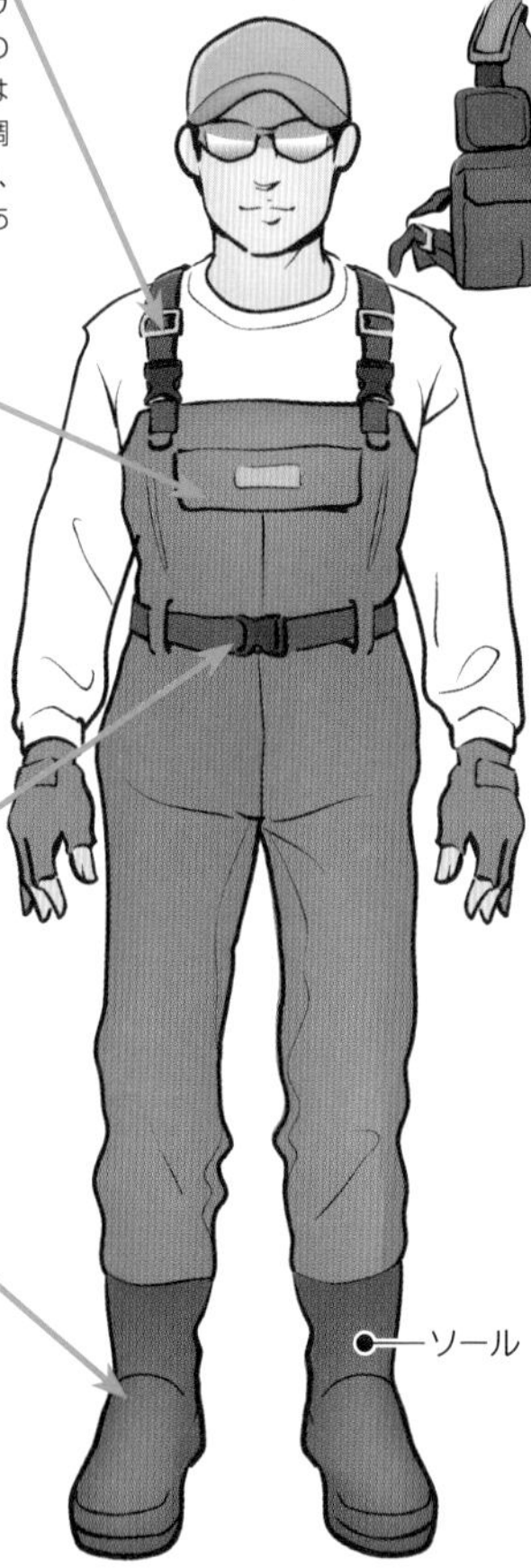

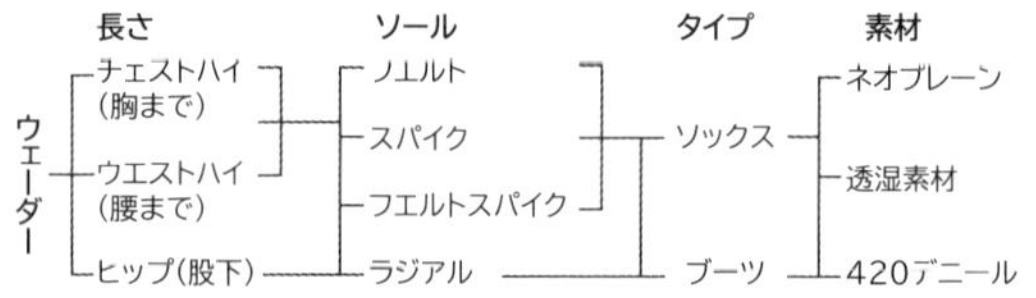

耐久性＝ネオプレーン＞420デニール＞透湿素材
保温性＝ネオプレーン＞透湿素材＞420デニール
価格　＝透湿素材＞ネオプレーン＞420デニール

ライフジャケット固形式

チェストハイとウエストハイのウエーダーは多くのモデルで肩掛けのサスペンダーを採用している。大抵はマッチするが、場合によっては長さ調整が体に合わない事もある。購入時は、必ず着用してみて、調整幅に余裕があることを確認したい。

ライフジャケット自動膨張式

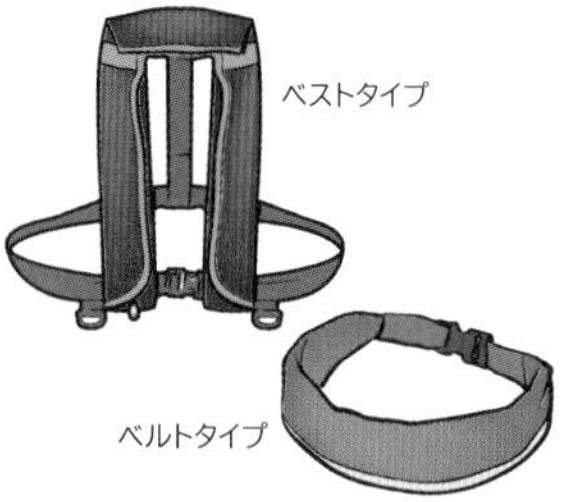

自動膨張

固形式と比較して、動きやすいのが特徴。ガスボンベを内蔵し、落水すると水を感知して自動的に膨らむ機構になっている。よって、洗濯はできないし、ある日突然膨らむこともある。本体に穴があると、緊急時に空気漏れで膨らまないことがあるので、時々チェックが必要。主にボートゲームや夏場の堤防などに向いている。

ウエーダー

ウエーダーはタイプとソール、素材で価格が十倍以上も違ってくる。安いものは3000円程度で買えるが、透湿素材の高価なものは5万円以上のものも。そんな中からどれを選ぶかは、自分がどんな時期にどんな場所で釣りをしたいか？で決まってくる。サーフがメインで、夏場はあまり釣りをしないのであればネオプレーンがおすすめだし、冬季は釣りをしないというのであれば420デニールか透湿素材が良い。磯とサーフの両方ならば、フェルトスパイクがいい。ウエストハイは腰以下までしか立ちこめないので、サーフで使うならばチェストハイにしたほうが良い。

ウエアと装備＼ランディングツールの選び方

ランディング

ヒットした魚を取り込むこと。ネットやフィッシュグリップを使うのが一般的だが、素手で口を掴んで取り込む「ハンドランディング」という方法もあるが、ケガに注意！

（小型魚用）

（小型魚用）

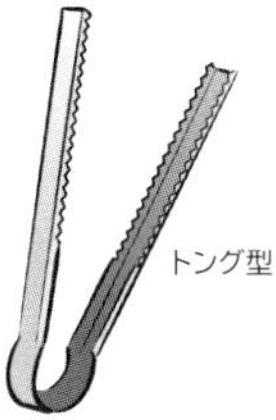

（小型魚用）

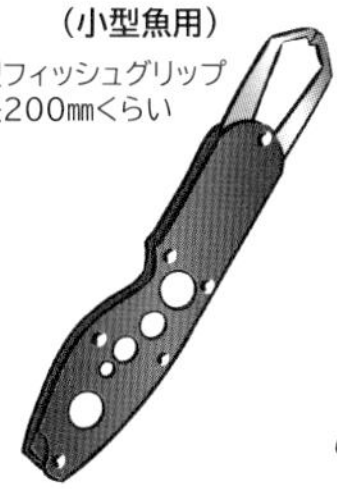

（大型魚用）

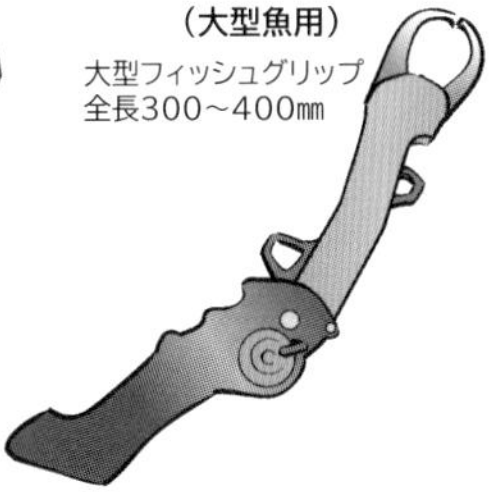

毒を持った魚もいるので、フィッシュグリップは必ず持っておきたい。軽量なので、カバンにぶら下げておくといいだろう。

フィッシュグリップの種類

実に多くのメーカーから、たくさんの種類が販売されている。どれを使って良いのか悩むが、最初に決めるのは、どんな魚を相手に使うか？だ。50cm以内の魚が相手ならば、全長で200mmくらいのコンパクトなものでも良いし、抜き上げの後に魚体を掴む目的であればハサミ型やトング型でもよい。シーバスなど、大型の魚の場合は、使用するルアーも大型なので、危険回避のためにも300～400mmサイズの大型のものを選ぼう。価格は数千円から数万円まで材質と機能によって幅広い。

シーバスや大型の青物ならばこのサイズが必要。高価なものほど軽くて丈夫で錆に強い。

いろいろ釣るには最低2種は必要!!

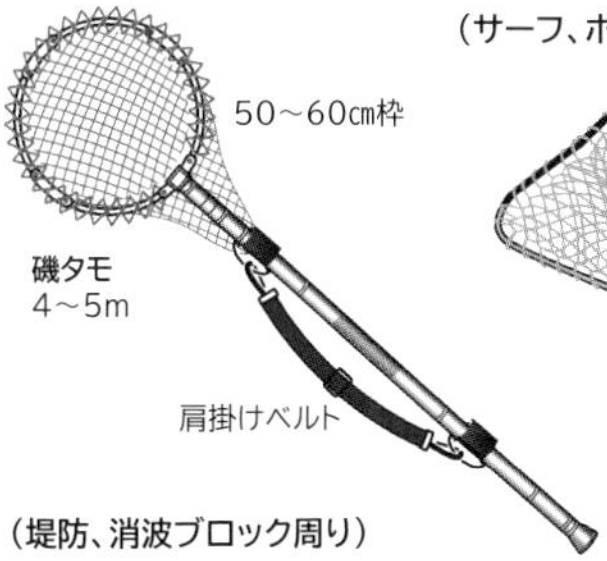

（サーフ、ボート、その他）

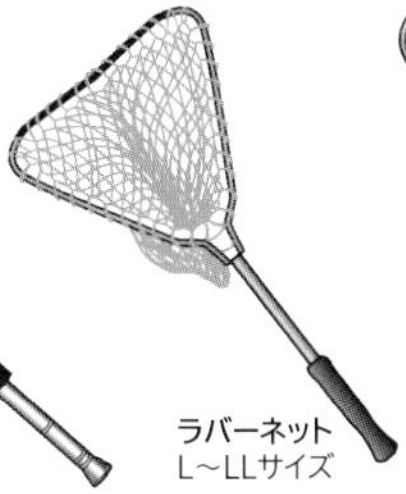

（ウエーディング時）

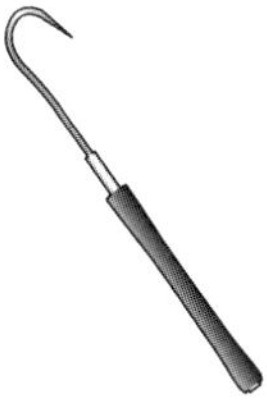

その他

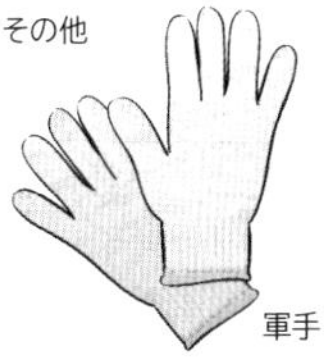

（堤防、消波ブロック周り）

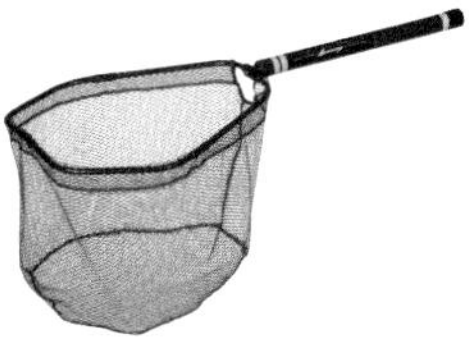

柄の部分は取り外して長いものに交換できるものも多い。

ネット・ギャフ類

堤防まわりや港湾部など、水面から堤防までの高さが2m以上の場合には振り出し式の磯タモが必要。柄の長さは最低でも4m、できれば5m以上に伸ばせるものであれば、大抵のポイトンで足りるはず。枠は50～60cmがベスト。サーフやボートなどではラバーネットがおすすめ。柄の短いものならば、ウエーダーの腰ベルトに刺しておいても良い。ハンドギャフを使ったランディング方法もあるが、魚を必要以上に傷めるし、何よりも慣れないとうまく扱えないので、あえておすすめはしない。

軍手

安くて入手しやすくて、いろいろ使えるのが軍手。歯の鋭い魚や、背ビレが危険な魚などを扱う時にも使えるが、リリース前提の釣りでは、魚を直接手で触れない工夫として軍手を使う方法がベストである。軍手を履いたら、まずは水に手を入れて軍手を水で濡らし、その後に魚に触れることで、魚体の火傷による損傷を防ぐことができる。魚は火傷すると、そこから雑菌が入り、死に至るケースが多い。

ウエアと装備

キャップ・偏光グラス・グローブなどの選び方

頭部の保護

直射日光や雨、寒さなどから頭部を守る帽子は、釣りの必需品。野球帽型のキャップが多いが、近年はハットやベレー帽も釣り専用として販売されている。また、夏場はサンバイザーやメッシュタイプ、冬季はニットキャップなど、シーズンに合わせていろいろ選ぶことができる。ファッション性も高いので、好みのメーカーの好みのデザインできめたい。ただし、多くはフリーサイズなので、サイズ的な選択肢は狭い点に問題あり。

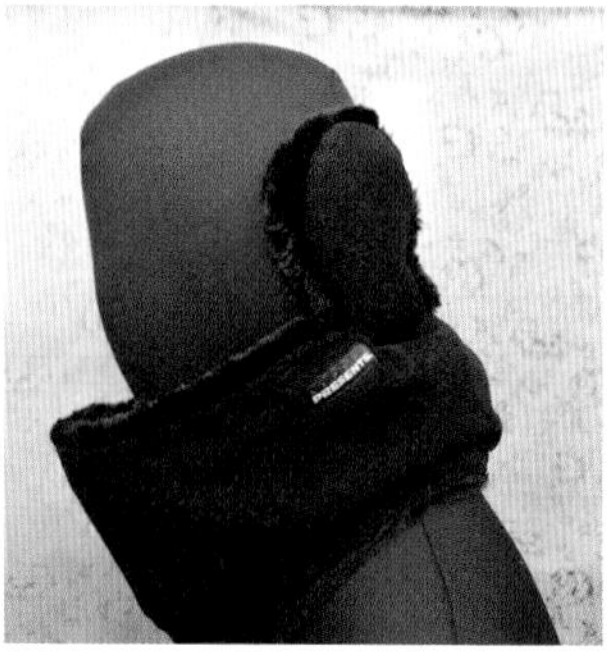

頭だけでなく、首周りの防寒も忘れずに。なかには耳当てが付いたものも。ニットキャップなどと組み合わせたい。

キャップに耳当てが付いており、必要のないときは折って収納できるものもある。自分のスタイルに合わせて選びたい。

ごく一般的なキャップ。一つあれば周年過ごすことは可能だが、やはり夏冬は専用のものが欲しいところ。

目の保護

ルアーフィッシングに限らないが、釣りでは偏光(へんこう)グラスという光の反射をさえぎるサングラスを使う。偏光グラスは水面の反射を抑えて水中がよく見えるだけでなく、紫外線やルアーのフックなどから目を守る大切な役割をする。濃い色のほうが偏光率は高いが、その分薄暗い時には見えにくい。日中はブラウン、夕方や朝方は黄色がおすすめ。偏光のフィルムがレンズの中にサンドイッチされたものと、レンズ表面に蒸着されたものがあり、価格は前者が高価だが、偏光グラスとしての役目はどちらも同じ。

一般的な偏光グラス。メガネ専門店ならば、度入りのものも注文できる。

サイドガード付き。横からの光をさえぎるので、偏光率が高く、目の保護にも最適。

眼鏡の上から被せて使用するタイプや、メガネごと覆う、オーバーグラスというタイプもある。

手の保護

フックや虫などの他、寒さや冷たさからも手を守ってくれるグローブの役割は大きい。釣り用のグローブは、ラインを結んだりなどの指先の細かい作業をするために、指先を2～5本カットしたものが多い。素材も人工皮革のものやネオプレーン、ウインドストッパーなど、用途と使用する環境にあわせて、多くの種類から選ぶことができる。実際に着けてみて手にフィットしたサイズで、自由に指が動かせるものを選択しよう。

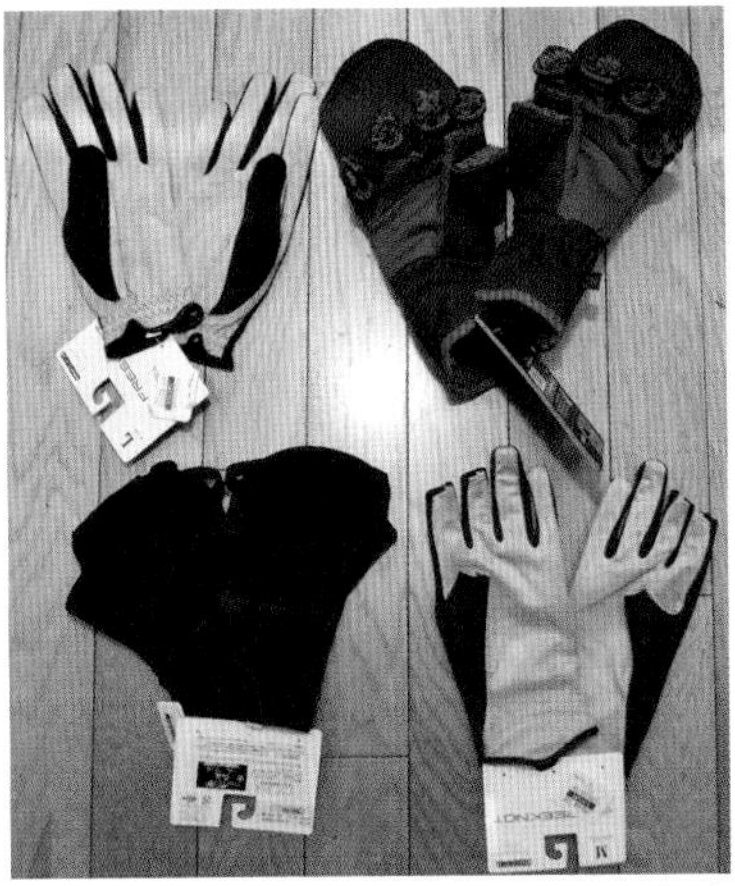

左上はノーマルグローブ、右上は2wayタイプ、左下はナックルガード、右下は3本指カット。手に馴染むものを選ぼう

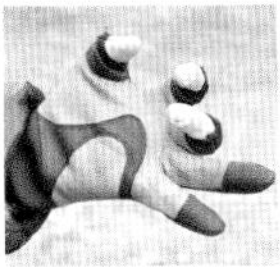

スリーシーズン向けの3本指カット。薄手でも暖かい、タイタニューム製がおすすめ。

肌の保護

釣りをしていて肌の大敵となるのは、紫外線による「日焼け」と「吸血虫」である。日焼けは放っておくと、シミやアザになるし、最悪の場合は皮膚癌になったりするので、特に夏場のボートゲームでは「日焼け防止クリーム」が必需品。塗っても白くならないタイプで、SPF50のものならば、かなり効果がある。春から秋まで、長期に亘って悩まされるブヨや蚊などの吸血虫は、虫よけスプレーやアウトドアで使える電池式の殺虫器具などを使うことで防止が可能だが、100%というわけではない。

日焼け止めはSPF50以上のものを選んでおきたい。ジェルタイプやスプレータイプなどもある。

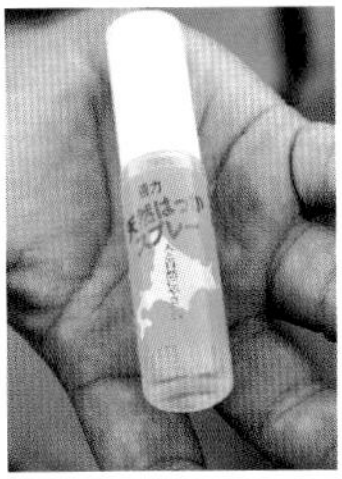

蚊やブヨなどに効果的なのがはっかスプレー。蚊はまだしも、ブヨに刺されると腫れるので注意が必要。

腕やカバンに着けるだけで虫除け効果を発揮してくれるアイテムもある。虫除けスプレーと併用したい。

足の保護

冬季は下半身が冷えると全身が寒くなる。特に足先が冷たいと最悪で、まったく釣りに集中できなくなってしまう。そこで便利なのが防寒用のネオプレーン製ソックス。かなり保温性が高く、一足持っておくと重宝するだろう。また、夏場はムレ防止に役立つゴアテックス製のストッキングや速乾のタイツがおすすめ。汗をかきにくく、悪臭や水虫、日焼け防止にも貢献してくれる。

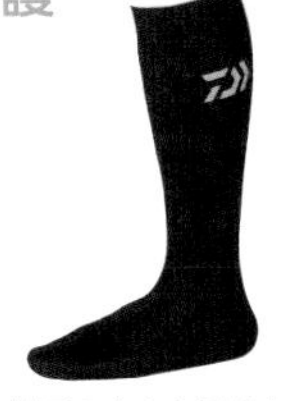

靴下の上から履くものや、それ単体でいいものなど多彩。靴下の上から履くタイプは、それを履いて靴が履けるかどうか確認が必要。

ライト

ナイトゲームや朝夕のマズメ時に必要なのがライト。頭部にセットするキャップライトや、ベストなどに挟んで使うクリップタイプのものなど、最近はさまざまなタイプのものが選べるが、基本はLEDを使用していること。電球がLEDに変わったことで、電池の保ちが何倍にもなり、球切れも無くなった。おまけにマメ球よりも明るいのだから、使わない理由は無い。

LEDライトの明るさは、LEDの数とはあまり関係ない。高性能で照度の大きなLEDを選ぼう。

ベストの中身
ベストはタックルケースなのだ

ルアーケース

通常は1～2個、ベストのポケットに入れて釣り場に立つ。大切なのは、ベストのポケットに入るサイズであること。大きすぎると入らないし、小さいと大きめのルアーが入らない。最近は205×145×40mmというサイズが標準で、ベストのメーカーもこのサイズが二つはいる大きさにポケットサイズを設定している場合が多い。ベストによっては、ケースが付属していることも。

ima3010 ルアーケース。近年のルアーケースの標準で、仕切りを外せば 130mm サイズのミノーが 10 本以上収納できる。

スプリットリングプライヤー

現場でスプリットリングを交換することは少ないが、魚からフックを外す頻度は高い。よって、どちらにも使えるスプリットリングプライヤーが便利。プライヤーのサイズは小から大までいろいろあるが、スプリットリングのサイズに合ったものを選ぶ必要がある。シーバス用のルアーでは、通常#3程度のサイズが主流なので、オフショア用の大型プライヤーでは使い物にならない。

意外に高価。使用可能なスプリットリングのサイズを確認した上で購入しよう。

メジャー

持って無くても釣りはできるが、釣れた魚のサイズを正しく計測したり、ブログ用の写真を撮影する時などの必需品。1mまでのものが殆どだが、シーバスやオフショアで使用するのならば1.5mまでのものが便利。メバルなどの大きくても30cmクラスの魚が対象であれば、引き出しタイプの小型のメジャーでも構わない。

幅広タイプであれば濡らして使用することで魚に与えるダメージを減らすことができる。

スプリットリング&スナップ

現場でスプリットリングの出番は少ないが、スナップなどの接続金具は必需品。小型のタッパーや、フイルムケースなどの防水性の高い密閉容器に入れてベストに収納しておけば、ウエーディングの後で錆びることもない。サイズ別に分けて収納し、必要なサイズだけ現場に携帯するようにしたい。

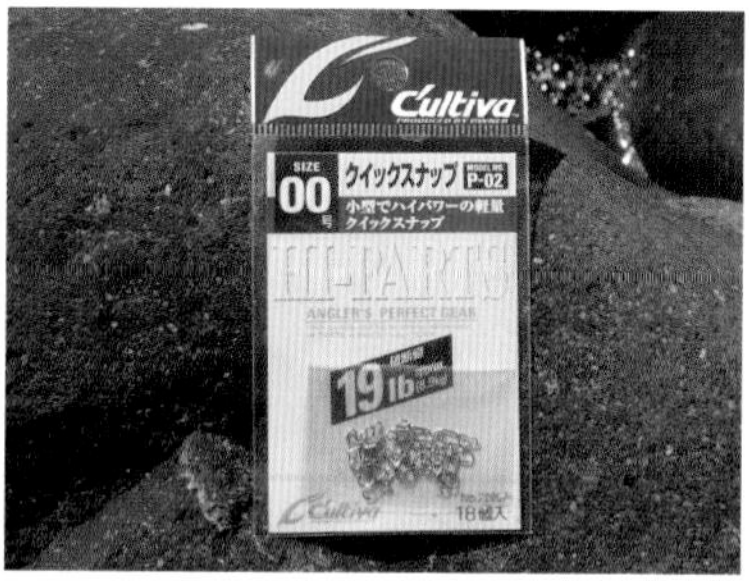

金属パーツはできればパッケージではなくフイルムケースや小型タッパーを使って、防水を心がけよう。

リーダー

PEラインを使っている場合、根掛かりや根ズレによって現場でリーダーを結び直さなければならなくなるケースはなり多い。ウエーディング時など、陸に戻れない状況では、ベストにリーダーを入れておいて、ウエーディングしながらリーダーを結ばなければならないこともある。海水による劣化も考慮して、防水ケース入りのものを選ぼう。

対象魚のサイズや障害物の有無などでリーダーの太さは使い分ける。

ノッター

現場でPEラインにリーダーを結ぶ作業は入門者にとってはかなり大きなストレスになる。そんな時に便利なのがノッター。ノッターとは、ライン結びを手助けしてくれるグッズで、ノットアシストツールとも言う。目的の結びによって、選択が異なるので、ノットの種類に合わせて購入しなければならない。ベストに入れておくものなので、小型で軽量のものが良いだろう。

ノットの種類によってたくさんのノッターが販売されている。写真はFGノット用。

コンパクトデジカメ

魚は持ち帰らないが、記録に残したいという場合の必需品。ブログにアップする程度の目的ならば携帯のカメラでも何とかなるが、解像度の問題や夜の撮影ではやはり物足りない。のちのちまで写真データを残しておきたいのであれば、ちゃんとしたデジタルカメラで撮影しておこう。最近は1万円以下で充分な性能のカメラが買える。防水ならば言うことなし。

落下の衝撃にも強い防水コンパクトデジカメ。釣果の記録には欠かせないアイテム。

携帯電話（スマートフォン）

今や携帯電話はほとんどの人が持っている時代。そして、釣りに出かける時も必ず携帯したいアイテムのひとつ。海難事故などの緊急時はもちろん、怪しい人物を発見した時なども、すぐに118番に連絡を入れたい。釣りをするのであれば、防水携帯電話が便利。雨に降られても、水没しても、長時間でなければ大丈夫。防水携帯以外は、専用の防水ケースやジップロックなどのジッパー付き袋を代用しよう。

ウエーディング時はベストの上のほうに収納し、水没しないように注意しよう。

携帯灰皿

喫煙者が肩身の狭い思いをする時代、釣りの現場でも吸い殻のポイ捨ては厳禁。よって、スモーカーならば吸い殻入れの携帯は常識。写真のような簡易ソフトタイプから、お洒落なハードタイプのものまでいろいろ選べるので好みで選べば良いだろう。大きすぎるものは、ベストの中で嵩張り使いにくいので、容量が少なめでも小型のほうが使いやすい。

一般的な簡易ソフトタイプ。軽くて容量も大きく、なによりも安価。

ウエアと装備

ルアーバッグの活用と車載便利アイテム

ルアーバッグ

ルアーケース

ルアーバッグによって、収納できるサイズと数が異なるので、基本的にバッグのサイズに合わせて選択する。ルアーの他、ジグヘッドも小型のルアーケースを使って重さで分類しておけば便利。ワームを入れる場合は、必ず「ワームプルーフ」のものを選ぶこと。

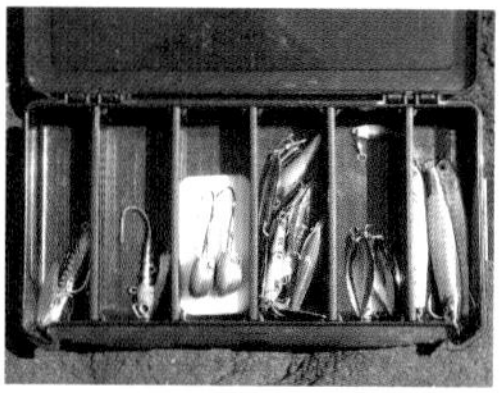

使用するバッグに合わせてルアーケースのサイズを選ぶ。ワームにはワームプルーフのものを。

小物ケース

シングルフックやスプリットショット、スナップなどの小物を入れておくケース。小型のワームケースでも代用できるが、専用のほうが小物の仕分けがしやすいし、取り出しやすい。種類は多いが、誤って中身を落としたりしない、2重蓋の折りたたみ式がおすすめ。

小物ケースは専用の折りたたみ式のものが使いやすい。

密閉容器

最近流行のオイル浸け(ソーク)ワームの携帯に必ず必要。様々なタイプが市販されているが、円筒状のビンタイプのものが液体の漏れが少なくて使いやすい。大きすぎず、小さすぎず、ちょうど良いサイズのものを選びたい。どんなものを使っても、液漏れのリスクをゼロにすることはできないので、バッグの中で倒さないことが肝心。

ホームセンターで売っている「薬品用」の容器が密閉度が高い。大きさによるが300円程度。

ピンセット

オイル浸けのワームを密閉容器から取り出す時に必要。直接指で取り出すと、グローブに液体が浸みたりして、あとあと大変なことになる。先端が尖ったタイプならば、ライントラブルの時にも使えるので便利。ホームセンターで入手できるが、それほど高級なものでなければ百円ショップでも入手できる。

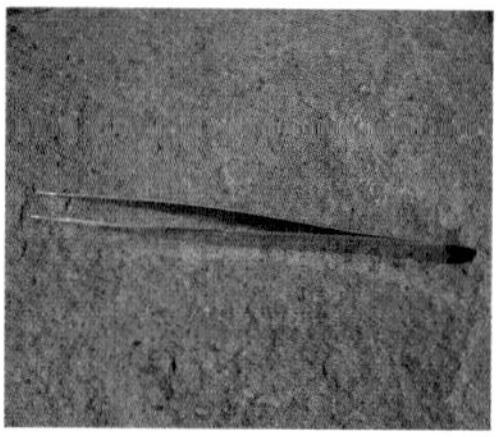

ないと釣りにならないほどではないが、あると意外と重宝する。

ハサミ

「シザース」とも言うが、フライ用語なので、「ハサミ」のほうが一般的。メバルなどの細ラインを使用する釣りでは、リグを作った後の処理に必要だし、PEラインにリーダーを結ぶ時にもラインの端をギリギリにカットするために必要。よって、PEラインをキレイにカットできるタイプを選びたい。

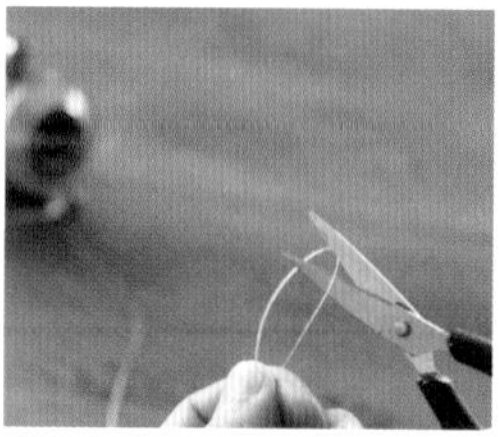

切れ味がしっかりしたものでないとPEラインをカットしづらい。

フィッシュグリップ

防波堤からの小物用であれば、安価なハサミタイプのもので充分に使える。様々なタイプが市販されているが、いずれも千円前後で購入できる。キャッチ&リリースが前提の場合や、冬季で指先がうまく動かない時などには必需品。あまり力を入れすぎないように、魚を優しく掴むのがコツ。

毒針を持つ魚や激しく暴れる魚をつかむのに便利。

車載アイテム　車載しておけば、必ず役立つ物

ゴミ袋

本来の用途のゴミ袋としてはもちろん、ウエーダーなどの濡れ物を入れたり、場合によってはクーラーボックス替わりに魚を入れたりなど、車載しておけば何かと便利。丈夫な厚手のものが良く、大きいものと小さめのものの2種類があれば用途は大幅に広がる。

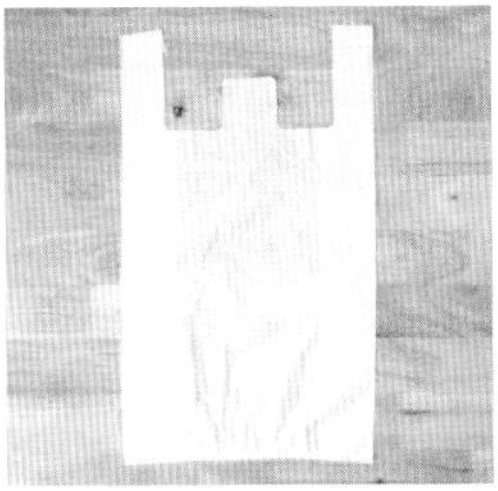

70リットルと40リットルの2種類あればベスト。百円ショップのもので充分。

真水(ペットボトル)

釣りの後にルアーやリールを洗ったり、メガネを掛けている人はレンズを洗ったりする時に必要。夏場は凍らせて保冷剤にも使えるし、緊急時は飲み水にもなる。ペットボトルを活用すればコストはゼロ。できれば、毎回新しい水に交換しよう。

水タンクがあれば一番良いが、大きさによっては邪魔になる。2リットル程度のペットボトルで良い。

ばんそうこう

ラインで手を切ったり、魚のトゲやヒレで怪我をすることも少なくない。車には常にキズ絆創膏や痛み止め、風邪薬などの救急用品を積んでおきたい。また、長期保存できる食料と飲み水なども車載しておけば、「あって良かった」と思うことがきっとあるはずだ。

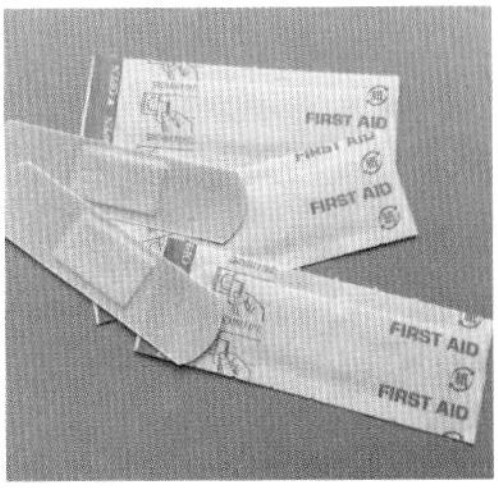

最低でもキズ絆創膏は積んでおこう。使用頻度はかなり高い。

着替え

波を被ったり水没したり、大雨に降られたり……釣りをしていると、全身ずぶ濡れになることはそう珍しいことではない。下着からシャツ、ズボンまで、一式を車載しておけば、いつかきっと役に立つ。ジャージ類でも良いので必ず車載しておこう。

衣類が濡れたままだと季節によっては急激な体温の低下を招く。

タオル

汗拭きに使ったり、汚れ物を拭いたりなど、さまざまな用途がある。ちょっと遠くまで遠征する時は、シャンプーや石鹸も積んでおけば、途中で温泉にも寄れる。高級なものは必要ないので、無地の安いものを数枚車載しておきたい。

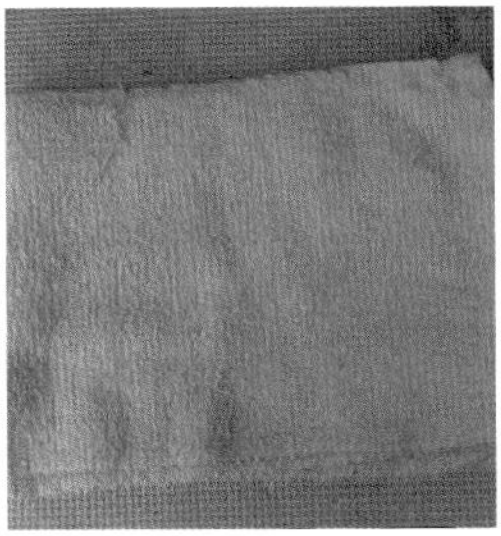

不意の大雨や波をかぶってしまったとき、ないとみじめな思いをすることに。

けん引ロープ

できればあまり使いたくないが、車載しておけば自分のためにも人のためにもなる。強度的に弱い物、短い物は使い物にならないので、長めで2トン以上の負荷に耐えられるものを選ぶこと。容量の大きいブースターケーブルもあれば、更に安心。

砂浜やぬかるみでのスタックなどに備えて用意しておくと安心だ。

COLUMN03

LINE

特性を知った使い分けが必要

低伸度ラインは、金属パーツとタックルの劣化を早める

主流になりつつあるPEラインだが、利点ばかりではない。釣りのスタイルや対象魚による使い分けが大切だ。

ポリエステル系繊維を編み込んだ「PEライン」。カーボン素材で擦れに対して強い「フロロカーボンライン」。そして汎用性が高い「ナイロンライン」。これら3種類が現在の釣りで使用されるラインである（アジング、管釣りではエステル系も使用される）。

どんな場所でどんな魚を釣りたいのか？でライン選択は変わってくるが、現状はPEラインの使用率が7割以上、フロロカーボンが2割、ナイロンはわずかに1割というところかもしれない。

これらのラインは素材によって伸度（伸びる率）が異なり、おおむねPEラインが1～5％、フロロカーボンが15～25％、ナイロンが最大で40％とされる。伸度が小さいほどアタリが取りやすく、その感度のよさからPEラインの使用率が高くなったと思って間違いない。

そんな主流のPEラインを使用する上で注意しなければならないのは、金属パーツ、タックルとの相性だ。伸びの少ないPEラインは、魚の動きや根掛かりの感触をダイレクトに伝える。その衝撃はクッション性の高い他のラインの比ではなく、スナップなどの金属パーツを破壊してしまうほどだ。フック部分にも大きな衝撃が伝わりやすいため、口切れやフック伸びによるバラシの確率も他のラインと比較して高くなる。それを防止するために、やや大きめで強度のある接続金具、太軸で曲がりにくいフックの選択が必須条件になる。

また、PEラインがタックルに与える負荷も大きく、リールとロッドの劣化の早さはほかのラインの比ではない。特にリールは常に大きな衝撃を受け続けるために、ベールやクラッチ、ドラグに大きな負荷がかかり、ギアの摩耗も早くなる。ロッドもブランクスのヘタリ、ガイドの取り付け部分のクラックなどが早く出やすい傾向にある。

第4章 一歩先の釣りを実現するために必要なこと

釣り場・状況の把握

風向きや潮位などによって状況がガラリと変わるのがソルトルアーフィッシングの特徴。向かい風を受ければキャストしづらくなるし、干潮時は普段のシャローに水がないこともある。また、よく潮が動いているときには対象魚の活性が高まる可能性があるし、適度な風もチャンスになりうる。ステップアップ編として釣り場と状況の把握についてまとめた。

ソルトルアーの釣り場は実に様々
身近な釣り場から理解を深めよう

釣り場

ルアーフィッシングを楽しむ上で欠かせない要素がポイントと対象魚、そして状況の把握。しかし、それらは膨大すぎて、一度に覚えられるものではない。まずは身近なポイントから始めてみよう。

釣り場に関係する重要キーワード5選

ロケーション

ルアーフィッシングでは釣り場の環境のこと。条件が揃った釣れそうな環境や、自然に囲まれた気持ちの良い環境などを「最高のロケーション」などと使う。台風後など、環境が変わった時には「ロケーションが変わった」などと表現する。ブログ用などに写真を撮る場合でも、ロケーションは良いにこしたことがない。

シチュエーション

ルアーフィッシングでは釣り場の状況のこと。「潮が動かない」「増水しすぎて濁りがある」などの良くない状況は「シチュエーションが悪い」と表現する。
A「いい感じの場所だけど、魚は居るかなぁ？」
B「シチュエーションはいいけどね」

対象魚

釣りの対象となる魚のこと。ルアーフィッシングではターゲットとも言う。ルアーフィッシングで釣れるターゲットは数多いが、その中から自分が釣りたいもの、極めたいものに専念するのが上達の近道。あれこれ浮気していては、すべてが中途半端になる。

ポイント

釣り場として成立する魚が居そうな場所。または既に実績のある場所。磯やサーフなどの大まかな区別ではなく、「○○川の河口右岸側」のようなピンスポットを指す場合がほとんど。
A「このポイントも釣れなくなったね」 B「来週は別なポイントに行ってみようか」

フィールド

磯、サーフ、港湾部、河口域、河川など大まかに分類した釣り場のこと。またはそれらを一括した呼び方。
A「普段はどんなフィールドで釣っているの？」
B「主にサーフですね。歩くのが好きなので」

ポイントごとに着眼点が異なる

タックルや釣り方を覚えるのもルアーフィッシングの過程としては大切なことだが、どんなポイントで、どんな魚が釣れるのか？どんな状況がベストなのか？ を知ることもまた必要不可欠な要素だ。ここでは、ロケーション別のポイントの見方や、ポイントと成りうる場所の細かい説明について解説していく。第5章でまとめた「ルアーフィッシングで狙えるターゲット」と合わせて理解を深めて欲しい。

港湾部のポイント

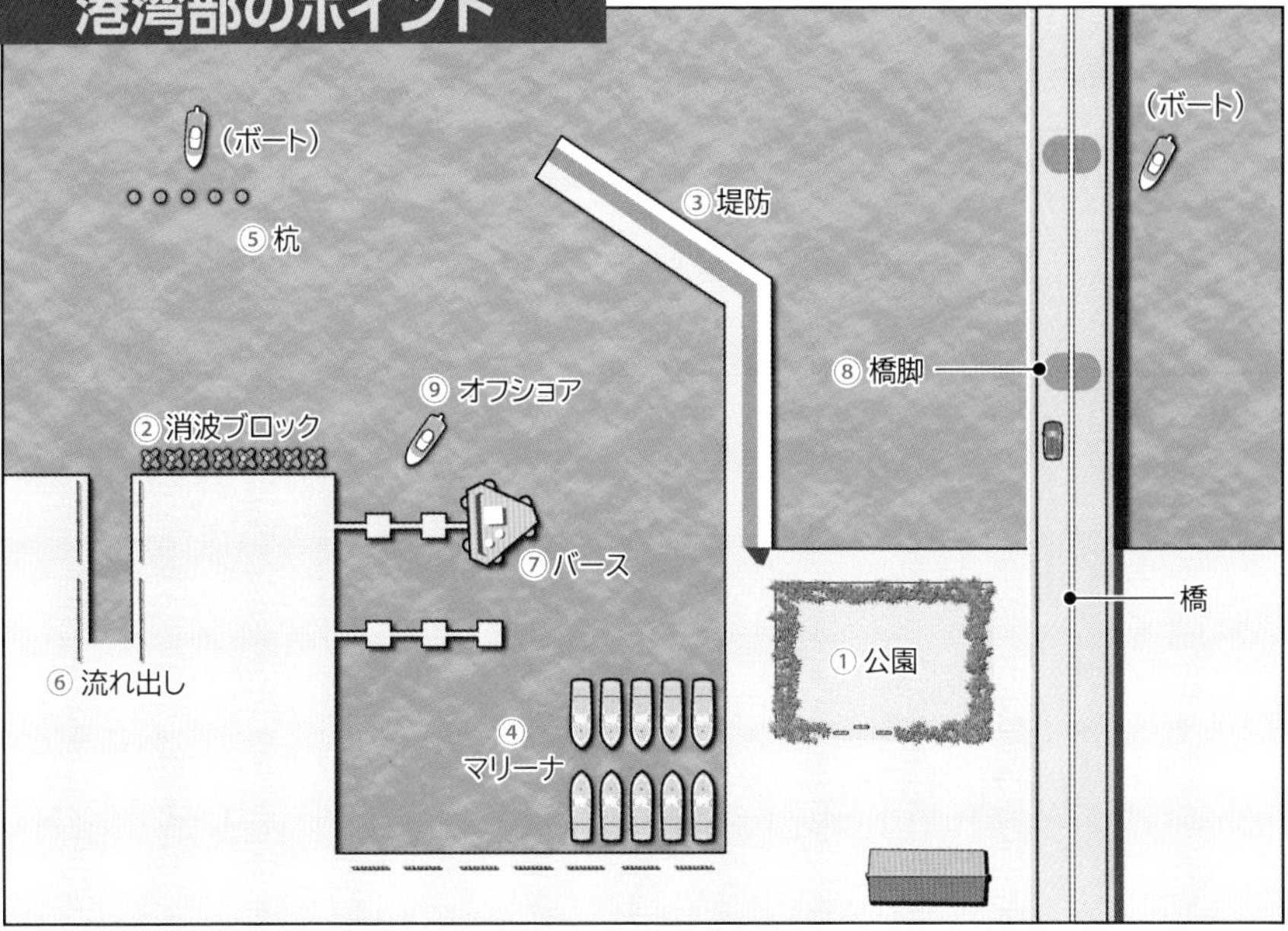

⑦バース

海にある大きな柱のことで、一般的には大型タンカーが着岸する場所などの大規模な桟橋などを言う。超一級のストラクチャーだが、こういった場所は、通常は陸からの立ち入りが禁止されているので、オフショアからボートで攻めることになる。

④マリーナ(係船所)

プレジャーボートやヨットが係留された場所。または、小型船が係留された船溜まりなど。一般人が入れない場合もあるが、もし入れるならば一級ポイント。狙い目は係留船の際や、係留ロープのまわり、杭など。これらは立派なストラクチャーなので、魚が着きやすい。

①公園

駐車場が近くにあって誰でも入れる海浜公園などは、港湾部ではもっともリスクの少ない釣り場。ただし、人が多い公園では、後方に人が居ないことを確認してからキャストしないと、思わぬ大事故になるので要注意。

⑧橋脚

海にある大きな柱のことで、一般的には大型タンカーが着岸する場所などの大規模な桟橋などを言う。超一級のストラクチャーだが、こういった場所は、通常は陸からの立ち入りが禁止されているので、オフショアからボートで攻めることになる。

⑤杭まわり

いわゆるバースよりも細めの杭まわり。工事用などにパイプ状のものが打たれていたりする。最初に貝類や海草類が付着し、次にゴカイなどの小動物、小魚……と、杭1本で食物連鎖が生まれる。陸から攻めるのは距離的に難しいかもしれないが、ポイントとしては見逃せない。

②消波ブロック

大小様々な型があるが、大きな波の圧力を散らして下げる目的で入れられるコンクリート製のブロック。特性上、圧力を逃がす隙間が必ず必要で、そこをたくさんの生物がすみかにしている。滑りやすいので、波を被る部分や雨で濡れている時は絶対に上がらないこと。

⑨オフショア

陸釣りをショア(shore)と呼び、ショアではない船からの釣りをオフショア(off shore)と呼ぶ。一般的には船釣りのことだが、例えばフローターやシーカヤックなど、推進力を機械に頼らない場合でも陸から離れて釣る場合はオフショアゲームである。

⑥流れ出し(アウトレット)

インレット(流れ込み)とセットで使われることが多く、アウトレットは水たまりから出て行く流れやインレットに向かってゆく流れとして使用される用語。

③堤防

いわずと知れた定番ポイントで、例外なく一番釣れるのは潮通しの良い先端付近や曲がり角。しかし、根魚類は堤壁に居着いている場合もあるので、遠くばかりではなく、足下もしっかりと攻めたい。最近はソーラス条約のために、立入禁止が多いのが存念。

防波堤・小漁港のポイント

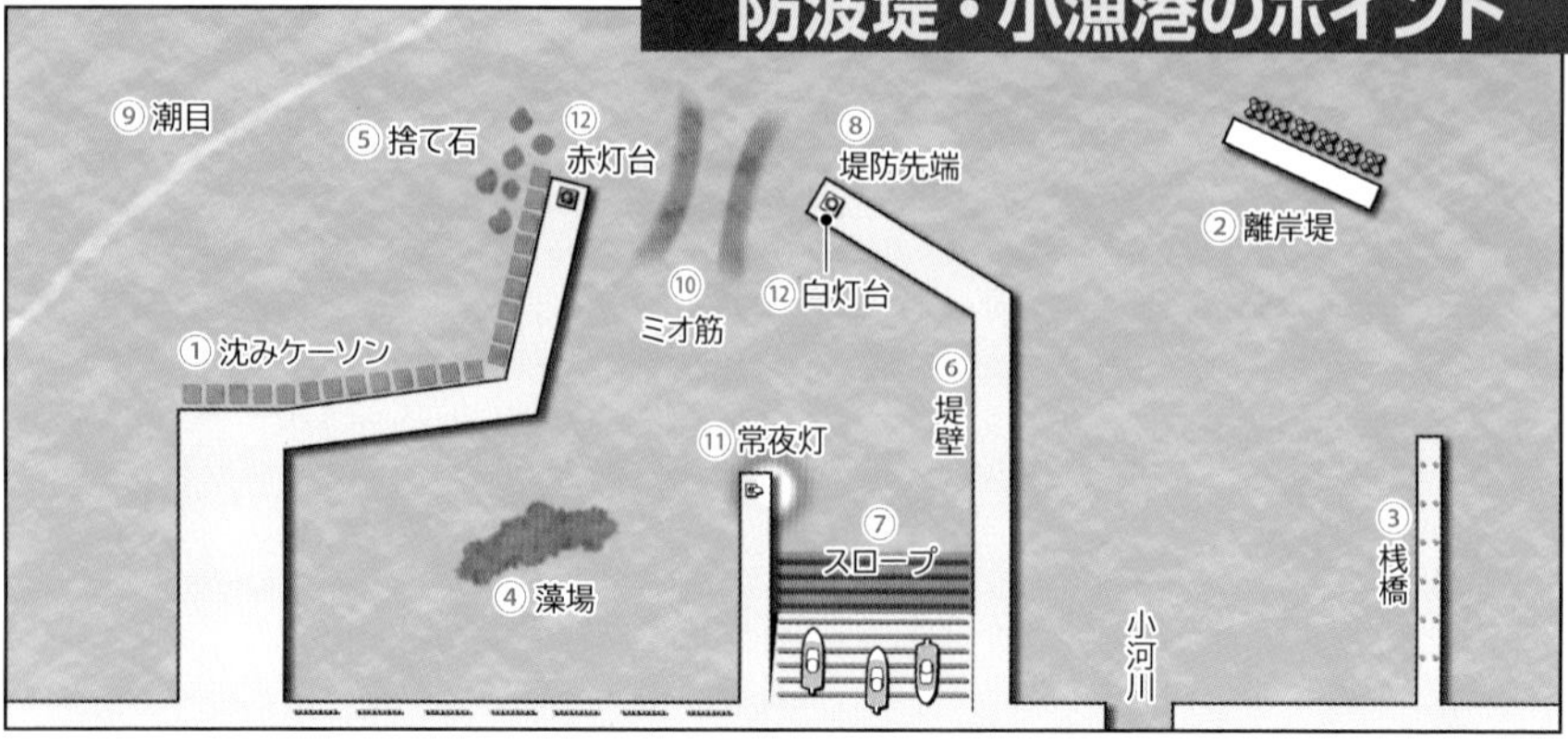

⑨潮目

潮と潮がぶつかる部分。帯状に見えることが多いが、視認できない場合もある。周囲よりも潮の動きが良いので、活性の高い魚が集まりやすい。ゴミが溜まりやすい「潮溜まり」と勘違いしやすい。

⑤捨て石

砂の巻き上げや潮流、波の抑制、ケーソンを積む時の土台などの目的で水中に入れられる大きな石のこと。形が一定のものではなく、不揃いな天然石が使われることが多いため、消波ブロックほどではないが隙間が多く、魚も定位しやすい。

①沈みケーソン

一般的には鉄筋コンクリートで作られた立方体のこと。防波堤は、このケーソンを重ねて作られ、土台部分にも同じような四角いケーソンが沈められている。貝類や海草などの付着物が着くことで、多くの魚のエサ場になる。

⑩ミオ筋

漁港の出入り口部分で、船が頻繁に往来する部分は、ミオ筋と言って海底が少し深くなっている場合がある。ただし、大きな漁港で水深が深ければ、船舶の影響が海底まで及ばないこともあるので、必ずしもポイントとして成立しているわけではない。

⑥堤壁

魚にとって海底から続く平面はすべて海底と同じである。防波堤の壁がその良い例で、想像以上に魚が多い絶好のポイント。特に、水面付近に付着したイガイのすぐ下には、思わぬ大物が潜んでいることが多い。シーバスのテクトロはこれを狙った釣り方。

②離岸堤

陸から離れたところにある（陸続きではない）防波堤のこと。沖堤防ともいう。または沖に消波ブロックが積まれたところ。開放されていない離岸堤は釣り人に攻められていないので魚影が濃い魅力的な釣り場。

⑪常夜灯

安全対策や盗難防止が目的で、夜になると点灯される電灯のこと。最近は省エネのために、昔ほど港内全体を照らすことはなくなった。夜になるとこの灯りに虫が寄り、それを狙って小魚が集まる。大型の魚は照らし出された水面の明暗の境付近に多い。

⑦スロープ

小舟の上げ下ろしに使われるスロープは、数m先で途切れて深くなる。この切れ目付近が絶好のポイント。スロープによっては沖にブイが入り、岸とロープで繋がっていることもあるが、そのロープもまた重要なストラクチャー。あまり狙う人が居ないので、魚が多い。

③桟橋

柱などで支えられた船の接岸場所のこと。真下を潮が通っていて、周囲の潮流に影響しないため、先端付近よりも付着物の多い柱の周りが狙い目となる。作りによっては周囲に捨て石がたくさん入れられている場合もあり、根魚狙いの好ポイントになる。

⑫赤灯台・白灯台

漁港の出入り口付近には、漁船の衝突防止目印となる簡易灯台が設置される。この色には国際的な決まりがあり、沖に向かって左が赤灯、右が青（緑）灯になる。土台部分の色が通常は赤灯が赤、青灯が白なので、「赤灯台」「白灯台」と表現することが多い。

⑧堤防先端

もっとも沖に突き出た外洋に近い部分で、潮の動きがある。堤防の中では一級ポイントで、常に釣り人が多い。港内に突き出た堤防の場合も、先端付近が好釣り場になりやすい。

④藻場

港内や港外で藻が生えた部分。水が澄んでいれば視認できる場合もある。藻は小魚やカニ、エビ類の恰好の隠れ場所で、それらを狙って大型の魚も回遊する。藻の種類によっては、水温の変化で抜ける場合があるので、常にそこに藻があるというわけではない。

消波ブロックまわりのポイント

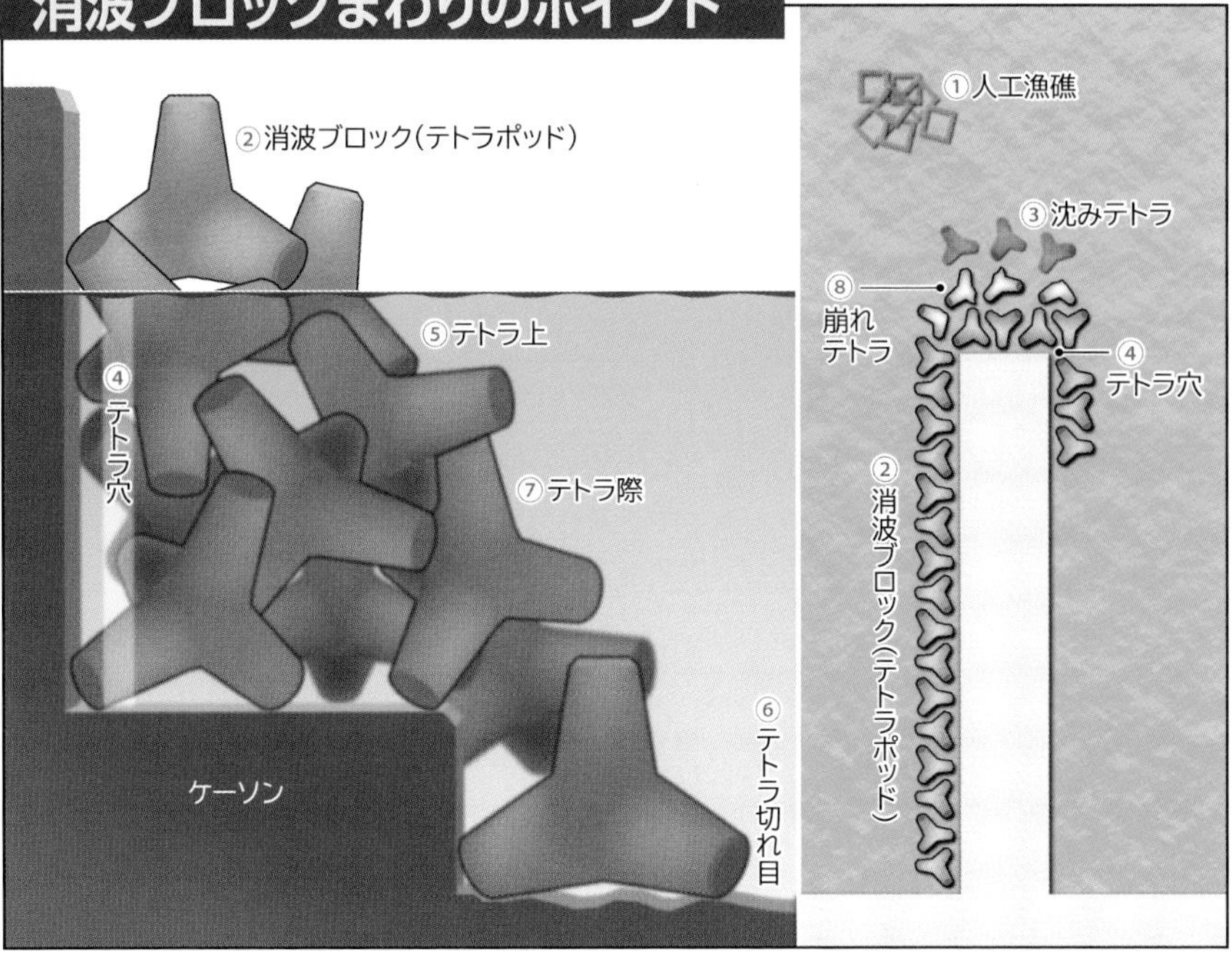

⑥テトラ切れ目

水中に入れられた消波ブロックと海底の境目付近。消波ブロックまわりのポイントの中では、絶対に見逃せないポイントのひとつで、一番魚が多く、また大型が定位しやすいところ。見えない部分なので根掛かりというリスクもあるが、必ず攻めること。

④テトラ穴

消波ブロックを積み上げた時に必ずできる隙間のこと。この隙間が無いと、水の圧力に耐えきれず、全体が崩れてしまう。つまり、波がぶつかる事で、隙間の中には常に潮流が発生しているので、魚にしてみれば身を隠せる絶好のすみかとなる。

①人工漁礁

漁礁（魚礁）とは、海底に石などがあり、魚が寄りやすいところ。人工漁礁は、廃船やコンクリートなどの人工物を沈めて、人工的に作った漁礁のこと。消波ブロックはもともと波を防ぐ目的で海に入れられるが、人工漁礁としての役割も大きい。

⑦テトラ際

海底に向かって消波ブロックが斜めに入れられた部分で、水深の変化が著しく攻め方に慣れが必要。テトラ上と同じように、メバルなどの根魚の他、イカ類やシーバスなどの回遊魚も狙える。

⑤テトラ上

普段は消波ブロックの穴や隙間などに潜んでいる魚が、捕食時間になる上に出てきて活発にエサを漁る。例えばメバルなどは夕方になるとテトラ上が見逃せない好ポイントになる。水深は1mもあれば充分で、小型のプラグなどで攻めるのが楽しい。

②テトラポッド

消波ブロック全体に対する代名詞になっているが、実は（株）不動テトラの登録商標で、数多い消波ブロックの中の1つのデザインを言う。テトラポットは間違いで、最後は「ド」と濁る。分かりやすいようにここでは消波ブロック=テトラとして解説している。

⑧崩れテトラ

積み上げられた消波ブロックの一部が浸食などによって崩れている部分。その周辺に波が強く当たることを意味しているが、特別にそこだけが釣れるわけではない。むしろ、劣化したコンクリートは崩れやすく危険なので、乗らない方がよい。

③沈みテトラ

水中に沈められた消波ブロック。または、波の圧力や地盤の崩れなどで壊れて水中に没した消波ブロック。ケーソンや捨て石と同じで、人工漁礁としての役割を果たし、水中の生物が着きやすい。

サーフ（砂浜）のポイント

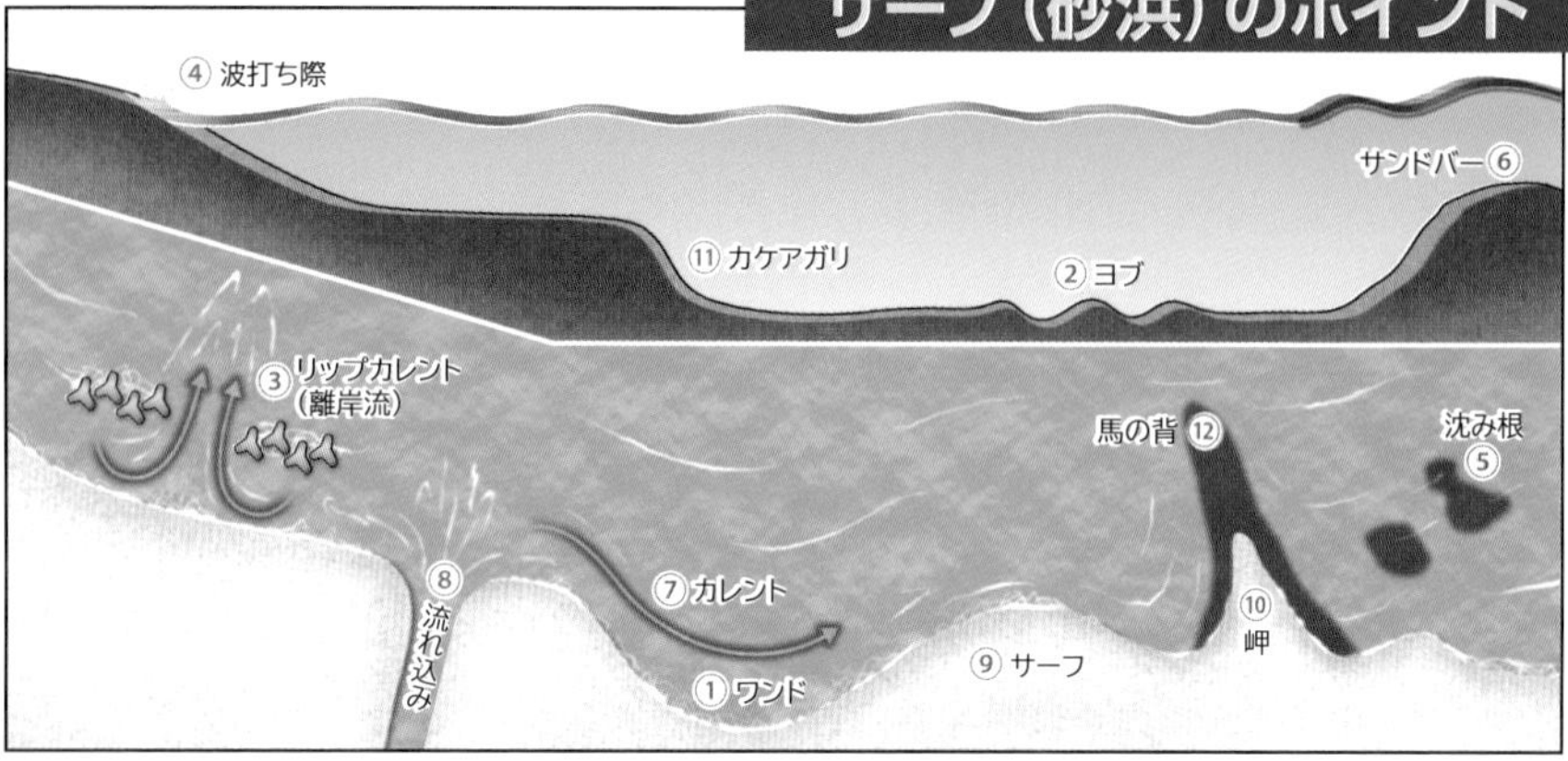

⑨サーフ

砂浜のこと。ソルトウォーター用語では砂浜の他に小磯混じりのロケーションやゴロタ浜もサーフと言う場合があるが、ここでは単純な砂浜海岸のこと。風と波の状態で地形の変化が激しく、また潮の流れも常に変化するため、釣れるポイントを見極めるためには慣れが必要。場合によっては数kmという距離を移動することもある。

⑤沈み根

天然石、あるいは人工コンクリートなど水中に沈んでいる障害物。サーフでは砂を被ることで、露出したり隠れたりするため、常にストラクチャーになるとは限らない。しかし、夜釣りなどで周囲が見えない時のために、どこに沈み根があるか？を知っておくことはとても大切。

①ワンド

釣り場の地形用語。地形的にU字状に湾状になってる場所をこう呼ぶ。沖からの潮がワンドで反転して再び沖に戻ってゆく特徴があり、ポイントとしては見逃せない。

⑩岬

周囲と比べて地形的に沖側に出っ張った部分。左右がワンド状になっていることが多く、岬の両側が潮の通り道になっている。変化の少ないサーフでは、見逃せないポイントのひとつ。

⑥サンドバー

海底の砂が海流や河口などの川の流れによって、そこだけ一部分盛り上がった浅瀬。波の状態が他と異なることでその存在を知ることができる。潮流に変化があるため、ポイントとして成立する。

②ヨブ

海底にある波状の小さな連続した起伏で小魚や水生生物が隠れている。シロギスなどはヨブまわりに多く、投げ釣りでは重要なポイント。ヒラメやマゴチも多い場所。

⑪カケアガリ

深い所から浅い所へ、またその逆に浅いところから深いところへ続いている水中地形。魚が集まりやすい好ポイント。カケサガリとも言う。

⑦カレント

「流れ」全般のことで、速い部分と遅い部分の境目付近に魚が集まりやすい。サーフなどで発生する離岸流はリップカレントと言う。

③リップカレント（離岸流）

波打ち際から沖に向かって払い出す早い流れのこと。波や地形の状態、風などの複合的な条件で発生するため、発生場所の特定は難しく、いつも同じ場所に発生するとは限らない。釣りのポイントとしては一級だが、さらわれると一気に沖に流されるので注意。

⑫馬の背

陸から続く山の張りだしの延長上にある水中の尾根。岬状の地形ができている場合、その先の水中は浅くなり、馬の背を作ることが多い。

⑧流れ込み（インレット）

小河川や排水など、水が海に流れ出している部分。真水と海水が混じることでプランクトンが発生しやすく、小魚類が集まりやすい。変化の乏しいサーフでは、必ず攻めたいポイント。

④波打ち際

釣り人にもっとも近いポイント。通常、波打ち際は一気に掘れたカケアガリを形成しており、常に波が巻き返すことで砂に隠れている水生動物が浮遊しやすい環境にある。それらを狙って小魚が回遊し、大型魚も回遊する。

磯・小磯のポイント

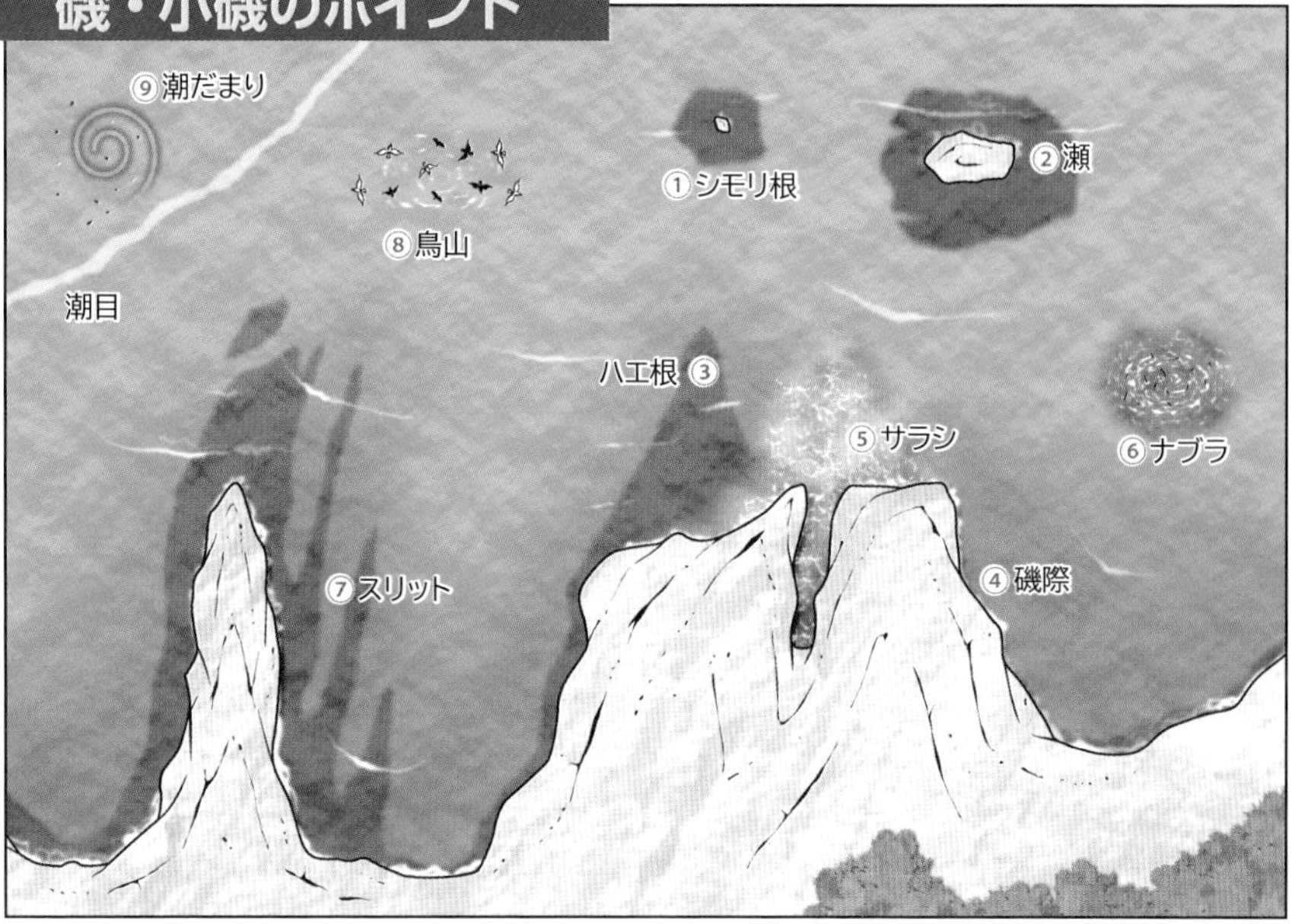

⑦スリット

溝や隙間のこと。主に、磯で水中の岩礁の溝を形成した部分のことを言う。防波堤ではケーソンとケーソンの継ぎ目のことをこう呼ぶ。スリットは魚が隠れながら移動するには最高の地形で、この中に潜んで小魚を待っていることが多い。

④磯際

磯の際、磯から海底に向かう壁のこと。磯際は堤壁と同じように、魚たちの回遊コースであり、エサ場になっている。必ずしも魚が遠くに居るというわけではない。

①シモリ根

「シモる」とは、物体が水の中に沈んだり浮いたり、見え隠れしている状態のこと。よって、シモリ根とは海面スレスレに頂上があり、波の状態で見え隠れしている根のこと。サラシが発生しやすい。

⑧鳥山

大型魚に海面まで追われた小魚に対して、海鳥が群れをなして集まる状態。遠くから見ると、まるで鳥が山のようになっていることから付けられた名前。ナブラが立っている場所で発生するので、魚が居る場所の目安になる。

⑤サラシ

岩や磯などに波がぶつかって、白く泡立つ様子。海水が撹拌されることで周辺よりも水中酸素量が多く、魚の活性が高くなりやすい。また、水面が白く泡立つことで、魚の警戒心が薄れ、ヒットの確率が高まる。流れに同調して沖に伸びるサラシほど良い。

②瀬

海で言う瀬とは、沈んだ大きな根や磯、または沖で海面に出ている島状の磯のこと。河川の流れを表現する瀬とは異なるので注意。サラシが発生しやすく、ヒラスズキやスズキ狙いでは一級ポイントになる。

⑨潮だまり

通常、潮だまりと言えば潮が引いた時に岩礁の窪みなどにできるプールのことを言う。ここで説明する潮だまりは、沖の潮目付近にある、潮が渦状に巻いている部分。ゴミなどが溜まることで視認できる。潮目と違い、ポイントとしてはあまり良くないことが多い。

⑥ナブラ

小魚が水中で大きな魚に追われて水面まで逃げ、逃げ場を失って水面で暴れている状態。大型魚が小魚を補食する時は、お湯が沸騰している時のように水面で水しぶきが立つので「ボイル（沸く）」とも言う。とても釣れそうなシチュエーションだが、小魚に夢中になった大型魚をルアーに振り向かせるのはなかなか難しい。

③ハエ根

磯の先端から沖に向かって水中に張り出した岩、岩礁のこと。サラシができやすく、好ポイントを形成するが、ハエ根の向う側で大物がヒットすると、根ズレによるラインブレークも発生しやすい。スズキの他、タイ類や青物など、様々な魚が狙える。

ゴロタ浜のポイント

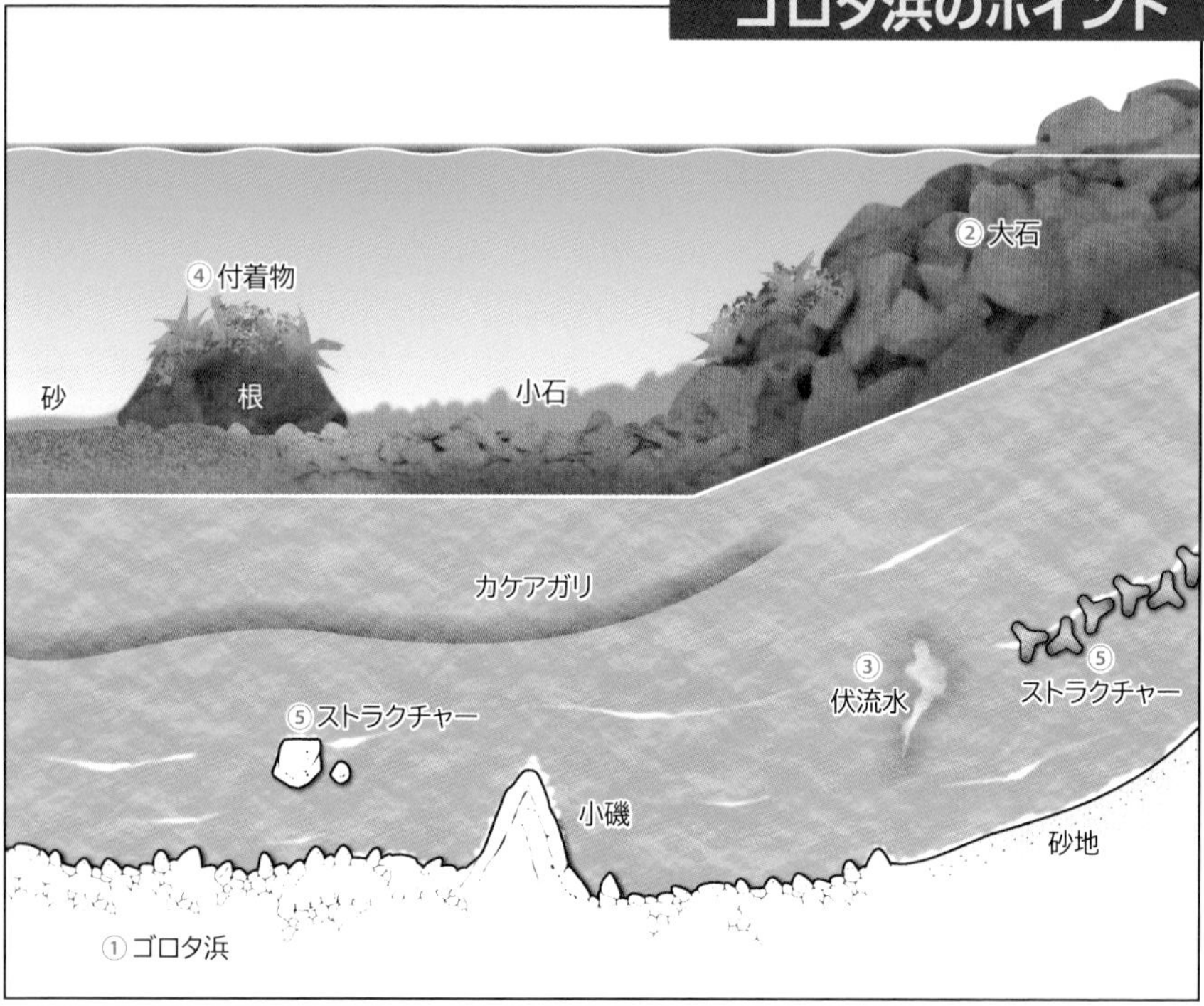

⑤ストラクチャー

ルアーフィッシングが成立する条件としてとても必要な要素で、魚が身を隠したり、身を寄せたりする障害物のこと。磯の沈み根や岩､葦などの植物、倒木など、自然界の中にあるストラクチャーを「ナチュラルストラクチャー」と言う。また、ケーソンや消波ブロック、杭、漁港など、人工的人為的に作られた障害物は「マンメイドストラクチャー」と言う。

③伏流水

河口は見えないが、陸側に湧き水や小河川があり、地面を通って水中に真水が湧き出ている状態で、ゴロタ浜には多いシチュエーション。海水と真水が混じって、流れ込みと同じように小魚類が寄りやすい環境を作り出す。特別なストラクチャーが無いのに、いつも魚が多い場所は、伏流水の影響がある場合が多い。陸側をジックリ観察すれば、伏流水が湧いている場所を特定できる場合もある。

①ゴロタ浜

ゴロゴロした大きめの石のことをゴロタと言い、大きめの石か多い海岸をゴロタ浜と言う。波に洗われる関係で、大きな石ほど波打ち際から陸にかけて多く、その先は少しずつ小さくなって最後は小石、砂利、砂になる。なだらかなカケアガリを形成する場合がほとんどで、付着物の多いゴロタ浜であれば根魚や回遊魚など多くの魚が狙える。

■オカッパリ(陸っぱり)

徒歩で移動できる場所で行う釣り、または陸続きの水域でウエーディングして楽しむ釣りのことで、ショアゲームとも言う。離岸堤にボートで渡渉してで行う釣りも、ボートからのキャストでなければオカッパリと表現されることがある。「陸っぱり」も同じ意味で、同じ読み方。

④付着物

海中の石や岩に付着する、海草類や貝類などの生物。これらが最初に付着することで、エビなどの甲殻類やゴカイなどの環虫類が集まり、自然界の中での食物連鎖が始まる。ゴロタ浜でも石に付着物が無い場合は、大型魚の回遊は少ないと判断したほうが良い。付着物が多くて、根掛かりで釣りにくいくらいが丁度良い。

②大石

いわゆるゴロタのことで、ゴロタ浜でメインとなるストラクチャ 。大きな魚が隠れやすいためか、小さな石が多い浜よりも大型の魚が集まりやすい。また、波打ち際の石が大きいほど沖まで石が続いている傾向が強い。

河口域のポイント

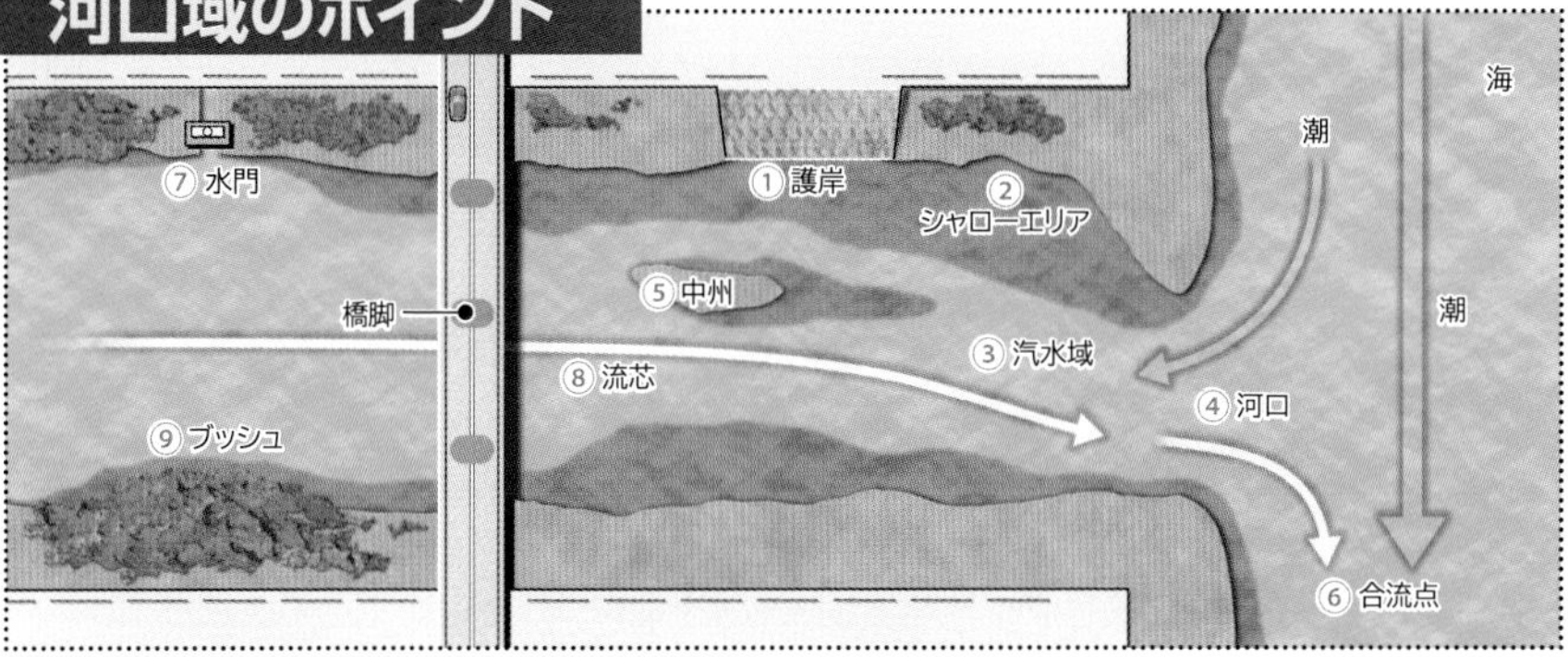

①護岸　河川の土手を高水や増水などによる水害から守るために作られた人工的なコンクリートの壁。大河川や都市河川では、ほとんどの河川が何らかの手を加えられ、自然のままという環境は珍しい。護岸により釣り場としてのポイントは減るが、足場が良いために手軽に釣りを楽しめるポイント。護岸でも、消波ブロックなどが入れられていれば、ストラクチャーとなり、魚が集まる可能性は高い。

②シャローエリア　全体と比較して水深が浅い場所のこと。シャローの定義はないが、ソルトウォータールアーでは1m以下の水深ならばシャローエリアと呼んで間違いない。更に浅い場所は「どシャロー」、「超シャロー」などと表現することもある。河口域では流れの芯から外れた部分にシャローエリアができやすく、ポイントとしては魅力に欠けるが、増水時はシャローエリアに小魚が逃げ込むため、増水時のポイントとして覚えておけば良いだろう。

③汽水域　河口域など、淡水と海水の混じり合う水域。プランクトン発生量が多く、小魚が集まりやすい。汽水域では比重の関係で上層が真水、低層が海水となる。大きな河川では数km上流まで海水が入り込むこともあり、河川内でヒラメやクロダイが釣れる。

④河口　ルアーフィッシングでは、海と川の境目を中心にして河川内の一部と海の両方を指している場合が多い。また、海と川の境目が分かり難い場合もある。いずれにしても何km上流までが河口などの定義は存在しないので注意。水量の多い河川では、多くの場合海水と真水が入り混じった汽水域になる。満潮に向けて海水が逆流しない場合でも、海側は常に真水が入り込む。

⑤中州　河川の中に独立した小さな島状の陸。河口域の場合、多くは葦などのブッシュに覆われていることが多く、増水すると水没することもある。上流側は深く掘れていることが多いが、下流側は中州の延長で馬の背になり、魚が着きやすい環境を作っている。中州に葦が生えていれば、その中にも魚が隠れている場合が多く、特に台風などの増水後は超一級のポイントになる。

⑥合流点　ここで言う合流点は、支流などの合流点ではなくて、河口から流れ出た真水と、海水の潮の流れが合流する場所。日本海側では北側に、太平洋が側では南側に流れることが多い。この部分は、河川内に入り込もうとしている魚が、一時的に集まる場所で、クロダイやスズキ、ヒラメなどの好ポイントを形成する。河川からの水量が多い時は、水色の違いなどで視認できる場合が多い。

⑦水門　河川や運河、湖沼などに設置され、可動式の仕切りによって水の流れを制御する設備。雨後などの増水時には、水門を開けることで支川の水量を調整し、本流が増水したときには閉じることで防波堤の役目を果たす。河川の場合は、その多くが分流水門。水門が開けられている時は、その部分に本流とは別な流れが発生し、ベイト類が寄りやすい環境になる。河口、河川内のスズキ狙いでは、絶対に外せないポイント。

⑧流芯　広い河口域では、複雑に何本もの流れが発生する。それらの中で、もっとも太い流れが流芯（流心も同じ意味）。大型の魚ほどこの流芯付近に定位することが多く、河口域のシーバスやヒラメ、マゴチ狙いでは定番ポイントのひとつになっている。ただし、川幅が広すぎる場合は、ウエーディングしても流芯までルアーが届かないこともある。

⑨ブッシュ　草木に覆われた部分で、ナチュラルストラクチャーを形成している。多くの場合が岸近くに堆積した砂泥に生えた植物で、葦や茅、ガマの穂などが多い。ブッシュをかき分けて前に出ることもできるが、ブッシュ自体がストラクチャーなので、入り込まずに外側から攻めたほうが釣れる確率は高い。

河川内のポイント

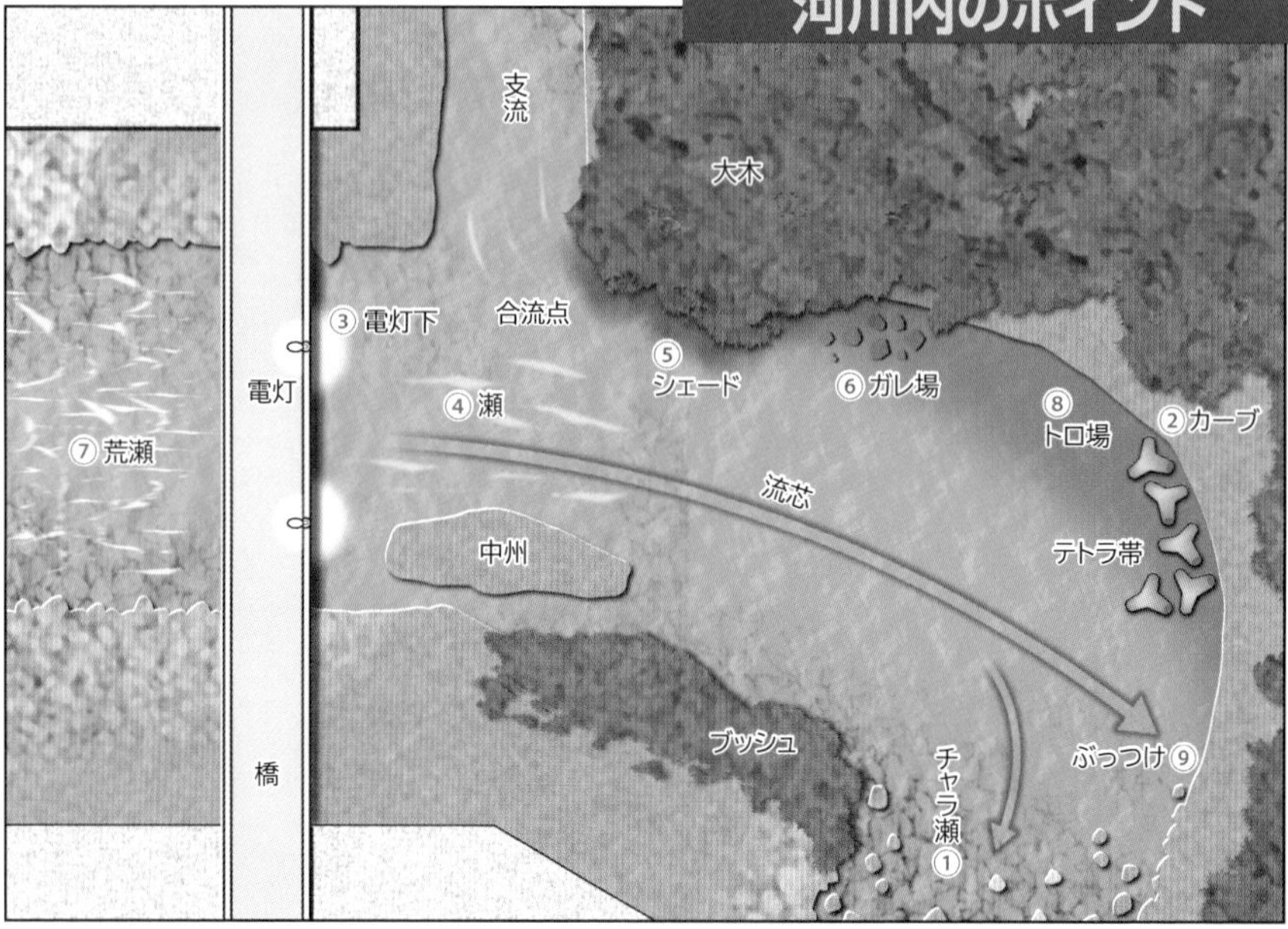

⑦荒瀬

河川の中で、極めて押しが強い流れのこと。白く泡立つほどの流れで、川底に大きめの石があったり、上流と下流の標高差がある場合にできやすい。撹拌による酸素量が多く、水温が高く低酸素になりがちな夏場は、多くの魚が荒瀬の周辺に寄ってくる。アユも例外ではなく、そのアユを追ってスズキが寄りやすい。

④瀬

海で言う瀬とは全く意味が異なるので注意。水面の動きが視認できる程度で、荒瀬よりもなだらかな流れ全般をこう呼ぶ。適度な流れで、ルアーフィッシングではもっとも釣りやすい環境。ナイトゲームでも安全が確保できるので、シーバスゲームではメインの釣り場になりやすい。

①チャラ瀬

膝下の水深くらいの浅い瀬。一見してポイントとは思えないが、夜は小魚がチャラ瀬に入り込むことが多く、それを追って大型魚も背ビレが出るほどの浅瀬に入り込む。使用できるルアーに制限があるため、攻略は難しいが、浅瀬ゆえにヒット後は左右上下に走り回るので、ゲーム性の高いポイントと言える。

⑧トロ場

水深が深く、流れがゆるやかになる部分。地形的に急なカーブになっているところなど、流れが直接ぶつからない場合にトロ場ができやすい。レンジを探りにくく、ポイントとしてはあまりおすすめできないが、バイブレーションルアーなどを使ってボトム付近を攻めることで結果が出せることもある。

⑤シェード

大木などが水面に覆い被さってできる日陰のこと。夏場の日中は高水温になりやすく、シェードは魚の避難場所になる。流れがあってシェードになっていれば最高の条件で、ルアーがシェードの中に入った直後や、シェードから出た直後にヒットするケースが多い。

②カーブ

河川が曲がった部分で、流れの変化が見られる場所。カーブの角度によってトロ場ができたり、荒瀬になったりするので、カーブの部分が必ずしも好ポイントになるとは限らない。直角より大きな角度のカーブが流れ的には理想で、ぶっつけ付近は高い確率で魚が居着く。

⑨ぶっつけ

カーブの一部で流れが直接ぶつかる部分。地形的に真正面から流れがぶつかると、水流が渦状になってトロ場を形成しやすいが、カーブをかすめて通ると絶好のシチュエーションとなる。ぶっつけ付近に流されてくる小魚が捕食対象で、特に落ちアユの時期には有望なポイントのひとつ。

⑥ガレ場

大きな石やコンクリート片などの瓦礫が沈んだポイント。ロケーションとしてはあまり良くないが、瓦礫がストラクチャーとなり好ポイントになるケースが多い。瓦礫に草や木などが絡んでいる場合も少なくなく、根掛かりも多いが、一発大物のチャンスもあるので探りを入れてみたい。

③電灯下

河川には必ずある橋。そして、多くの橋には橋脚を照らす電灯がある。夜になると、電灯の灯りが水面を照らし、その灯りと暗がりの境目がヒットポイントになりやすい。明るいところから暗いところへとルアーが移動するように、流れに合わせて立ち位置を変えることが大切。

汽水湖のポイント

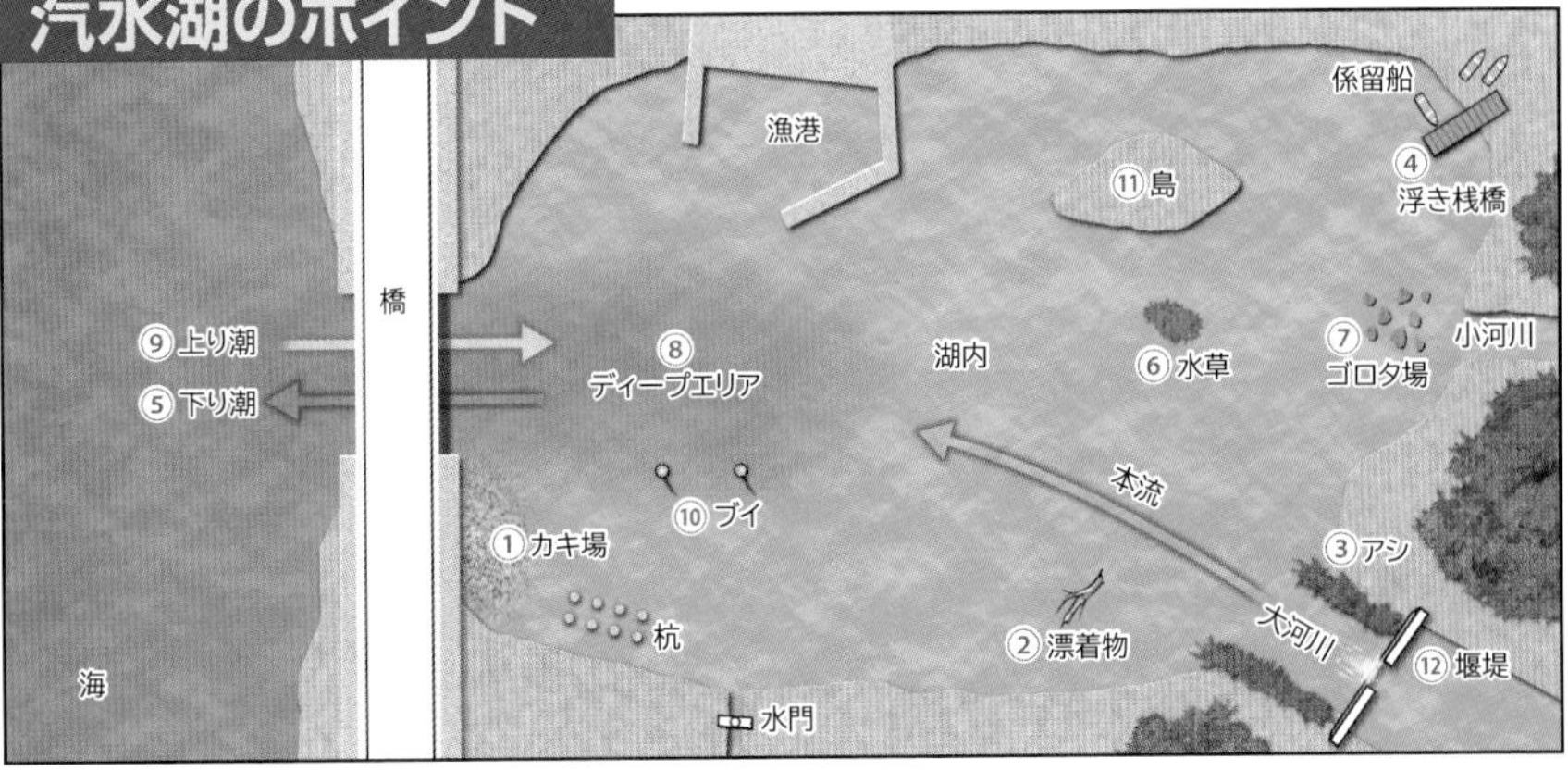

⑨上り潮

満潮時に向かって、海から湖内に潮が入ってくること。海水と淡水の水色が違う環境では、海水が真水を押して逆流してゆく様子が見られる。海水魚は、上げ潮とともに湖内へと移動するケースが多いが、この潮でのルアーに対する反応は、一般的にあまり良くないとされる。

⑤下り潮

湖内に入り込んだ海水が、干潮に向かって海に出て行くこと。上り潮の時に湖内に入り込んだ魚たちの活性がもっとも高まる状況。湖内のベイトが流されるためか、しばしば大釣りが記録される。

①カキ場

汽水湖の河口周辺独特の環境で、岩盤底やケーソンに岩牡蠣が付着する。同時にカニやエビなどの甲殻類が住み着き、それらをエサにする魚が寄りやすい。ただし、牡蠣はラインを擦るとアッという間にブレイクしてしまうので、攻め方とランディングに工夫が必要。

⑩ブイまわり

湖内には何らかの目的で設置されたブイがあちこちにある。それらの多くはロープで固定され、ロープとロープが結ばれた重しの部分がストラクチャーになる。小さなストラクチャーだが、見逃しやすいポイント。

⑥水草

湖底が砂泥の場合、目立ったストラクチャーが無い場合も多い。そんな時は水草が繁茂した場所を探すこと。水草にはエビ類や小魚が隠れているケースが多く、汽水湖のストラクチャーとしては大きな存在。

②漂着物（漂流物）

台風などで河川から流れ込んだ大木など。湖内が深ければ流されて漂流し、やがて海に出るが、浅い場合は定位置に留まってストラクチャーとなるケースがある。シーバスやクロダイ狙いではポイントとなる。

⑪島

湖内にある島。大小にかかわらず、島の周りは魚達の回遊コースになりやすい。場合によっては、超シャローエリアということもあるが、追われて逃げまどう小魚が最終的に逃げ込むのがそんな浅場。とくに夜釣りのシーバス狙いでは確率の高いロケーション。

⑦ゴロタ場

河川の流れ込み部分など、大きめの石が入ったところ。流れ込む河川の水量が少ない場合はポイントとして成立しないこともあるが、適度に流れがあれば甲殻類が多く、クロダイの好ポイントになっている場合が多い。

③アシ

河川同様に汽水湖のアシ周りも絶好のポイントを形成する。多くの場合、アシは塩分濃度が薄い河川の合流付近に生える。水中からアシが生えているような環境であれば、アシの中にたくさんの小魚が隠れている。

⑫堰堤

湖内に流れ込む河川に設けられた堰堤。しっかりとした魚道が設置されていなければ、海から遡上した魚はここで行き止まりとなる。よって、魚が溜まりやすい場所と言える。ただし、河川によっては堰堤下流を禁漁区に指定している場合もあるので、事前の調査が必要。

⑧ディープエリア

他と比較して水深が深いエリアのこと。シャローエリアと異なり、ディープエリアは水深の深さが無限。よって、基準はあくまで周囲の水深となる。例えば平均水深2mの湖内であれば水深4m以上ならば充分にディープである。

④浮き桟橋

ジェットスキーやボードセーリングなどマリンスポーツのために設けられる浮き桟橋。桟橋自体は、あまりストラクチャーとして魅力はないが、桟橋上を移動して遠くのポイントまでキャストすることができるので、立入が可能ならば活用したい。シーズンオフは取り外されることもある。

好条件を待つよりも好条件を探す

自然条件の把握

自然相手の釣りだからこそ、不測の事態に備えた情報収集は重要だ。とくに海の状況はある程度予測できるので、必要最低限の知識は頭に入れておきたい。また、釣行のお供にオススメのウェブサイトも併せて紹介。ぜひ参考にしてみてほしい。

釣りは自然相手の遊び

フィールドに立つ以上、天候や波、風などの自然条件に対しては、嫌でも向き合うことになる。それらは時として複雑に絡み合い、我々釣り人を容赦なく襲う。

限られた時間を利用しての釣行では、穏やかな日に当たることのほうが珍しく、ほとんどの場合は過酷な条件の中でルアーをキャストすることになるだろう。

どんな天候でどんな風の時は、どこが好条件になるのか？今日の潮だと何時くらいが狙い目なのか？釣況のみならず、危険回避も必要不可欠だ。最初は釣り場の状況を予想できないかもしれないが、慣れてくれば釣り場のイメージができるようになるはずだ。自然条件を味方につけるか、敵に回すかは釣り人次第なのである。

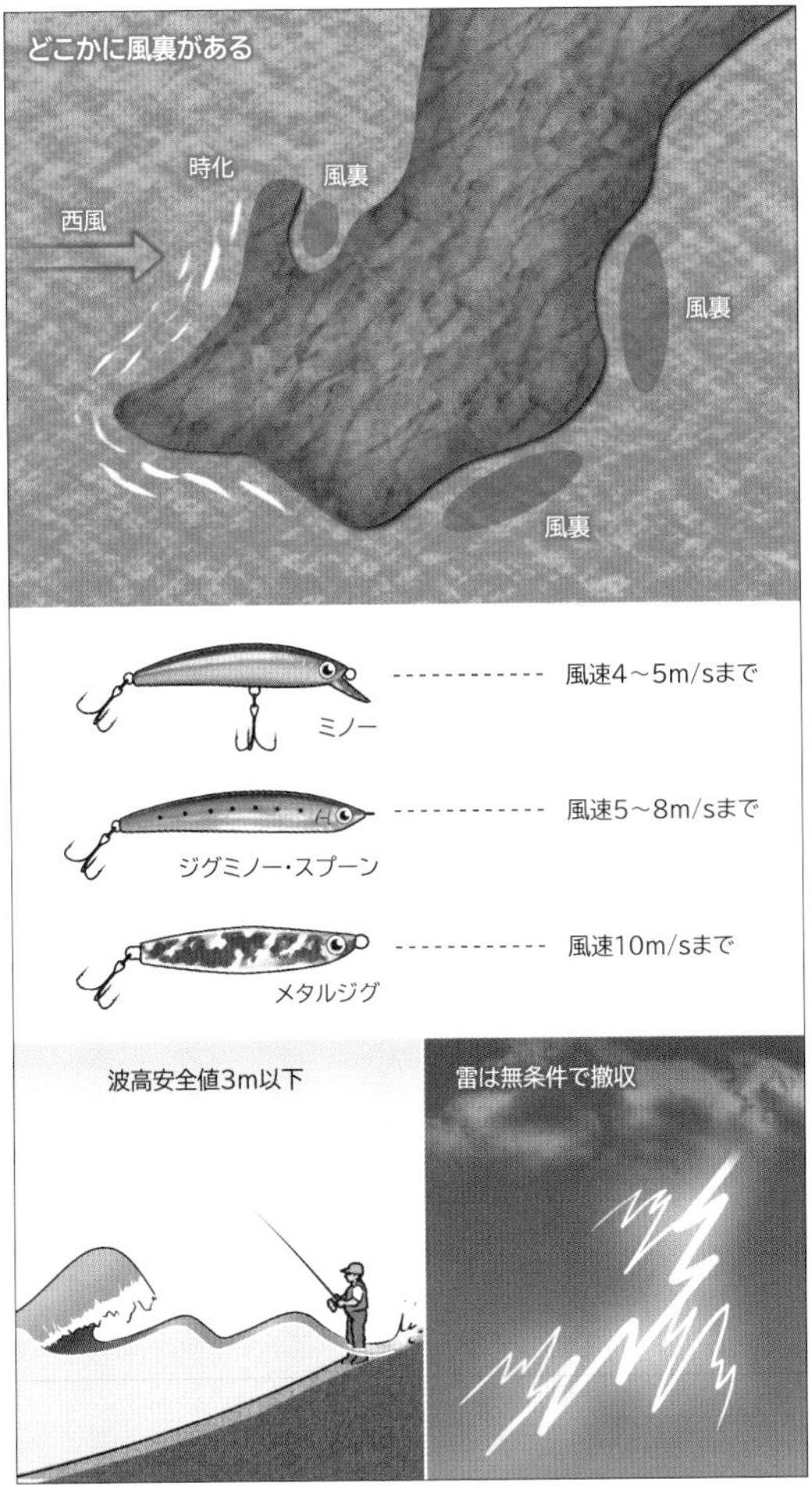

波が穏やかな一日は安全で釣りがしやすい一方で魚の活性が上がりづらいことも多い。

釣り竿は通電しやすい素材でできている。雷鳴が聞こえたらすぐに釣りは中止し、避難する。

河川内や河口など流れが効きやすいポイント。下げ潮では勢いよく流れ、上げ潮では逆流する。

複雑な地形をした地磯は風裏を探しやすい。ただし、足元を洗うようなウネリは危険なので注意する。

風は味方にも敵にもなりうる重大要素

風　力

風の強さを数値で表したもの。釣りが可能なのは風速8 ～ 10.8m/s未満の風力5くらいまで。小型ボートの釣りならば風力3の風速3.4 ～ 5.5m/s未満までが目安。ちなみに風力8以上が台風。風力という表現は分かり難いので、釣り人の間では風速が使われることが多い。

風　向

風が吹いてくる方角のことで、一般的には北、北西、北北西など360度を16に分割した16方位で表す。釣りの場合は大まかな風向で判断するので、釣り人同士の会話では南とか南西の8方位くらいが使われる。風向は「ふうこう」と読むが、「かざむき」と言うことのほうが多い。

ベストは無風や追い風

自然条件は多くの要素が絡み合うケースが多いが、中でも影響が大きいのは風向と風力。キャスティングが必要不可欠である以上、風は味方にもなれば敵にもなる。追い風ならば問題なくても、強風の向かい風では使えるルアーが限定され、魚が居るところまでルアーが届かないことのほうが多い。無風や追い風ならベスト、向かい風でも微風が理想だが、ポイントを優先してしまうとなかなか思うような条件に遭遇できないのが現実である。

幸い、日本は島国なので、どこかに必ず風裏がある。風裏を探す作業はカーナビやマップアプリを見るだけで簡単にできる作業。現場でも地図をスクロールさせてゆくだけで、必ずどこかに風を避けられる場所が見つかるはずだ。

ルアーの飛距離が必要なサーフでは向かい風だときびしい。無風か追い風が好条件だ。

季節風

季節によって特有な風向をもつ風で、地球規模の空間スケールの大きいものを言う。

日本では、冬になると大陸から海洋に向かって北西の風が吹きやすいので、冬の季節風と言えば一般的に「北西」を指す。また、夏には海洋から陸に向かって風が吹きやすいため、夏の季節風と言えば南東や南西など南混じりの風になる。冬季は北向き、夏季は南向きの海が季節風の影響で時化やすいということ。

厳密には季節風とは呼べないし、規模の小さい表現だが、春先から初夏にかけて吹く東風のことを「こち」、「やませ」などと呼ぶ地区もある。

高気圧

中心の気圧が高い状態で、高気圧の周りでは下降流の影響で風が時計回りに吹き、地上の気圧も高くなる。上から押される力が強くなるため、釣りでは魚が底近くに集まりやすいと言われる。その真相は定かではないが、気圧が高い時は、魚の動きがあまり良くない傾向が強い。

風裏

風向の逆側を向いた地域のことで、海を見て背中から風を受ける状態。北風が吹いていれば、南を向く地域が風裏になる。風裏の海域は、追い風(出し風)によって沿岸の波の高さが抑えられるが、沖では波があるので船舶は注意。

波高

波の高さのことで、発生した波の頂上から谷までの高低差であらわす。波は風の影響で大きさがかわり、風が強く、長く吹くほど大きくなる。波は風の方向に進み、風が波より早い場合はどんどん発達して高くなる。

赤潮

水中のプランクトンが急激に増加することで発生し、海水の色が赤く帯状になる。赤潮の下は酸欠状態で、周囲には魚が寄りつかなくなるので、魚は釣れないと思ったほうが良い。赤い色はプランクトンの死骸で、プランクトンの種類によっては青色になることもある。

水温

魚の活性の善し悪しを決定づける重要な要素で、急激に下がる水温は、魚の活動を一気に停止させる。水温１℃の変化は、我々人間の気温10℃の変化に匹敵。遊泳する魚の群れが１℃違う水温の中に入ると、仮死状態になる場合もある。上昇したり安定している水温は良く釣れるケースが多いが、低下は注意。魚の種類によって、適水温がある。

津波

そもそも「津」とは、奥まって湾状になった地形のことで、日本には「津」のつく地名がたくさんある。外洋から入り込んだ波が津の入り口で集結して大きくなることを津波と言う。多くの場合地震によって発生するので、大きな地震で警報が出た場合は速やかに避難すること。

低気圧

中心の気圧が低い状態で、地上から上空に向かって上昇気流が発生し、雨雲が発生しやすい。風は時計と反対回りにの東寄りなる。地上の圧力が低いため、魚は上層に浮きやすいと言われるが、真相は定かではない。だが、高気圧よりも低気圧のほうが魚の動きが活発な傾向は強い。

潮を知ることで効率良く釣りができる

タイドグラフ

「タイド」は潮のことで、潮の干満を直感的に判断できるようにグラフ化したもの。通常は横軸が時間で、縦軸が潮の高さ。近年はインターネットサイトで閲覧したり、自分のPCに計算ソフトをインストールするなど、活用方法は多様に存在する。

潮汐は太平洋や日本海はもちろん、海域によって干満差も動き出す時間も異なるため、自分が釣りに行く地域の潮汐を調べる必要がある。ネット上や専用ソフトのデジタル化されたタイドグラフでは、地域の絞り込みが可能なので、より正確な時間がわかる。釣具店などで配布する「潮汐表」や「潮時表」もタイドグラフだが、こちらはアナログで、大きな海域の潮汐から時間をプラスマイナスすることで時間を割り出す。

下げ三分

「さげさんぶ」と読む。満潮上げきりからソコリまでの時間を10分割した場合に、満潮から3分の時間帯。大まかには、満潮から1時間半～2時間が経過した頃。潮が干潮に向かって動き出す時間帯で、沖に居た魚が岸側に寄りはじめる好時合のひとつ。

下げ七分

「さげななぶ」と読む。下げ三分と同じように、ソコリに向けての時間を10分割した7分の時間帯。もっとも魚の活動が活発になる時間帯とされ、釣り人としては外せない好時合。干潮から上げに向かう上げ三分、上げ七分も時合だが、上げ潮は魚が沖に向かう潮のため、下げ潮ほどの釣果は期待できない。

上げ切り

満潮になって潮が上げきった状態、満潮の潮止まりの状態のこと。次の下げ潮に向かって潮の流れが止まるので、一般的には釣れない時間帯とされるが、このタイミングで魚が動き出すこともあるので前後は集中して攻めたい。

ソコリ

潮が完全に下げ切った状態で、「下げ切り」も同じ意味。潮の動きは止まるが、このタイミングで入れ食いになる場合もあり、下げ七分から継続してキャストし続けることをおすすめしたい。釣れる確率で言えば、上げ切りよりもはるかに高い。

潮

月の引力の影響で海水面が上昇したり下降するために発生する地球規模の海水の流れ。

通常は約6時間周期の1日4回干満を繰り返す。月の周期と同じで、満月から次の満月まで1巡は28日。月が大きい時ほど干満差は大きく、上弦や下弦の半月にもっとも小さくなる。慣れてくれば、月を見ただけで潮がわかようになる。

潮が切り替わるのは下弦の月から新月に向かう長潮、若潮と、上弦の月から満月に向かう長潮、若潮のタイミング。長潮は「バカ潮」とも呼ばれ、1日の干満が1回ずつしかない。よって、この潮での釣りはあまり良くないと言われる。

時合

「じあい」と読む。魚が活発にエサを食べる頃合いのことで、「何時が時合」という決まった時間はない。主に潮が動く時間帯や、朝夕のマズメの時間帯が時合になりやすいが、季節や地域、対象の魚の種類によって異なるため、一概に「この時間帯が時合」と決めつけることはできない。「今日の潮だと○時頃が時合」とか、「そろそろ時合だ」などと使う。「地合」の表記は誤り。

干満差

満潮と干潮を比較した時の潮位の差。潮が大きく動く大潮ほど干満差は大きくなり、干満差が小さい小潮は潮の動きが少ない。潮が大きく動く大潮が良く釣れるか？というと必ずしもそうではなく、むしろ大潮ほど釣れない地区もある。地域性もあるが中潮がベストとする考え方が一般的。

好条件を探す手がかりとは

ある程度予測ができるのは潮周りだ。釣れそうな日やタイミングを考えたり、干満によって生じる流れの強さや向きについて把握することができる。

難しいのは波の予想。それは多くの天気予報が波の高さに関しては情報不足なことに加え、前日の天候や風が微妙に影響してくるからに他ならない。それも慣れてくればある程度の予想が可能になるものの、完璧な予想はどんなに経験豊富なアングラーにも無理である。

ここではテクニックのひとつとして、天候の判断や風と波、潮汐や水温について解説してみた。ただし、ここで述べる内容は、地域によっては全く当てはまらないこともある。大切なのは好条件を待つよりも、好条件を探すことなのである。

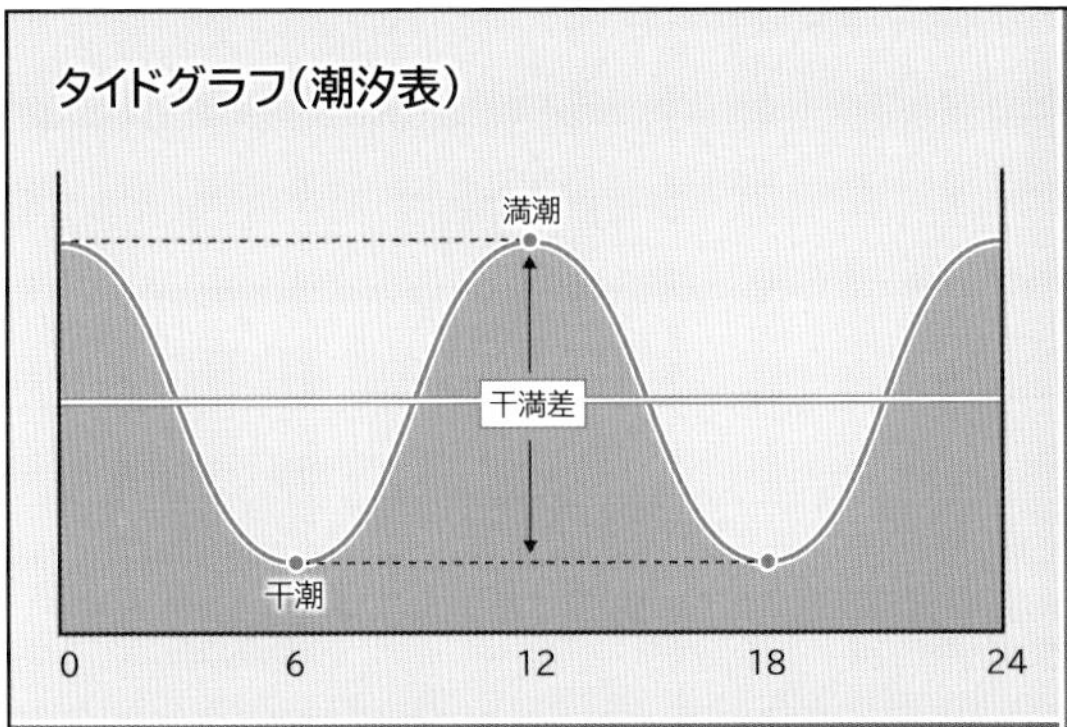

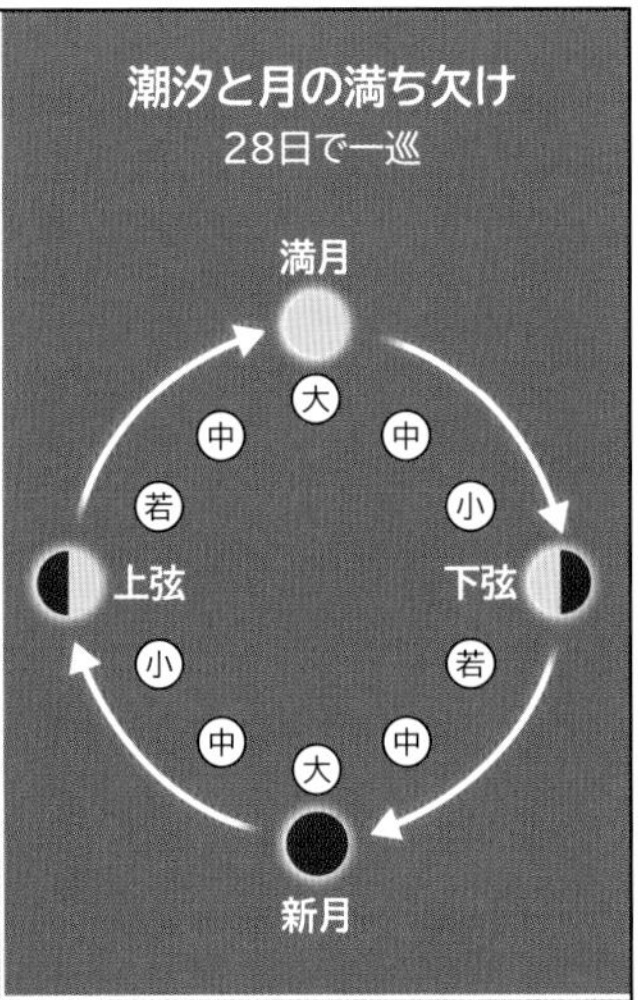

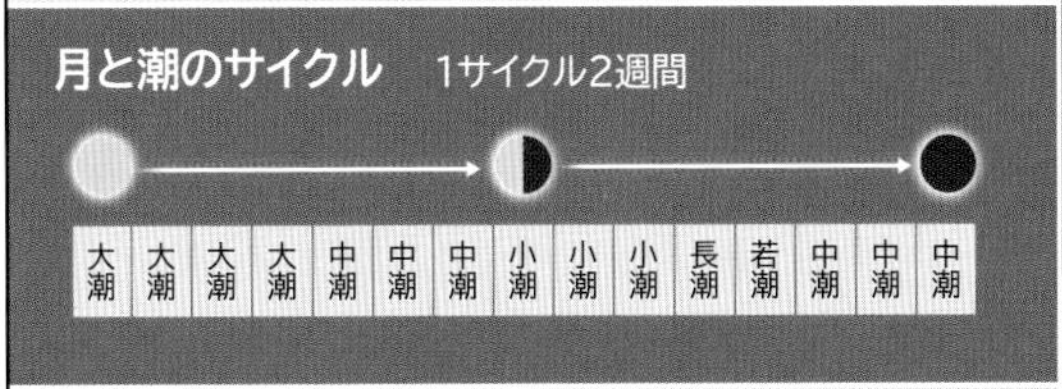

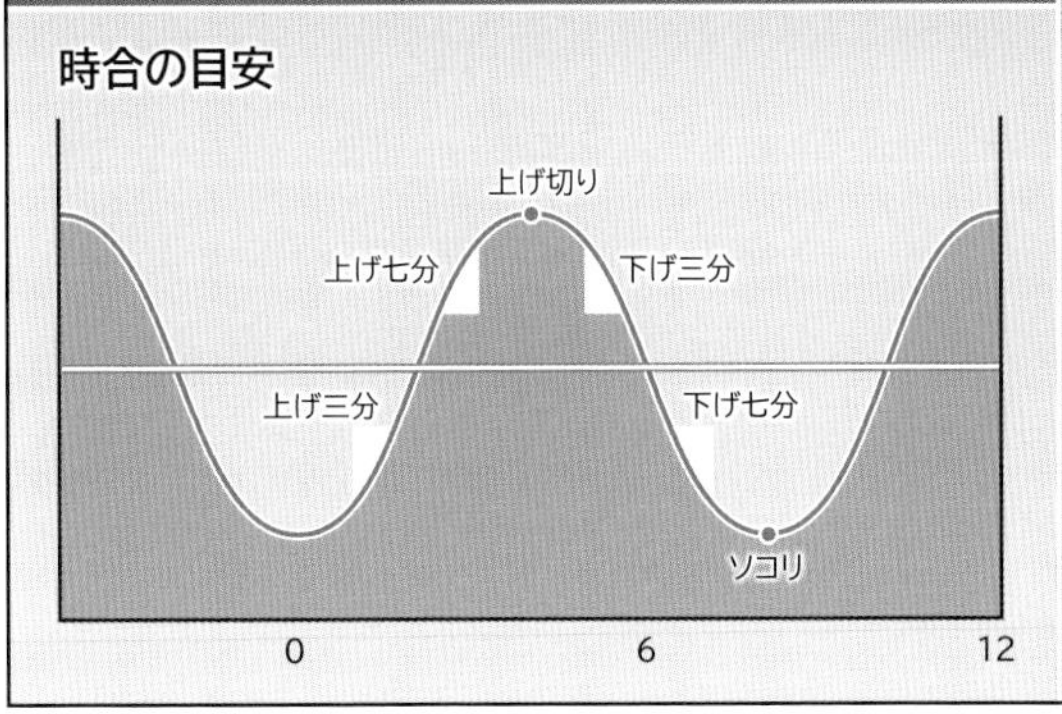

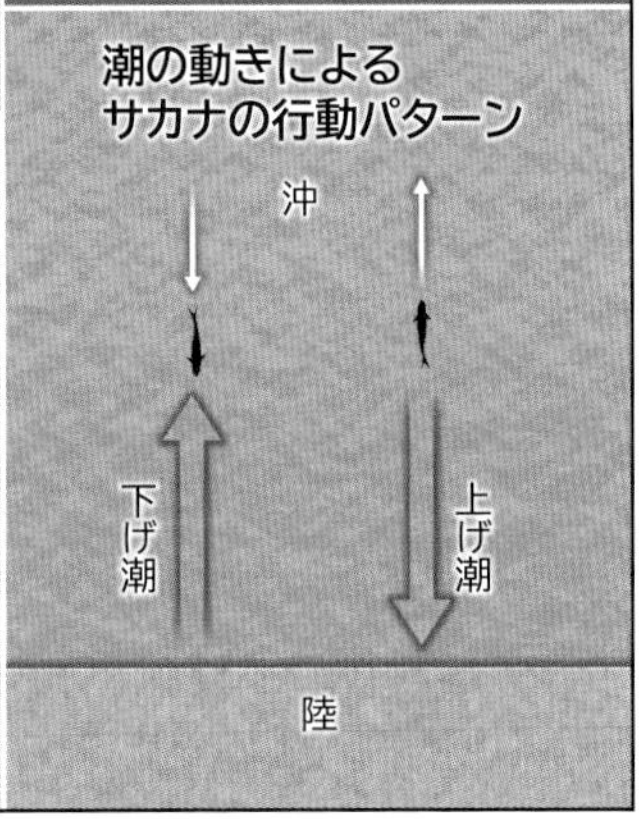

アジはタイミングに左右されることが多い魚。潮の動きにも注目することが好釣果につながる。

中潮や大潮など干満の差が激しい日の干潮時は浅場の底が露出してしまうほど潮が引くこともある。

情報収集おすすめサイト

Windy.com

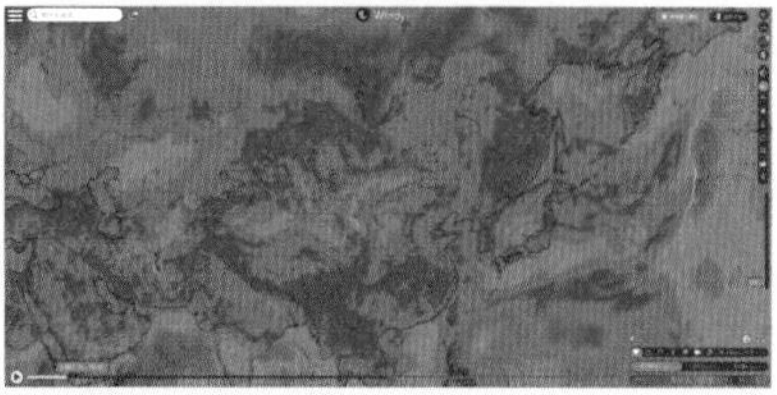

世界中の風の動きを見ることのできるサイト。さまざまな言語に対応しており日本語化も可能。多くの有名アングラーも利用しているようで、使い勝手も抜群。釣行計画のお供にぜひ利用したい。
https://www.windy.com/

日本気象協会　tenki.jp

数多い天気予報サイトの中でも、狭い範囲に絞り込んだ予報が､かなり正確なサイト。無料会員登録することで、地域に合わせた様々な便利機能が利用できるのも嬉しい。洗濯指数や洗車指数など、コンテンツも充実。
URL　http://tenki.jp/

気象庁

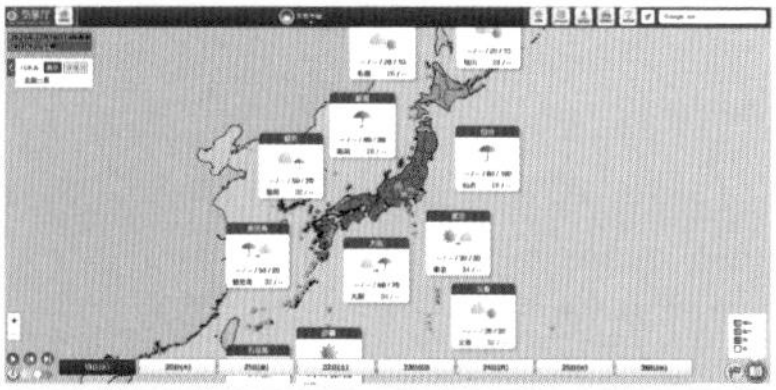

天気予報と言えば気象庁。台風情報から洪水情報、警報まで、釣りに必要な気象に関する全ての情報を網羅しているのは、このHPしかない。天気図を理解しているならば､衛星画像を見て自分なりの予報をすることもできる。
URL　http://www.jma.go.jp/jp/yoho/

海上保安庁

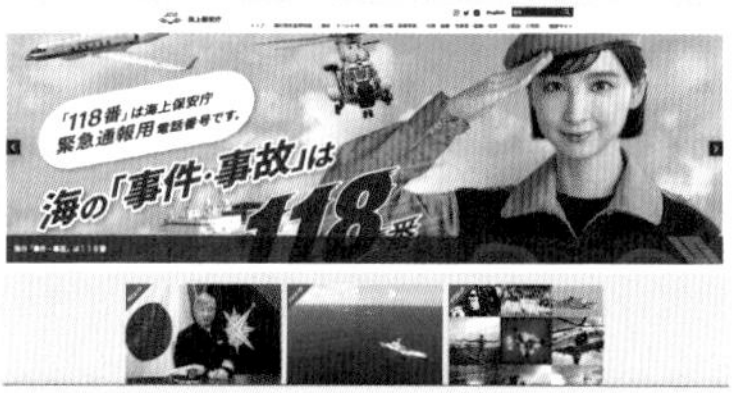

海の警察、「海上保安庁」のホームページ。海難事故に対する対処法や、救助活動の動画配信など、役立つ情報が満載。マイボートで沖に出る予定があるのならば、一度は閲覧しておきたい。「海のもしもは118番」緊急時はすぐにこの番号へ。
URL　http://www.kaiho.mlit.go.jp/

釣割　タイドグラフ

乗船でポイントが貯まるという、ちょっと変わった釣り船サイトのHP。ここのタイドグラフが良くできていて、全国の地域別潮汐が一発で検索できる。携帯アプリとして使えるタイドグラフプログラムは、わずか350円で購入できる。
http://tide.chowari.jp/index.php

Yahoo!天気・災害

このサイトをはじめ、ウェブ上には多数の無料天気予報サイトがあるが、それぞれに微妙に予報が異なる。特に風向と強さは大きな差が出る場合もあるので、複数のサイトを調べて最終判断したい。
https://weather.yahoo.co.jp/weather/

第5章 生態を知って、効率よく攻めよう！

ルアーフィッシングで狙えるターゲット

ルアーフィッシングで狙える魚は数多い。あれも釣ってみたい、これも釣ってみたい……という気持ちはよく分かるが、様々な魚種に手を出すとタックルもルアーも際限なく増える。最初はひとつの魚種に絞り込んでじっくりと通い詰めることが大切。次項からの魚種別紹介記事を参考に、狙いたいターゲットを決めたら、さっそくフィールドへ出かけよう！

シーバス(スズキ)

ワンポイントアドバイス

居れば勝負は早い。低活性でヒットしなくても、ルアーに対して何らかの反応を示すので、そのサインを見逃さないことが大切。低活性時はカラーローテーションよりもルアーのタイプを変えたほうが反応が良くなる。

有効なルアー

ミノープラグ、シンキングペンシル、バイブレーション、トップウォータープラグなどのプラグ類の他、メタルジグやスプーンなどの金属ルアー、ゴム系のワームなど、ほとんどのルアーが使える。釣り場の環境や水深、食性に合わせて選ぶ。

標準タックル

ロッド=8 ～ 9.5フィートシーバスロッド
リール=2500 ～ 3000番
ライン=6 ～ 12LB (ナイロン、フロロカーボン)
0.8 ～ 1号(PEライン)

スズキはこんな魚

多毛類、甲殻類、軟体動物、魚類などを食べる動物食性。国内では沖縄北部から北海道南部まで日本各地の沿岸に広く生息する。河口域や岩礁地帯、砂浜、港湾部など広い水域で見られ、河川内にも遡上する。似た種類にヒラスズキとタイリクスズキがあるが、ヒラスズキは千葉県と富山県が北限とされている。

セイゴ(40㎝以下)→フッコ(40～60㎝)→スズキ(60㎝以上)と名前を変える、出世魚としても有名。

水の流れがあり、小魚が集まりやすい場所ならば、障害物が無くても回遊する。防波堤では先端付近や曲がり角、消波ブロックの際などが狙い目。河川の河口域は見逃せない好ポイント。サーノ、磯などを狙う時は、多少時化気味で波がある時の方が良い。

メバル

有効なルアー

一般的なのは2インチクラスのワームを使った釣り。3g以下の軽量ジグヘッドや、スプリットショットなどのリグが主流。プラグ類で狙う時は50mm以下のシンキングペンシルやシンキングミノーを使う。日中は7g以下のメタルジグで底付近を狙う。様々なルアーを使う時はソリッドよりもチューブラー穂先のロッドが良い。

ワンポイントアドバイス

夜釣りがメインだが、日中の釣りも楽しい。日中は底付近に群れているので、7g以下の小型メタルジグや小型バイブレーションを使って、底付近で激しく動かしてやる。この場合、ラインはPEラインを使用する。

標準タックル

・ロッド=6.5 ～ 8フィートメバルロッド
・リール=1500 ～ 2000番
・ライン=2 ～ 4LB（ナイロン、フロロカーボン）
0.4 ～ 0.6号(PEライン)

メバルはこんな魚

現在はシロメバル、アカメバル、クロメバルの3種に分類されているが、もっとも一般的なのがシロメバル。国内では北海道南部から九州の広い範囲に分布し、沿岸域の岩礁帯や藻場に好んで生息する。他の根魚類と違って、捕食時は底から離れ、水面近くまで浮き上がることもある。アカメバルは藻場に多く、クロメバルは回遊性が強く釣れる場所や時間帯が限られる。卵を体内で孵化させてから仔魚で産む卵胎生。産卵期は冬だが種類によってズレがある。30㎝を超えれば記録サイズ。

基本的に障害物（ストラクチャー）に着きやすい魚なので、港湾部では防波堤の際や沈みケーソンの上や切れ目、スロープ周り、繋留船の周囲などがポイント。さらに、潮の動きが良ければ文句なし。

カサゴ

有効なルアー

ボトムでルアーを上下させて誘う釣り方が有効なので、主にワームの釣りになる。ワームはあまり大型のものは好まず、メバル用の2インチ程度のものがベスト。カーリーテール、シャッド、ストレートなどテール形状を変えてやると釣れ続くことがある。

ワンポイントアドバイス

日中でも釣れないことはないが、夜行性が強く、専門に狙うならば夜釣りが良い。日中の釣りでは消波ブロックの穴や、磯の穴など、光が届かない場所を攻めればよい。

標準タックル

・ロッド=7フィート前後のルアーロッド
・リール=1500 ～ 2000番
・ライン=6 ～ 8LB (ナイロン、フロロカーボン) 0.6 ～ 0.8号(PEライン)

カサゴはこんな魚

根魚（ロックフィッシュ）の代表格。北海道南部から日本全域に生息するとされるが、狙って普通に釣れるのは関東以南。東北、北海道は釣れれば大型が多いが、それほど数は釣れない。沿岸の岩礁域に生息し、消波ブロックの穴などにもよく潜んでいる。底層に張り付いていることが多く、メバルのように浮かんでいるということは少ない。メバルと同じ卵胎生で、初冬から冬にかけてが産仔の時期。食べて美味しい高級魚としてあまりにも有名。

根や障害物にべったりと寄り添って活動する傾向が強いので、狙いは捨て石や消波ブロックの周りなどであり、砂地底のポイントでは確率が低い。磯では沈み根の窪みに入っていることが多く、ゴロタ浜では大きな石が多いほど有望。

アイナメ

ワンポイントアドバイス

日中よりも夜が狙い目。抱卵期の大型は1kgを超えるサイズも少なくなく、抜き上げが難しい。テトラ帯など足場の悪い釣り場ではタモを準備したほうが良い。

有効なルアー

水深のあるポイントでは3～4インチクラスのワームや、10g以下の小型メタルジグが有効。ゴロタ場や浅い磯ではシンキングミノーバイブレーション、スプーンで攻める。獰猛な性格なので、ルアーサイズはかなり大きくても大丈夫。船釣りでは200g以上のメタルジグでも平気で食い付いてくる。

標準タックル

・ロッド＝8～9フィートのシーバスロッド
・リール＝2500～3000番
・ライン＝6～10LB（ナイロン、フロロカーボン）0.8～1号(PEライン)

アイナメはこんな魚

日本各地に生息するが、黒潮が影響する海域には少なく、北ほど大型が多い。良く似た種類にホッケ、クジメなどがあり、尾鰭の形状で見分けがつく。アイナメの尾鰭後縁は直線的で、ホッケはV字に切れ込んでいる。クジメは丸みを帯びている。ホッケは北ほど多く、クジメは黒潮海域や日本海沿岸の南部ほど多い。産卵期は地域によって異なるが、10～1月。縄張り意識が強く、侵入者に対して威嚇をする。

水深に関係なく身を隠せる障害物があることが第一条件だが、エサを探している時は堤防際の水面直下まで浮き上がるほど大胆な行動をする。磯ではスリット状に溝になった部分を探せばヒット率は高まる。基本はデイゲームだが、夜釣りで釣れるものは大型が多い。

クロソイ

有効なルアー

メインは3～4インチクラスのワームで、メバルほど小型のワームを使う必要はない。ジグヘッドの他、根掛かりが多い場所ではキャロライナリグやテキサスリグを使う。ハードルアーはスローリトリーブが基本なので、60～70mm程度のシンキングペンシルやシンキングミノーが有利。

ワンポイントアドバイス

基本はボトム狙いだが、夜は上層に浮いている場合も多く、メバルの外道として良く釣れる。水深2m程度のポイントならば、トップウォーターでも狙える。

標準タックル

・ロッド=7～8フィートのルアーロッド
・リール=2000～2500番
・ライン=6～8LB（ナイロン、フロロカーボン）0.8～1号(PEライン)

クロソイはこんな魚

本州全域と北海道の沿岸に生息。寒流色が濃く、北の寒い地方ほど大型が釣れる。北海道では陸からの釣りでも40～50cmの大型が狙える。最大は60cm以上。水深50cmほどの浅場から、水深100m以上まで生息し、船釣りの対象でもある。昼夜問わず釣れるが夜行性が強く、夜釣りのほうが釣りやすい。近年は養殖技術の確立により、養殖も盛んに行われるようになった。関東では高級魚として扱われ、鍋は最高に旨い。

日中は根が荒い場所や消波ブロックの穴狙いが有効。夜になると回遊を始めるので、ケーソンの切れ目や捨て石周り、テトラ帯、小魚が集まる常夜灯の付近などが好ポイントになる。夜釣りでは日中ほど底を意識する必要はないが、深いポイントでは中層までしっかりと探ること。

ムラソイ

有効なルアー

ボトムに張り付いて捕食する傾向が強く、また、捕食スピードもそれほど速くないので、ワームを使ってボトム付近をジックリと攻める釣り方が良い。ワームのサイズは大きなものよりも、メバルで使用する2インチクラスか、大きくても3インチクラスがベスト。

ワンポイントアドバイス

日中よりも夜が狙い目。抱卵期の大型は1kgを超えるサイズも少なくなく、抜き上げが難しい。テトラ帯など足場の悪い釣り場ではタモを準備したほうが良い。

標準タックル

・ロッド＝8フィート前後のルアーロッド
・リール＝2000～2500番
・ライン＝8～10LB（ナイロン、フロロカーボン）0.8～1号(PEライン)

ムラソイはこんな魚

生息域は千葉県以南とされるが、東北各地や北海道南部でも普通に釣れる。特に近年は東北地方の魚影が増加している。キツネメバルのようなズングリとした体型をしていて、同じサイズならキツネメバルやクロソイよりも引きが強い。岩礁地帯を好み、メバル同様に成長が遅い魚で、大きくてもせいぜい35㎝止まり。他のカサゴ科同様雑食性が強く小魚やカニ、貝類を主食とする。水深1～2ｍの浅場にも生息し、逆に船釣りではあまりお目にかからない。

クロソイが釣れるポイントならば釣れる可能性は高い。潮の動きに敏感で、潮通しの良い堤防の先端付近や角などで良く釣れる。ゴロタ場などの根の荒いポイントにも多く、産卵期の初冬～冬にかけては藻の際が狙い目になることもある。

アジ

ワンポイントアドバイス

日中でも良いが、アジは夕方から夜にかけて活発に動く。サイズも数も夜釣りのほうが有利なので、大型を狙いたければ夜釣りがおすすめ。

有効なルアー

中～小型はメバル用の2インチクラスのワームで釣れるが、食いが悪い時は千切って更に小さくすると食いが良くなる。ジグヘッドは1.5g前後の軽量のものが良く、スローで引くのが基本。大型になるとスプーンやプラグ類でも釣れる。スプーンは5g前後、プラグは50mmくらいが良い。

標準タックル

・ロッド=7～8フィートのアジングロッド
・リール=1500～2000番
・ライン=3～4LB（ナイロン、フロロカーボン）
0.4～0.6号(PEライン)

アジはこんな魚

イワシやサンマと並んで日本人の食卓ではお馴染みの魚。正式名はマアジで開き干しにしたものが有名。マアジとマルアジは良く似ていて区別が付きにくいが、マルアジは全体的に丸みを帯びている。日本の沿岸ほぼ全域で見られ、沖合では中層から上層を群れで移動する。内湾にも入り込み、小型ほど上層に浮遊する傾向が強い。肉食性なので、大型になるとプラグ類やスプーンにもよく反応する。

大型ほど底近くを回遊しているので、堤防からの釣りではボトム付近を攻める。また、防波堤周りでも潮通しの良い場所のほうが大型が多い。磯やサーフは大型が回遊する。数は出ないが、30㎝クラスも良く釣れる。スプーンや小型メタルジグを使ったスローリトリーブが有効。

サバ

有効なルアー

基本的にナブラ狙いになるので、ナブラまで届くことが大切。よって、メタルジグの使用頻度が高い。40㎝クラスの大型ならば50g以上のメタルジグでも良いが、30㎝前後の中型ならば20～30gがベスト。ミノープラグでも良いが、高速で巻いても泳ぎが安定しているもので80～90mmを選ぶこと。

ワンポイントアドバイス

サバ類の多くはフォールに反応しやすい。メタルジグを高速で巻いてストップさせ、数秒フォールさせるという攻め方が有効。シャクリ過ぎは逆効果。

標準タックル

・ロッド＝8～9.5フィート前後のルアーロッド
・リール＝2500～3000番
・ライン＝6～12LB（ナイロン、フロロカーボン）0.8～1号(PEライン)

サバはこんな魚

日本列島近海のほぼ全域を広い範囲で回遊する。潮が速い海域ほど身が締まり、豊予海峡で獲れる「関サバ」はブランドものとして有名。釣りの対象となるのはマサバとゴマサバで、ゴマサバは体側下部に小さな黒色斑があり、尾鰭が黒い（マサバは黄色い）ことで見分けがつく。小魚を追って表層を泳ぐことが多く、動物プランクトンや小型魚類、甲殻類、軟体動物などを捕食する動物食性。春先も大型が釣れるが、脂が乗って美味しいのは秋口以降。

イワシやアジなどを追って回遊する魚なので、必然的に小魚の多いポイントが有効。防波堤では潮通しの良いところ、サーフでは潮目の周辺がベストだが、海鳥の動きにも注意したい。上空で鳥が旋回しているようであれば、やがてナブラが涌く。

イナダ

有効なルアー

高速でリトリーブする必要があるので、メタルジグを使った釣りが一般的だが、ミノーやワームでも釣れる。また、大型に狙いを絞るならばトップウォータープラグが有利。低活性の時は、スローリトリーブのほうが反応が良い場合もある。

ワンポイントアドバイス

小魚が多いと
ナブラが立つので、
ナブラの真ん中ではなくて
端のほうから攻める
ようにしたほうが
数が釣れる。

標準タックル

・ロッド=9 ～ 10フィートのルアーロッド
・リール=2500 ～ 3000番
・ライン=8 ～ 12LB (ナイロン、フロロカーボン)
1 ～ 1.5号(PEライン)

イナダはこんな魚

琉球列島を除く日本各地で釣れる。ワカシ→イナダ→ワラサ→ブリと名前を変える出世魚で、青物を代表するターゲット。関西では養殖されたワラササイズをハマチと言う地区もある。陸から釣れるサイズはワラササイズまでが多く、ブリサイズが釣れる地域は少ない。ブリは地域によってサイズがまちまちだが、80cm以上8kg以上をブリと呼ぶ地区が多い。肉食性で、幼魚の時はプランクトン食性だが、成長するにつれて魚食性になる。甲殻類やイワシ類から大型の魚まで幅広く捕食する。

小魚を追って回遊するので、潮の通りが良い堤防先端や地形的に突出した磯が主なポイント。イナダサイズはサーフでも良く釣れる。水深のあるポイントではナブラが無くても回遊が見られる。

サワラ

有効なルアー

小型ルアーを使うと飲み込まれてしまう確率が高いので、シルエットが大きめのルアーが良い。メタルジグは30～40gが中心だが、ロングボディのものがおすすめ。ミノープラグを使う場合は120mm以上で堅牢な作りのものが良い。メタルジグにブレードをプラスするとルアーを飲み込まれずに済む。

ワンポイントアドバイス

ルアーを丸飲みされると確実にラインブレークする。リーダーをワイヤーにする方法もあるが、食いが悪くなるので、ブレードを組み合わせたコンビネーションルアーにするなど飲みこまれない工夫が必要。

標準タックル

・ロッド＝9～10フィートのルアーロッド
・リール＝2500～3000番
・ライン＝8～12LB（ナイロン、フロロカーボン）
1～1.5号(PEライン)

サワラはこんな魚

南日本、西日本に多い魚だが、近年は北海道南部までの日本全域に分布する。サバの体色に良く似た小型のものをサゴシ、60㎝以上のものをサワラと呼ぶ地区が多く、最大は1mに達する。西京焼き、西京漬けは有名な調理方法で、旬は春とされるが、地区によっては初冬のほうが珍重される。食性はいたって獰猛で、小魚類を中心に甲殻類、軟体動物など手当たり次第に捕食する。特徴的なのは大きな口と鋭い歯で、ルアーを丸飲みされると何の抵抗もなくラインが切れてしまう。

潮通しの良い港湾部や磯、サーフで釣れる。表層付近で小魚を追う習性があるが、水深20m程度の釣り場であれば、水面からボトム付近までのすべてのレンジを探ったほうが良い。

ヒラメ

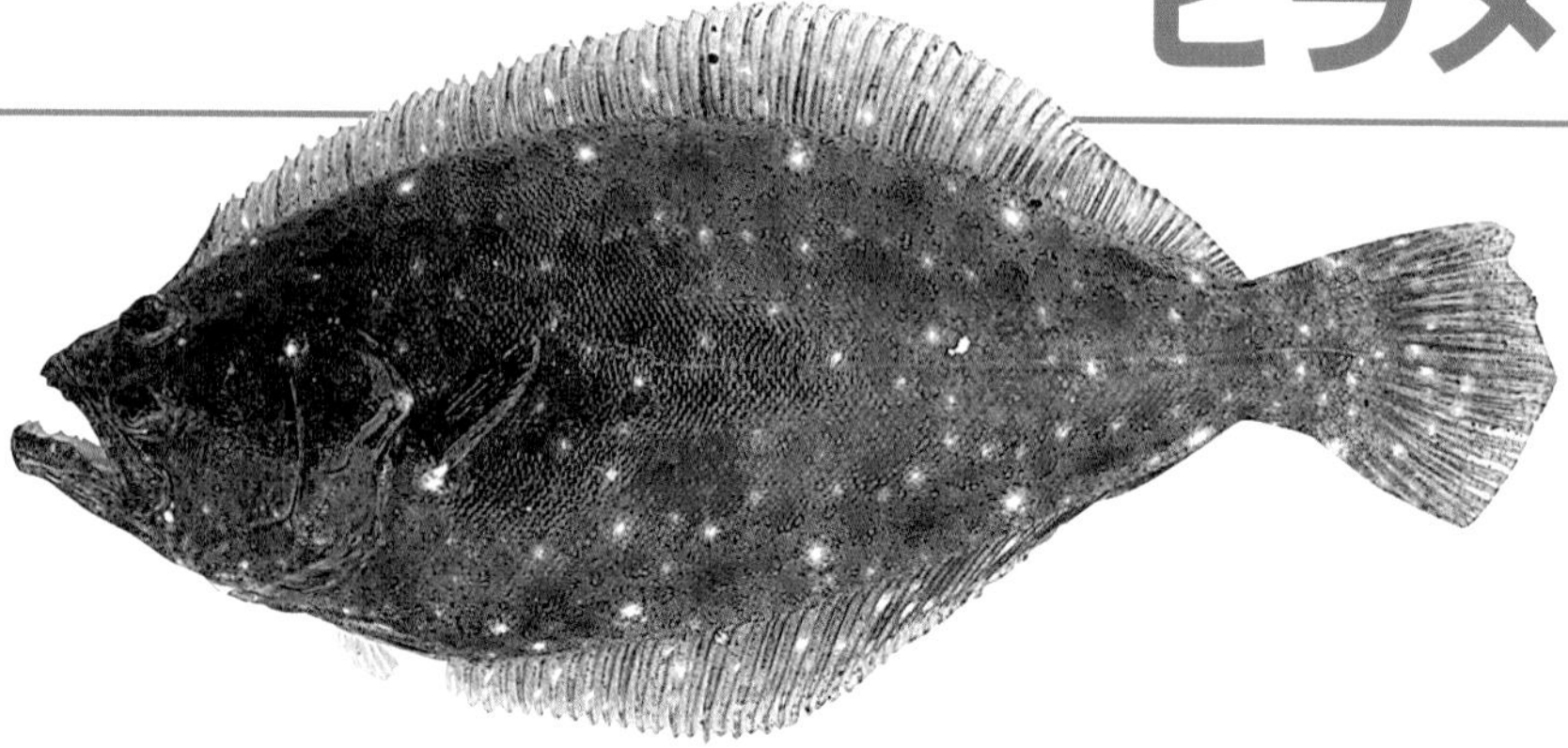

有効なルアー

ヒラメは効率良くエサを捕食しようとする傾向が強いためか、大型のルアーのほうが反応が良い。メタルジグやミノープラグが主流だが、活性が低い時はスプーンや大型ワームが有効になる。ミノーは120～150mm、ワームは4～6インチ。ワーム用のジグヘッドは20～30gの専用のもので遠投して探る。

ワンポイントアドバイス

メタルジグを使用する時は、高速で巻き上げてからフォールさせる方法が有効。リトリーブ中のヒットよりも、フォールで食ってくるケースが多いので、「リトリーブで誘って、フォールで食わせる」というイメージが大切。

標準タックル

・ロッド=8～10フィートのシーバスロッド
・リール=2500～3000番
・ライン=8～12LB（ナイロン、フロロカーボン）0.8～1号(PEライン)

ヒラメはこんな魚

本州、北海道のほぼ全域に生息し、日本人には古くから馴染みのある高級魚。カレイに似ているが背鰭を上にして目が左側にあるのがヒラメ、右にあるのがカレイである。口が大きく鋭い歯を持つ。ルアーフィッシングの対象としては、スズキと並んで人気が高く、ボートからは1m、陸からの釣りでも80㎝が狙える。九州では12～4月頃、東北では5～6月が産卵期で、数釣りの季節。しかし、食べて美味しいのは秋以降で、水温が低くなるほど脂が乗る。

サーフが主なポイントだが、堤防や磯でも釣れる。完全な砂地では小型が多いが、根が点在していれば大型が釣れる可能性が高い。かつては真水を嫌うとされていたが、近年は河口域でのヒラメ釣りも盛んに行われている。

マゴチ

有効なルアー

様々なルアーで釣れるが、一番手軽で簡単なのがワームを使ったジグヘッドリグ。ワームはカーリーテール、シャッドテールの他、クロー系でも良い。ジグヘッドは釣り場に合わせて重さを決め、無理に軽量を使う必要はない。基本メソッドはリフト&フォール。ハードルアーは、フローティングミノーやバイブレーション、メタルジグなどを主体に使う。

ワンポイントアドバイス

派手好きな魚で、ブレードに対しての反応がすこぶる良い。バスフィッシングで使うスピナーベイトに、ワームをトレーラーとしてセットしたものが良く釣れる。メタルジグもスピナーブレードを付ければ格段にヒット率がアップ。

標準タックル

- ロッド＝8フィート前後のルアーロッド
- リール＝2000 ～ 2500番
- ライン＝6 ～ 10LB（ナイロン、フロロカーボン）0.8 ～ 1号(PEライン)

マゴチはこんな魚

ヒラメとともに、ルアーフィッシングでは「フラットフィッシュ（FLAT FISH）」に分類される底棲魚。生息域は関東以南、南日本とされるが、むしろ関東以北のほうが魚影が濃いかもしれない。特に、岩手、宮城の沿岸は、国内屈指のマゴチ生息域として知られる。水深20～30m付近が狙いやすいが、50m以上でも釣れることがある。小型魚類、甲殻類、頭足類の他、軟体動物まで何でも捕食対象にする。真夏が産卵期で、その前後がハイシーズン。

ヒラメの生息場所と良く似ているが、ヒラメほど岩礁を好まない。よって、完全な砂地底でも釣れるし、砂泥底にも生息するが、小石混じりの海底に一番多い。港湾部、サーフ、ゴロタ浜が主なポイントだが、河口域や汽水域にも多い。

マダイ

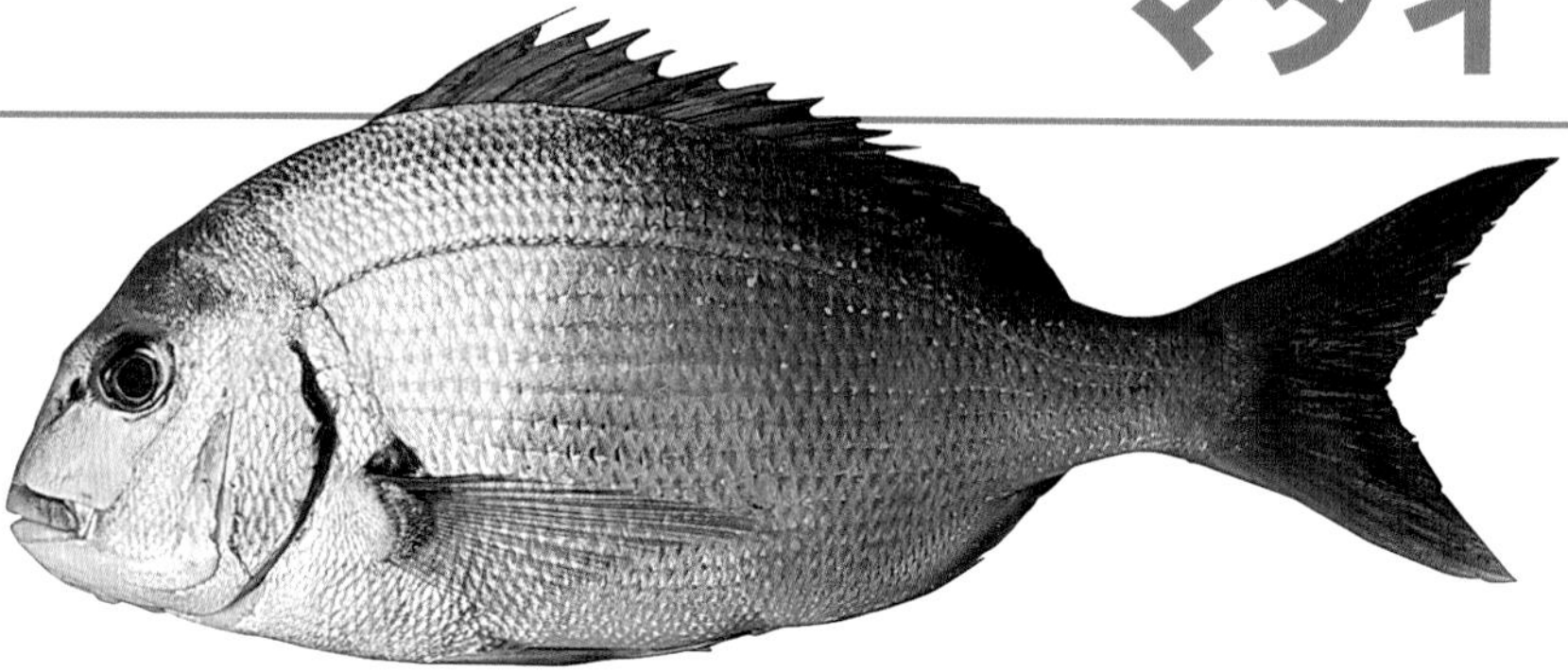

有効なルアー

目の前を通過すれば、どんなルアーでも食い付く。ショア、オフショアを問わず、一番多く使われるのはメタルジグ。100g以上の大きさでも問題ないが、30～80gが平均。陸からの釣りならば30～40gで良い。水深10m程度のポイントではメタルジグの他にワーム、スプーン、ジグミノー、バイブレーションが有効。また水深5m程度のポイントではミノーへの反応が良い。

ワンポイントアドバイス

ルアーに対する反応は極めて良いので、魚が居さえすればヒット率は高い。よって、マダイが寄ってきやすい場所をみつけるのが先決。陸からの釣りでは80cmを超えると取り込みが難しい。

標準タックル

・ロッド=9～11フィートのルアーロッド
・リール=2500～3000番
・ライン=8～14LB（ナイロン、フロロカーボン）
1～1.5号(PEライン)

マダイはこんな魚

いわずと知れた高級魚で日本では祝いの席に欠かせない魚。生息域は北海道南から南の海域だが、実際に狙って釣れるのは津軽海峡以南。水深1m程度の浅瀬から水深100mほどまでテリトリーは広く、夜と昼で沖と陸を行き来する習性がある。雑食性で警戒心は薄く、甲殻類、多毛類、軟体動物、小魚など何でも口にするため、ルアーでも釣りやすい。良く似た種類のチダイは、マダイほど大きくならず、尾鰭の後縁が黒くないことで見分けがつく。最大は1mを超えるが、90cmまでがほとんど。

深場で釣れるイメージが強いが、水深1m程度でもエサさえ居れば回遊する。磯がメインだが、磯に隣接した防波堤や河口域も有望なポイント。根があればサーフでも良い。

アオリイカ

有効なルアー

時期と釣れるサイズに合わせて、エギの2.5～4号を使い分ける。コロッケサイズなら2.5～3号、トンカツサイズ以上は3～4号でいいだろう。エギの基本カラーはピンク、オレンジ、グリーン、茶色の4色で、天気が悪い時や濁り気味の時は地味な色のほうが良い。余裕があれば、下地の色が違うものも揃えておけばベスト。

ワンポイントアドバイス

全国的に人気のターゲットで、どこに出かけても釣り人が多い。手軽に入れるポイントは、釣りきられていることが多いので、ウェーダーを履いて少し立ち込むなどの工夫をすれば入れ食いになることもある。

標準タックル

- ロッド＝7～9フィートのエギングロッド
- リール＝2500～3000番
- ライン＝0.8～1.2号(PEライン)

アオリイカはこんなイカ

北海道の石狩湾以南に生息するが、狙ってれるのは北海道道南の福島町付近から南の海域。胴長40～50㎝、重さ4～5㎏に成長するが、2㎏を超えればかなり大型。普通に釣れるサイズは1㎏前後が多い。胴は丸みを帯びて幅広、縁に沿って半円形の大きな外套（ヒレ）がある。外見はコウイカと良く似ているが、コウイカよりも上層でエサを追い、回遊性も強い。身は厚く、モチモチとした食感。甘みが強いが、ヤリイカほどではない。地域によって数ヶ月のズレがあるが、親イカは春先から初夏にかけて接岸し産卵する。近年は日中の釣りがメインだが、夜釣りのほうか釣りやすい。

堤防、磯、ゴロタ浜、サーフなど、障害物があればほとんどのロケーションで釣れる。

COLUMN04
GEAR

最低限必要な装備とは

無難な定番ルアーを揃えよう

　タックルとルアー、そしてライフジャケットがあれば、とりあえず楽しめるのがルアーフィッシング。大切なのは「どの部分にどれだけの予算を振り分けるか」なのである。

　ルアーフィッシングを楽しむ上で最低限必要なのは、ロッドとリール、ラインとルアー、そしてライフジャケットである。多くの場合、カタログを見たり、ショップで現物を手にしたりして選択することになるが、あまりの種類の多さに戸惑ってしまうかもしれない。

　装備を揃える上で、最初にやるべきことは、自分が「どこで何を釣りたいのか」をはっきりさせることだ。釣り場の環境と対象魚が決まれば、揃えるべきタックルは絞られ、あとは予算に合わせて選択するだけである。

　初心者の多くは、とりあえず安価なタックルで……と思うだろう。年に数回しか釣りに行かないというのであれば、その選択肢も間違いではないが、本格的にルアーフィッシングに挑もうというのであれば、多少予算オーバーでも「長く使える」メーカー製のタックルを揃えておきたい。具体的には、リールは実売価格で6千～1万円、ロッドは1～1万5千円くらいのものがおすすめだ。この価格帯はコストパフォーマンスが高く、中級者の使用にも充分に応える性能が魅力。後々上級者向けのタックルを購入した時にも、予備タックルとして活躍してくれる。

　タックルの次はルアーを揃えよう。ルアーは1個や2個では足りないので、カラー、サイズ、タイプ別に最低でも5～10個は揃えておきたい。星の数ほどあるルアーだが、対象魚によって揃えるべきタイプが異なるので、ショップの店員さんやベテランアングラーに教えてもらい、定番ルアーを揃えておけば安心である。

古いライフジャケットは危険

　最低限のルールとして着用しなければならないのがライフジャケット。ベストタイプや、腰に巻くベルト状の膨張式などがあるが、いずれの場合も古いものは浮力が低下しているのでできるだけ新しいものを使うように心掛けたい。

第6章 テクニックと同じくらい大切な心構え

ルアーフィッシングを100％楽しむテクニック

地元の釣り仲間同士のつながりや釣りの相棒であるタックルを大切にする。そんな当たり前のことが、実はルアーフィッシング上達の近道。経験値を上げるためにはルアーのタイプやカラーにもこだわりたい。ここではより深く、長くルアーフィッシングを楽しむためのコツを解説する。

釣果にこだわらないことも必要

勝てない相手に挑むドンキホーテでいい

どんなテクニックを身につけても、永遠に自然に勝つことはできない。技術的なことも大切だが、ルアーフィッシングを100％楽しむためには釣果にこだわらないこともまた必要なのかもしれない。

トータル的なテクニックとは

ここまで本書を読み進めてきた貴方が、この先本格的なルアーフィッシングに取り組んでゆく過程でもうひとつ必要なものがある。それは、トータル的なテクニックを身につけることだ。タックル類の扱いや手入れはもちろんのこと、どんな場面でどんな色のどんなカラーのルアーが有効なのか？そして、どんなアクションを与えれば良いのか？その組み合わせは無限であり、そんな中から目的のターゲットと自分のスタイルに合わせたテクニックを身につけてゆかなければならない。それは困難な道程であり、時にはくじけそうになるかもしれないが、フィールドに立つたびに少しでも得るものがあれば良い。そして、自分の成長を感じ取ることがルアーフィッシングの楽しさでもあるのだ。

テクニックがすべてではない

自然の力は偉大であり、我々ちっぽけな人間が太刀打ちできるような相手ではない。どんなに腕を磨いても、釣れない時は釣れない。

それはまるでけっして勝てない相手に真剣に挑むドンキホーテのようなものだが、それこそがルアーフィッシングを100%楽しむ上で欠かせない夢と希望、そして少年の心なのかもしれない。

難しいからこそ挑み甲斐がある。釣れない期間やなぜ釣れないのか考える時間が長ければ長いほど釣れた時の嬉しさもまた大きい。技術的な知識も確かに大切。

しかし、テクニックや目先の釣果にばかりとらわれることなく、そんなメンタルな部分をも楽しむことができるアングラーになりたいものである。

ローカルパターンは存在する

ルアーフィッシングを始めて少し時間が経過した頃、誰もがちょっとした疑問を感じはじめる時期がある。それは、雑誌やネット上のブログなどで綴られている内容に対する疑問。同じ魚を狙っているのに、釣り方もルアーも魚の行動も微妙に違う……と感じはじめるだろう。だが、それはけっして雑誌の編集者や無料で情報を提供してくれるブロガーが間違っているわけではない。何故なら、同じ魚を狙ったとしても、その地域の環境によって有効なルアーや釣り方などが異なるからだ。

その違いが生ずるもっとも大きな原因が「魚影の濃さ」。魚がたくさん居る地区と、そうでない地区では、釣り方が変わって当然であり、地区別に有効な手段というものが編み出されてゆくものなのである。

地元のつながりを大切に

それらの情報が活かされるのは今すぐではないかもしれない。が、やがて貴方がルアーフィッシングを深く掘り下げてゆく過程で、引き出しに仕舞い込んでいたそんな情報が役立つ時が必ず訪れる。無駄に思える情報も、けっして無駄ではないのがルアーフィッシングの世界であり、大小にかかわらず、少しでも多くの引き出しを持つことが大切なのだ。

地域性のある釣りだからこそ、一番の先生になってくれるのは地元のアングラーである。

テクニックも必要だがそれよりも大切なのはその地域の情報だ。常に万全な態勢で望むためには、フィールドで自ら進んで声を掛け、より多くの釣り仲間を作ることで、最新の情報を手に入れることが必要不可欠なのだ。

一人の人間には限界がある。釣り場で深める絆こそが、上達のためには必要不可欠なのだ。

上達への最短距離とは?

そんな中で「師匠」と呼べる人に出会えるかもしれない。

年齢など関係ない。自分が目指すスタイルと同じ方向性にある先輩こそが師匠としてベストな人材であり、師匠を得て同行を続けることでスキルは目に見えて向上してゆくだろう。そういう意味では師匠、あるいは同行して技術やポイントの見極め方を教えてくれる人の存在はとても重要だ。

わからないことは恥ずかしがらずに聞く。教えて貰ったことに対しては素直に従い、なによりも周囲に感謝する。それが上達への最短距離なのである。

ルアータイプとカラー、そして潜行深度とスイミングアクションがマッチした時、はじめて結果が出せる。

想定外の大物と対峙することになることもある海のルアーフィッシング。次項ではチャンスを逃さないための道具の手入れ、タックルメンテナンスの基本について紹介する。

タックルの手入れで釣果はかわる

●ロッドのお手入れ

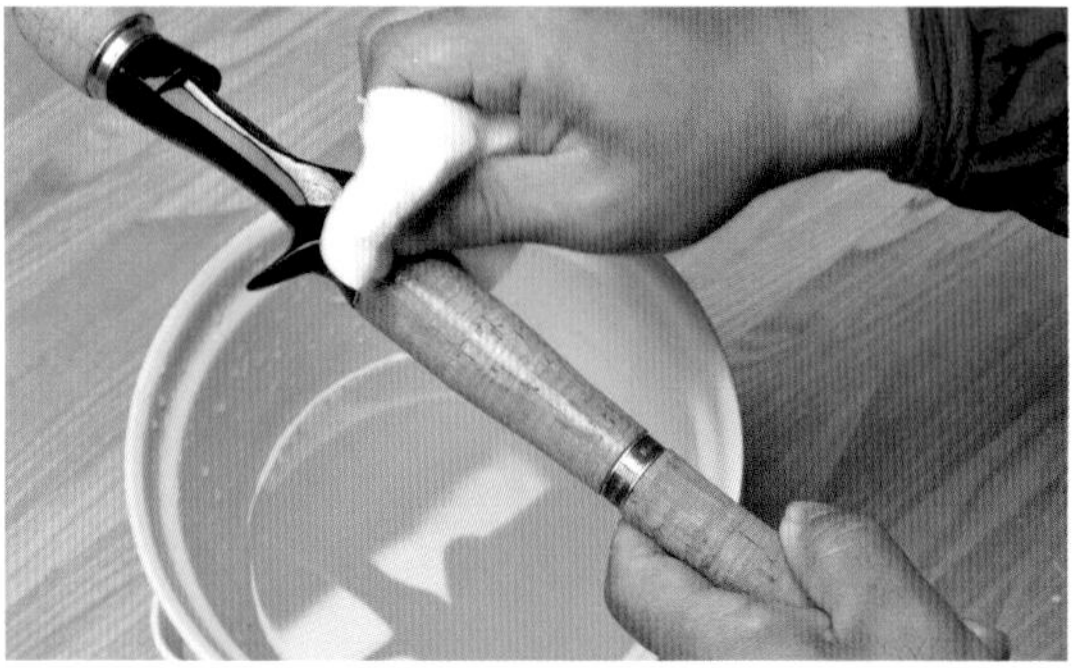

ロッドは汚れたまま使用し続けると、ガイドフレームに錆びが出たり、ブランクス表面の撥水性が落ちてくる。突然ガイドフレームが折れたり、キャスト時にラインがまとわりついて飛距離が伸びないなど、様々なトラブルの原因になる。また、気をつけていてもどんどん汚れてくるのがグリップ部分。汚れが酷くなると、雨降りなどには滑って扱いにくくなる。使用後は水分を拭き取っておこう。

海での使用後はかならず水洗いして、水分をよく拭き取り陰干ししておこう。

●フックの交換

ハリ先を触ってみて「まだ大丈夫」と安直に考えていると間違いなく痛い目に遭う。まだまだ使えそうに見えてもフックのポイントは確実に甘くなっているのだ。最近のフックは研ぎが利かないものが多いので、2～3度使ったら交換したほうが良い。特に、ゴロタ浜など、石の上をフックが擦りやすいロケーションでは、その日1日でダメになってしまうこともある。

●ガイド清掃

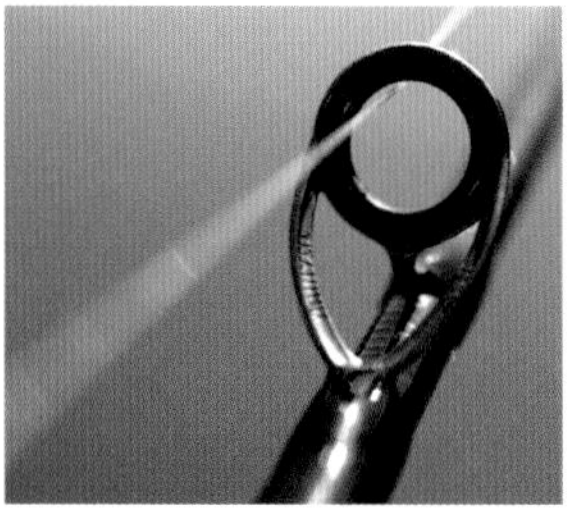

ガイドリングの汚れは飛距離の低下とライン劣化の原因となる。しかも、見た目に分かり難い。綿棒を使って、1個ずつしっかりと汚れを取ることで、抜けるような気持ちの良いキャスティングが可能となる。ガイドの欠けはすぐに修理しよう。

テクニックの前の大前提

釣りに限らずどんな遊びにも共通したことだが、道具の手入れが行き届いていなければ、上達などけっしてあり得ない。

釣りの中でもデリケートな部類に入るルアーフィッシング、とくに塩分を含んだ海水での釣りとなる海ではなおさらのことだ。ラインやフックなどの消耗品は劣化するし、使ったままの状態で放置されたタックルは、錆びや塩ガミなどによって寿命が短くなるばかりでなく、トラブルの原因となり千載一遇のチャンスを逃しかねない。一方で最新のタックルは作りがしっかりしているため、使用するごとに適切な手入れを施せばかなり長く使える。

ベストな状態でターゲットに挑むためには、常日頃のメンテナンスは欠かせないのである。

●リールのお手入れ

リールの大敵は「塩分」である。特に、ラインローラー部分の錆び付きによる固着はライントラブルの原因になるだけでなく、新品ラインを1回の釣行でダメにしてしまう。また、スプールに巻かれた状態のラインを使用後にそのまま放置すると、吸水や塩の粒子による劣化が急激に進むことになる。リールもラインも長く使うためには、放置したままは絶対にNGなのだ。

塩分を放っておくと、写真のような結果になってしまう。水洗いは必須だ。

●水洗い

ロッドもリールもラインも、釣りから帰ったら最初にやるべきことが水洗い。特にサーフで釣りをした後は、細かい目に見えない砂が付着しているので、しっかりと水洗いする必要がある。ただし、リール自体は水に浸さず、表面をシャワーなどでサッと流す程度でOK。

●ラインのお手入れ

少しでも劣化を防ぐために使用後の塩抜きは必須。キズがあったらためらわずカットだ。

ラインは消耗品だが、手入れをすることによって長く使うことは可能だ。特に劣化の進みにくいフロロカーボンは「塩抜き」さえしておけば、かなり保ちが良い。使用後はしっかりと「水洗い」をして、直射日光が当たらないところで陰干しをしよう。使用したあとのラインは先端から数メートルほどは細かい傷などがあるもの。もったいないとためらわずにカットして捨てること。

●ルアーのお手入れ

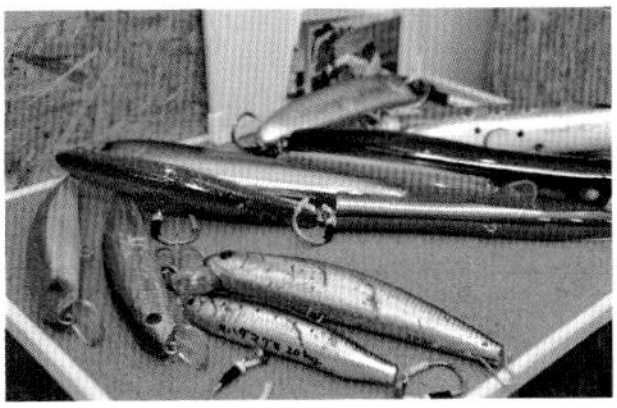

錆びたスプリットリングは新品に交換する。放置するとフックアイやフックまで錆びてしまう。

使用する間に発生する塗装の剥がれを補修するためには特別な知識と技術が必要になるが、手入れをすることで購入時と同じ性能を維持することは誰にでもできる。たとえばルアーの泳ぎに影響しやすいフックアイの変形や錆びは自分で簡単に直せる。また、錆びたスプリットリングは、フックにまで錆びをもたらすし、強度的にも問題があるのですぐに交換したほうが良い。

●先端のカット

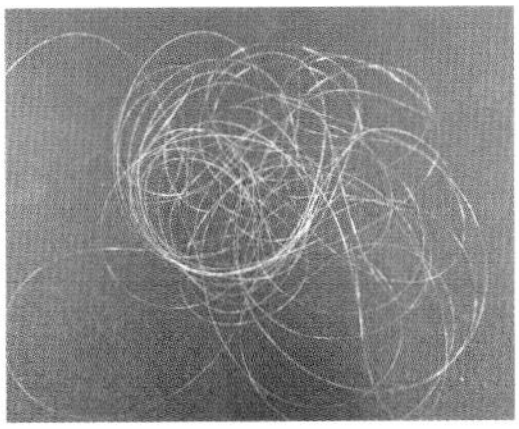

ラインは先端ほど痛みが激しく、伸びていることも多い。釣り場から戻ったら、ライン先端を最低でも3～5m、傷などが確認できたら、長めに10mほどカットしよう。伸びたり傷が入ったラインは、簡単にブレイクする。

●フック交換＆フックアイの補正

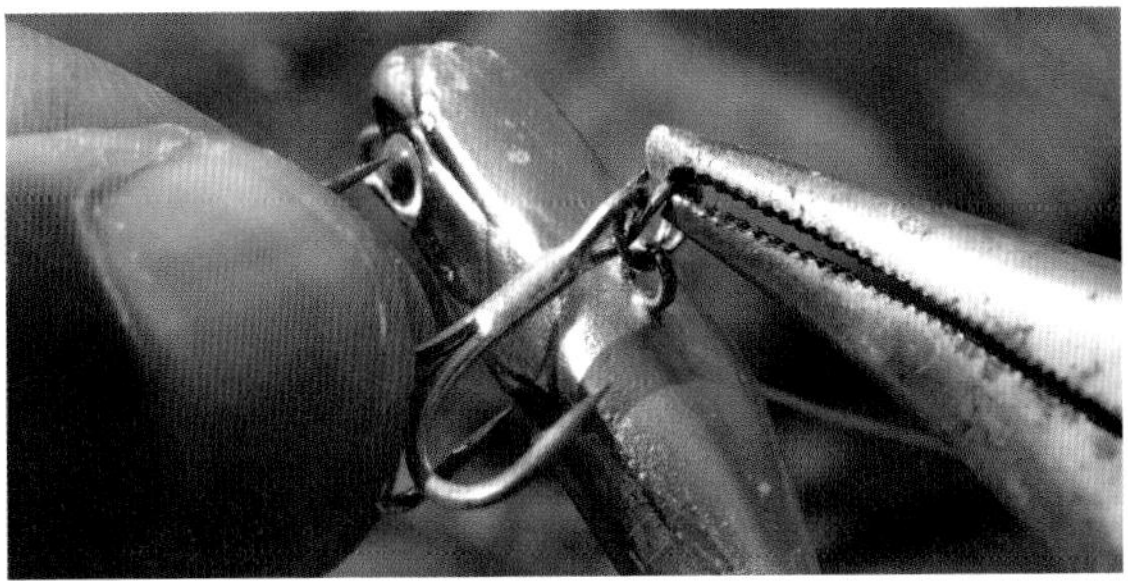

根掛かりしたり、ストラクチャーにぶつけたりしたらその都度フックやリング、アイはチェック。フックは針先がなまっていたり、錆びていたら、リングは変形していたら交換する。アイが曲がったら補正する。ペンチやアイチューナーが便利だ。

キャスティングとルアーアクション

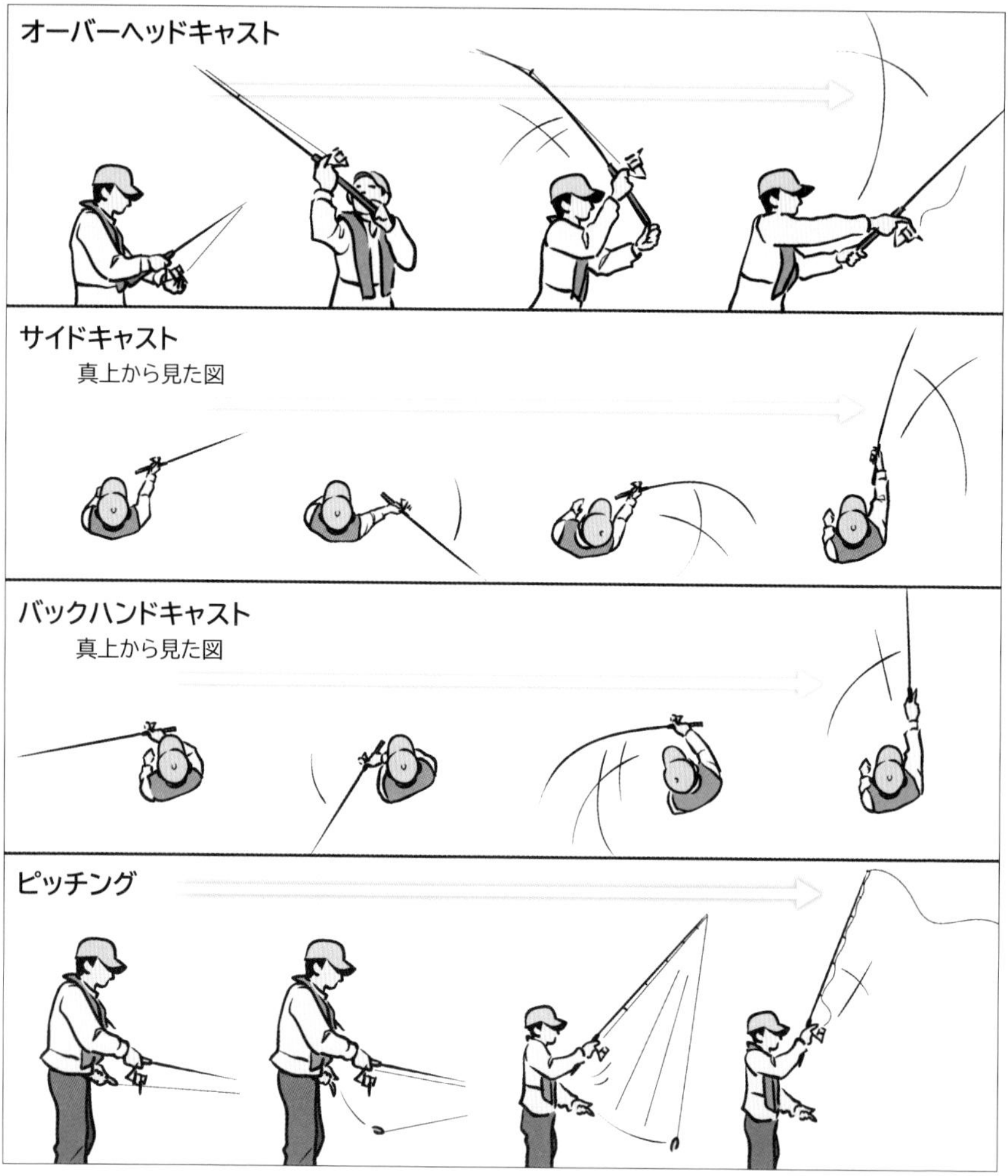

●サイドキャスト

実際の釣りの現場では、頭上に障害物があったり、後方に壁があったりする場合もある。そんな場合はロッドを真横にした状態から振り切るサイドキャストを使う。慣れないと方向が定まらなかったり、飛距離が出なかったりするので、練習が必要。ちなみにオーバーヘッドとサイドキャストの中間角度でのキャストはスリークォーターキャストという。

●オーバーヘッドキャスト

ルアーの軌道が頭上を通るキャスト方法で、キャスティングの中ではオーソドックスなスタイルで基本中の基本。周囲に障害物が無い場合、またできるだけ遠くに飛ばしたい時には、このキャスティングでOK。大切なのは、目標に対して真正面に向くことと、ロッドをできるだけ真上から振り切ること。ただし、ラインの垂らしが長すぎると、ルアーで自分を釣ってしまうので注意。

●スラロームアクション

主にリップを持たないペンシル系プラグに見られるルアーアクションで、シンキングペンシルの多くがこのアクションで設計されている。ルアー自体はそれほど大きな動きをしないが、リトリーブ時に左右に大きく蛇行し、軌跡がローマ字のSの連続になる。その動きがスキーのスラロームと似ていることからこう呼ばれるが、「S字蛇行」も同じ意味で使用される。

●バイブレード

主にバイブレーションルアーの動きを言い、小刻みにブルブルと震えながら振動を発するルアーアクションのこと。水流の抵抗が大きいほど激しく振動するので、高速リトリーブ時や流れの中を通した時ほどアクションは大きく激しくなる。しかし、アクションが大きい分、泳ぎが破綻しやすい欠点もあるので、常にロッドにルアーの動きを感じながら操作する必要がある。

●ウォブンロールアクション

ウォブリングアクションとローリングアクションを合わせたルアーアクション。上から見ても正面から見ても左右に振れる動きで、アピール性は極めて高い。水流の抵抗が大きいので、流れの速い環境では泳ぎが破綻しやすく、また、使い続けると魚のスレが早い傾向がある。トゥイッチングなどのロッドアクションを駆使したり、流れの緩やかな環境でスロー気味のリトリーブで攻めたい時に威力を発揮する。

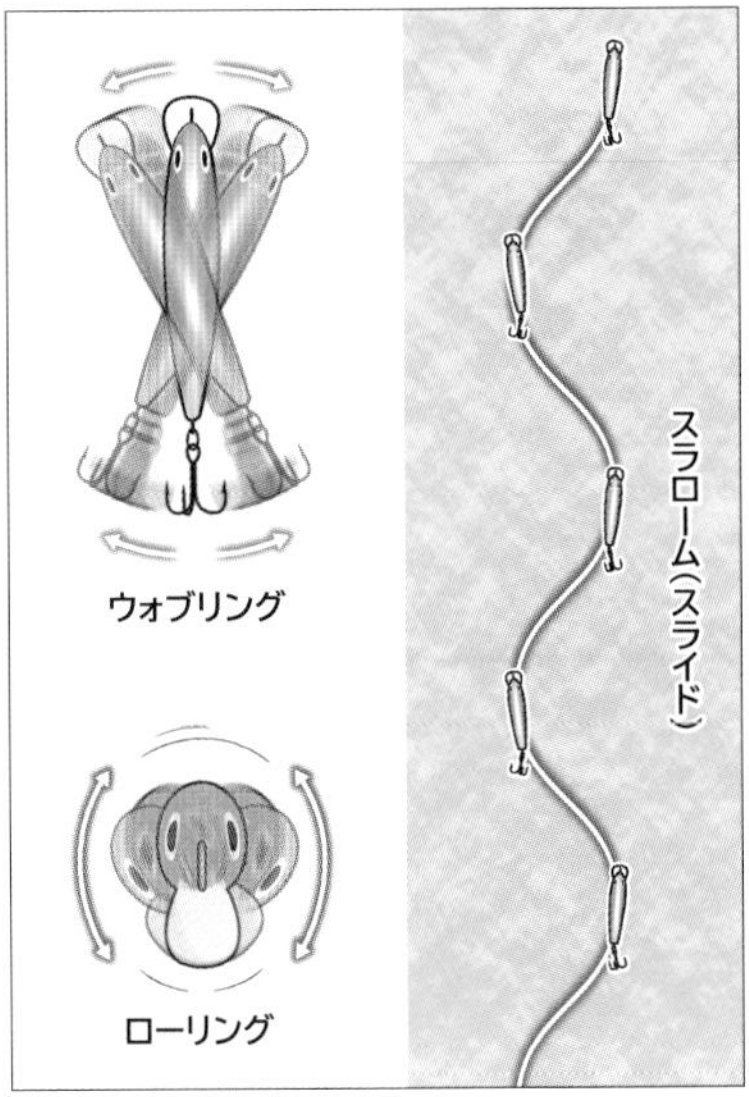

●アンダーキャスト

たとえば樹木が覆い被さった場所の下や、栈橋の下の部分など、ルアーの軌道を低くして飛ばしたい場合にはアンダーハンドキャストがおすすめ。このキャストも正確に打ち込むためには練習が必要だが、ボートゲームでバースまわりをピンポイントで攻める必要がある場合などを除けば、オカッパリのソルトウォーターゲームで必要になるケースはそれほど多くない。

●バックハンドキャスト

サイドキャストをロッドを持った側の反対で行う方法。例えば、右利きの場合は右側に障害物や壁があると、ロッドが干渉してサイドキャストができない。そんな時はロッドを自分の左側から真横に振ってキャストする。サイドキャストよりも、ヒジと手首の角度が自然になるため、こちらのほうがコントロールが良いという人も多い。

●ピッチング

すぐ目の前のポイントに静かにルアーを落としたい時や、ボートとロープの間など狭い範囲に正確にルアーを入れたい時などに使う。ロッドの長さ分くらいのラインを出してルアーを摘み、ロッドを立てて振り子の要領で遠心力を利用して前方に振り込む。ロッド側はリールのベールをフリーにして、指でスプールエッジを押さえてサミングしておき、タイミングよく離す。

●ウォブリングアクション

ルアーアクションのひとつで、ルアーを真上から見た時に、クネクネと左右にボディを振る動きのこと。ウィグリングも同じ動きの事を言うが、支点の位置の違いで、支点がルアー中央よりもヘッド側にあり、テール側の振り幅が大きい場合をウォブリング、支点がテール側にあり、ヘッド側の振り幅が大きい場合をウィグリングと言う。

●ローリングアクション

代表的なルアーアクション、ルアーを正面から見た時にボディが左右に小刻みに振れる動きのこと。振り幅が小さく、ストロークが速いものはタイトローリングと言う。ウォブリングと比較してアクションは地味だが、ルアーの安定性は高く、高速リトリーブや速い流れの中でも泳ぎが破綻しにくいという特徴がある。また、スレが進んだ魚に対しても有効。

ロッド操作とリーリングによる誘いのテクニック

最近のルアーはリールを巻くだけでも魚が釣れてくれるものが多い。だが、現実問題として、それだけでは喰ってくれないことの方が多い。ちょっとしたロッド操作の誘いで釣果は大きく変わってくる。

ここで説明する基本の誘いは、ルアーで狙えるほとんどのターゲットに通用するものをセレクトした。しっかりマスターして、様々な組み合わせで応用することで、一気にスキルアップが可能になるはずだ。

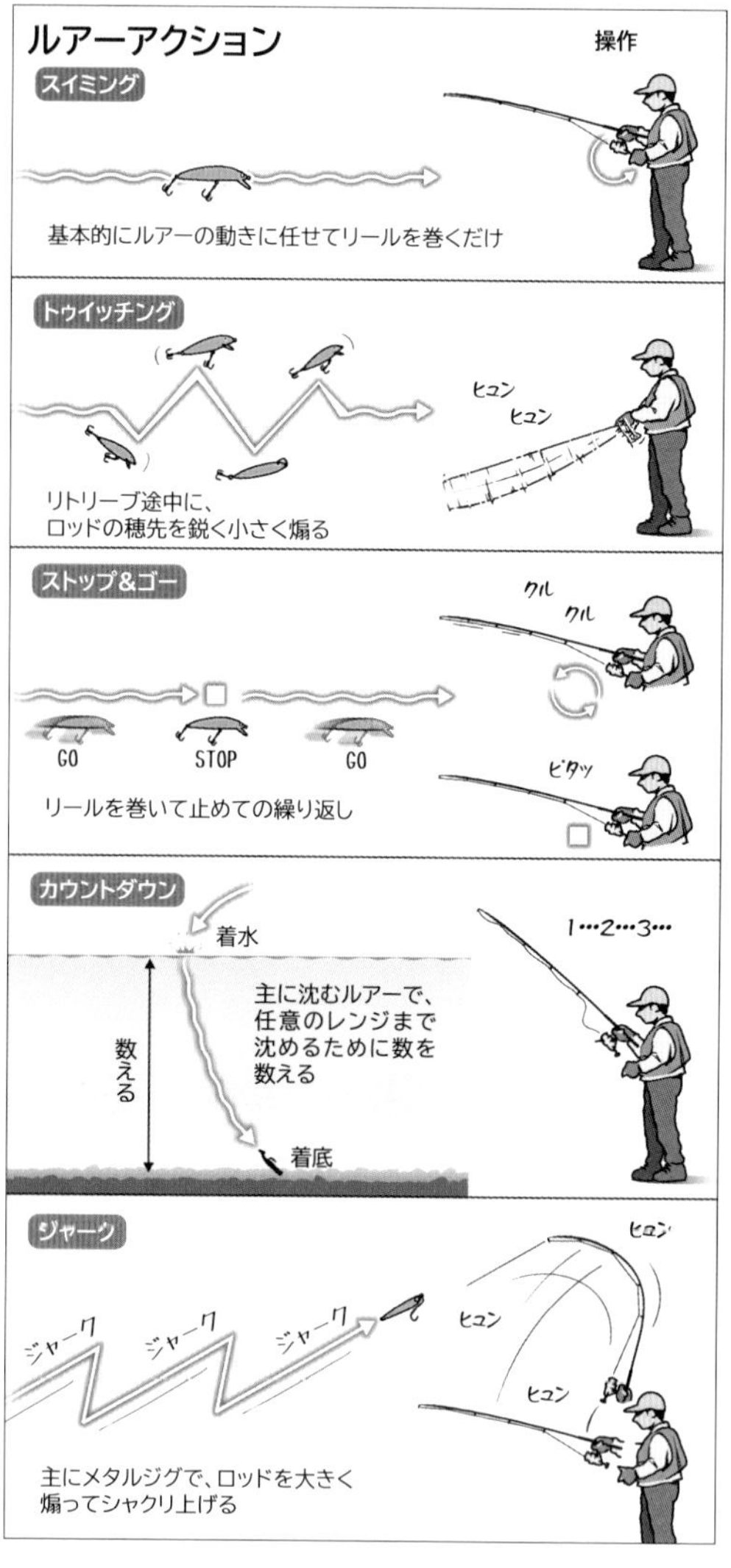

ルアーアクション
操作
スイミング
基本的にルアーの動きに任せてリールを巻くだけ
トゥイッチング
ヒュン
ヒュン
リトリーブ途中に、
ロッドの穂先を鋭く小さく煽る
ストップ＆ゴー
クル
クル
GO
STOP
GO
ピタッ
リールを巻いて止めての繰り返し
カウントダウン
1…2…3…
着水
主に沈むルアーで、
任意のレンジまで
沈めるために数を
数える
数える
着底
ジャーク
ヒュン
ヒュン
ヒュン
ジャーク
ジャーク
ジャーク
主にメタルジグで、ロッドを大きく
煽ってシャクリ上げる

●スイミング

いわゆる「ストレートリトリーブ」とか、「ただ引き」と言われる誘い方で、一定速度でリールを巻くだけ。よって、正確にはアクションと呼べないかもしれないが、シーバス狙いでは単純なこの誘い方が意外に良く釣れる。ルアー自体の動きに依存するので、ルアー性能で大きく差が出るのはいうまでもない。デッドスローから超ファストまで、スピードでルアーのアクションも微妙に変わる。

●トゥイッチング

リトリーブしながら、ティップ(穂先)でチョンチョン……と鋭く小さ煽ってやることで、ルアーが不規則にダート(横滑り)する。後方からルアーを追っているが、なかなかルアーに食い付いてくれないような場合には、このアクションでリアクションバイト(反射喰い・衝動喰い)に持ち込むこともできる。ルアーアクションの中では、オーソドックスな部類に入るので、必ずマスターしよう。

●ストップ&ゴー

名前からも察しが付くと思うが、リールを巻いてストップ、巻いてストップ……のくり返し。リールだけで行えるアクションで、ロッド操作は必要ない。規則正しく動いているルアーにはなかなか反応してくれない魚も、不規則な動きを途中に入れてやるだけで、あっさりと釣れてしまうことがある。簡単なので、すぐにマスターできるはずだ。

●カウントダウン

3、2、1、0……のカウントダウンと同じ意味だが、ルアーフィッシングでは、狙いのレンジまでルアーを沈めたい時に使う。メタルジグやバイブレーションなどの沈むルアーで、最初にボトムまで何カウントで着底するか？を数え、そのカウント数を最大値として中層の任意のレンジをトレース(ルアーを通すこと)させる。10カウントでボトムに着底するならば、真ん中のレンジは5カウントということだ。

●ジャーク

ラインスラック(糸フケ・余分なライン/スラッグは誤り)をしっかり取った状態から、ロッドで鋭く大きく煽る誘い方。煽った時に、ルアーの負荷がロッドに掛かっている状態でなければ、ルアーのアクションは不充分である。メタルジグを使ったジギングで多用されるが、ミノーイングでもスイミングとの組み合わせで多用される。リアクションバイトを誘う場合に有利。

●ステイ

「滞在」の意味のステイ。つまり、ルアーをその場に置くこと。そんなのアクションじゃ無い……と思うかもしれないが、かなり効果的な方法。人間の感覚ではルアーは動いていないが、水中では水流を受けて微妙に動いている。その微妙な動きが魚には堪らないようだ。プラグ類では中層やトップでのステイ、ワームでは主にボトムでのステイが一般的。

●シェイキング

ロッドを立てて、ラインを張った状態から、ティップ部分を小刻みに短く速くシェイクすることで、ルアーに細かい連続した振動を与える誘い方。ワームを使った釣りでは、リフト&フォールと組み合わせ、リフトと並行してシェイキングしたり、様々な組み合わせの複合技ができる。伸度の低いラインのほうが、ダイレクトにアクションできるので、ナイロンよりもPEラインが操作しやすい。

●ボトムバンピング

「底を叩く」という意味の誘い方。リフト&フォールよりも短いストロークで、向こう側から手前に向かって「トントントン……」とボトムを感じ取りつつ、リールを巻いて底を叩く。オフショアのバーチカル（真下にルアーを沈める釣り）ジギングでは、ボトムでリールを巻かずにロッドを煽ってシャクリあげ、ルアーがボトムに着底するのを待って再び煽る釣り方のこと。

●フォール

「落とし込み」の意味で、ワームやメタルジグ、バイブレーションなど沈下するルアーで多用されるテクニック。ラインを張った状態でのフォールは「カーブフォール」または「テンションフォール」、ラインが緩んだ状態でのフォールは「フリーフォール」と言う。キャスティングして、着底までの間や、何らかのアクションと組み合わせて使われることが多い。根魚類は特に、フォール中のヒットが多い。

●ボトムクロール

「ズル引き」とも言い、海底をズルズルと引いてくる誘い方。ボトムクロールとステイを組み合わせた誘い方が一般的。岩礁地帯では根掛かりしてしまうので使えないが、砂地底のポイントでは、砂煙に反応した魚が寄ってくるので有効な場合がある。ヒラメやマゴチ狙いのワーミングでは、高い頻度で使われる。

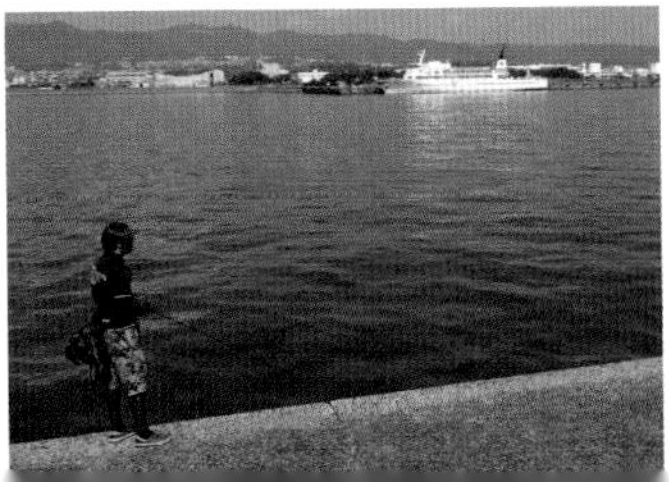

●リフト&フォール

ルアーを上下させる誘い方。リフトは上げる、フォールは落とす。ロッドを上方に立てることで、ルアーを上層に引き上げ、そのまま待てばカーブフォール、ロッドを下に戻せばフリーフォールになる。主にワームを使った釣りやメタルジグ、バイブレーションの釣りで多用する。リフトを大きく速く行うとジャーク&フォールになる。ヒットの多くはフォール途中なので、カーブフォールのほうがバイトがわかりやすい。

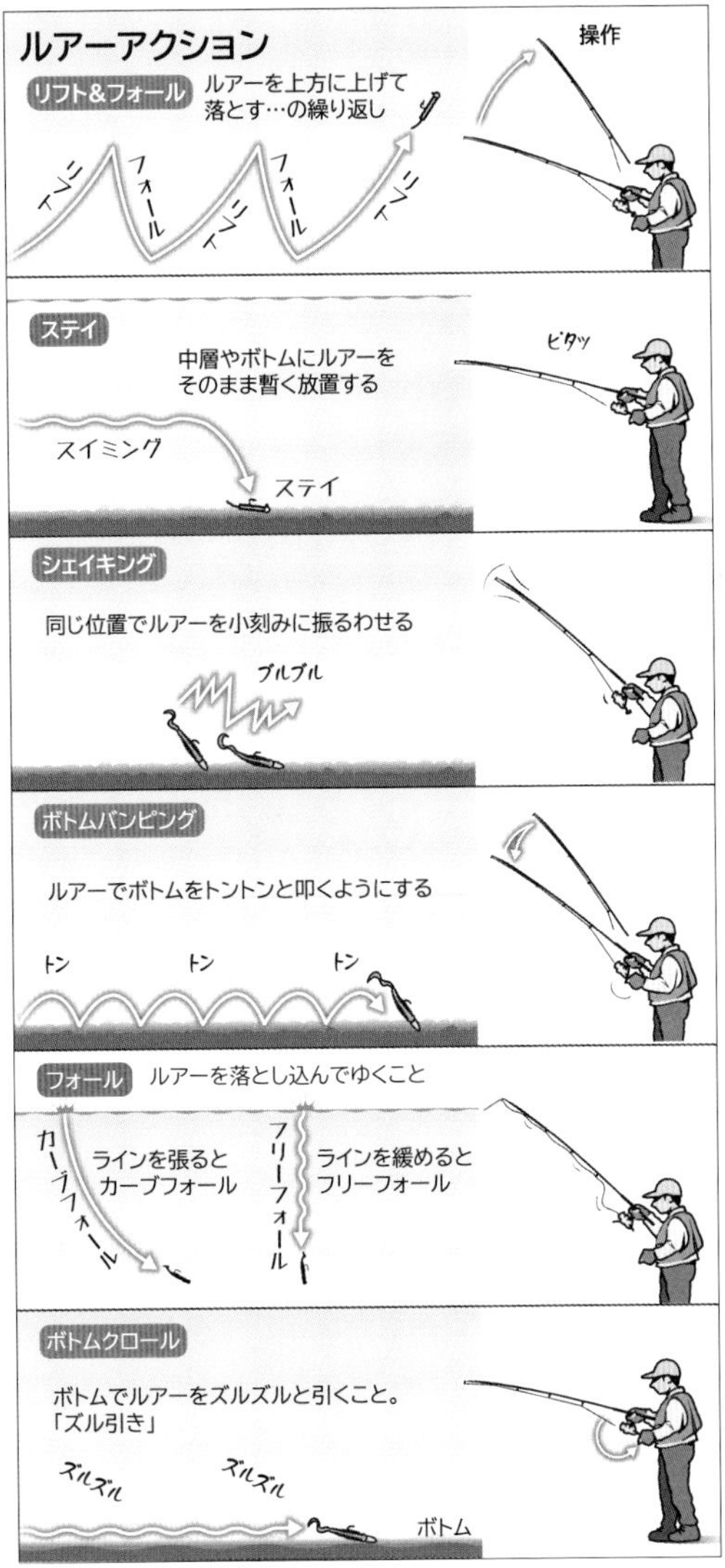
ルアーアクション
操作
リフト&フォール
ルアーを上方に上げて
落とす…の繰り返し
リフト
フォール
リフト
フォール
リフト
ステイ
中層やボトムにルアーを
そのまま暫く放置する
ピタッ
スイミング
ステイ
シェイキング
同じ位置でルアーを小刻みに振るわせる
ブルブル
ボトムバンピング
ルアーでボトムをトントンと叩くようにする
トン
トン
トン
フォール
ルアーを落とし込んでゆくこと
カーブフォール
ラインを張ると
カーブフォール
フリーフォール
ラインを緩めると
フリーフォール
ボトムクロール
ボトムでルアーをズルズルと引くこと。
「ズル引き」
ズルズル
ズルズル
ボトム

リトリーブスピードとライン巻取り量

リトリーブスピードの目安
（1秒間の移動距離）

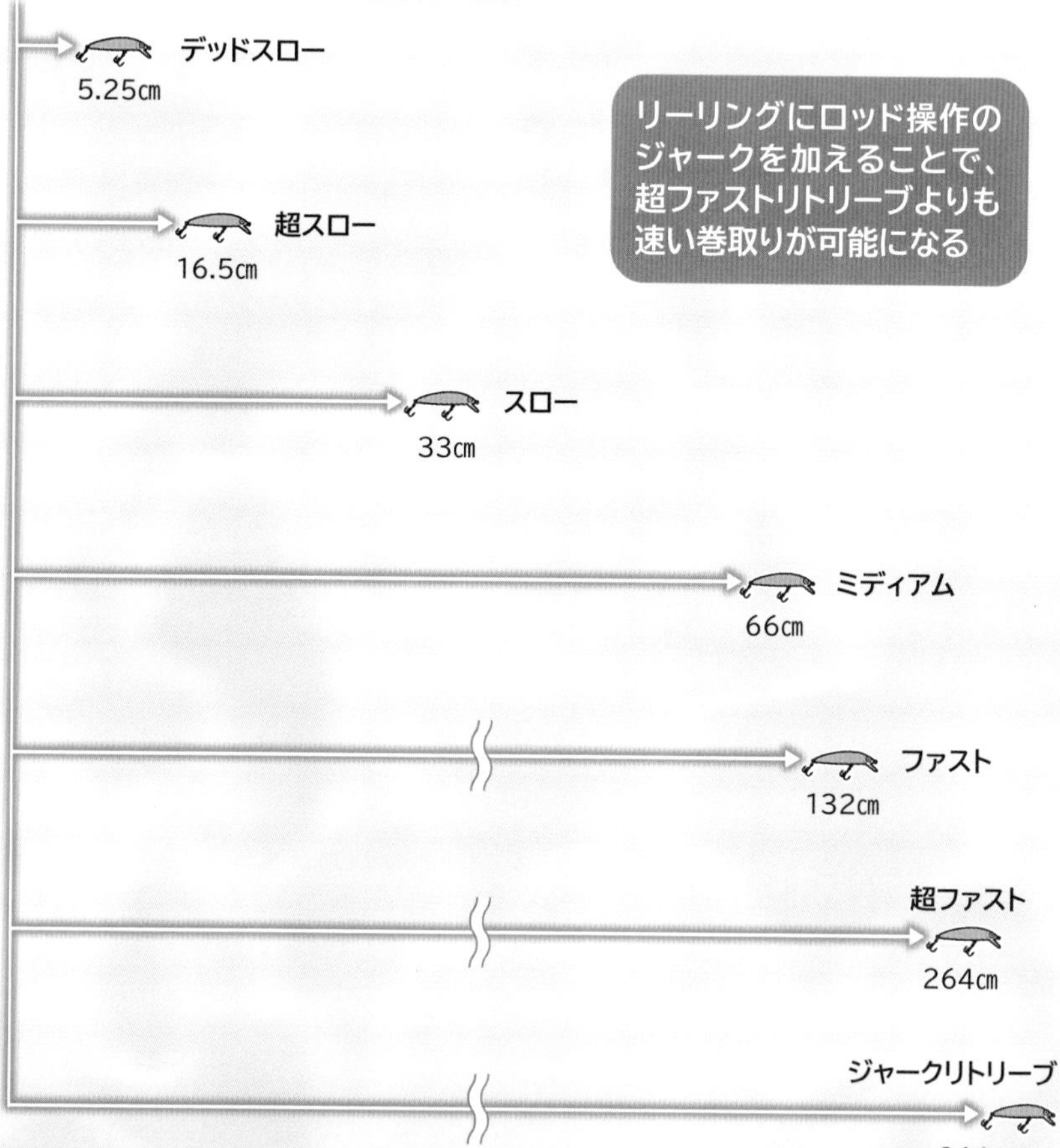

釣り人同士の会話に頻繁に登場するにもかかわらず、リトリーブスピードに関する定義は存在していない。ここで挙げた数値は、実際に複数の釣り人で実測した検証結果から導き出したものである。
数値はダイワ製2500＃クラスのノーマルギアを使った場合のルアーの移動距離。他のサイズ、メーカーのリールやハイギアの場合は数値は異なるのであくまで目安のデータ

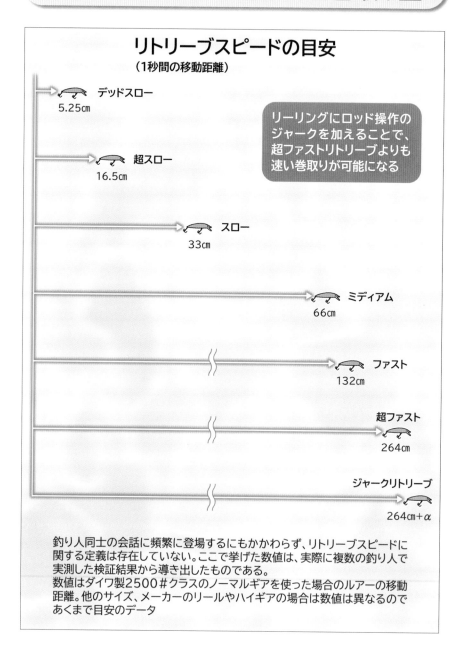

●リトリーブ

元来は「回収する」という意味で、狩猟犬のゴールデンレトリバーは、撃ち落とした鴨の回収犬。ルアーフィッシングでは「キャストしたルアーを巻き戻す＝リールを巻く」動作のこと。リーリングも同じ意味。巻き取るスピードによって、デッドスロー～超ファストまで数段階に分類される。

●ミディアムリトリーブ

中くらいの、普通の速さのリトリーブという意味。定義は存在しないが、一般的には1秒間にハンドル1回転のスピードが目安で、体力的に一番疲れないスピード。ひとそれぞれの感覚が違うので注意。

●スローリトリーブ

ミディアムリトリーブの約半分のスピードで、2秒間にハンドル1回転が目安。軽量ジグヘッドを使ったメバリングでは、このくらいのスピードでスイミングさせることが多い。リールのサイズやギア比でも巻き取り量は変わる。

●超スローリトリーブ

ミディアムリトリーブの1/4、スローリトリーブの半分のスピード。つまり4秒間でハンドル1回転が目安。ナイトゲームのシーバスでは多用するスピードで、これでもまだ速すぎる場合がある。

●デッドスローリトリーブ

死にかけたベイトフィッシュがよたよたと漂っているイメージで、数値にすると8秒でハンドル1回転くらい。このくらいのスピードになると、性格的に我慢できない人も少なくないが、ナイトゲームのシーバス狙いでは定番メソッド。

●ファストリトリーブ

ファーストリトリーブとも言うが、速いという意味のFAST＝ファストが正解。具体的には1秒間にハンドル2回転の速さで、2500番サイズのリールならば、10秒間で約13m巻き取るスピード。デイゲームのヒラメやシーバスはこのくらいのスピードで攻めるのことが多い。

●超ファストリトリーブ

1秒間にハンドル4回転、もしくは、可能な限りの速さで巻くこと。青物狙いのジギングでは、このスピードが基本となる。それでもスピードが足りない時は、大きめのリールを使うか、ギア比の高いリールを使う。

表－1　リトリーブスピードの暫定的な定義

	1秒間のハンドル回転数（回転）	ハンドル1回転に要する時間（秒）	1秒間の巻き取り量（cm）	時速（km/h）
デッドスローリトリーブ	1/8	8	5.25	0.23
超スローリトリーブ	1/4	4	16.5	0.59
スローリトリーブ	1/2	2	33	1.19
ミディアムリトリーブ	1	1	66	2.37
ファストリトリーブ	2	0.5	132	4.74
超ファストリトリーブ	4	0.25	264	9.48

＊巻き取り量は、ダイワ製2500#（ノーマルギア）の実測値

表－2　リールのサイズ別ライン巻き取り量（DAIWA製リール）

サイズ	巻取り長さ（カタログ記載値）（cm）	実測平均値（cm）	10m巻き取りに要する回転数（回）
1000	59	55	18.2
2000	63	58	17.3
2500	71	66	15.2
3000	81	75	13.3
3500	82	76	13.2
4000	85	79	12.7
5000	95	88	11.4

＊実測平均値はカタログ記載の数値に対し、平均実測値の0.93を掛けたもの。小数点以下は切り捨て。
＊数値はすべてノーマルギア（1:4.8）のもの。ハイギアの場合は数値が異なる。

●ライン巻き取り量

ハンドル1回転でどのくらいの量のラインを巻き取れるか？という目安。リールのサイズやギア比で異なるが、カタログに記載された数値はあくまで最大値であり、実際は90～95%程度である。自分のリールの巻き取り量を確認しておけば、ハンドルの回転数だけでおおよその距離が割り出せる。

レンジ別ルアータイプの選び方

シャローエリア(0～50㎝)

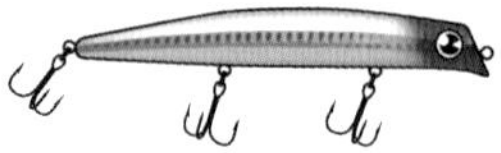
リップレス

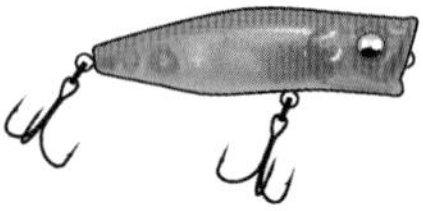
トップウォーター

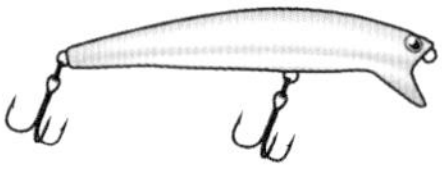
サーフェスランナー

ミディアムエリア(50～150㎝)

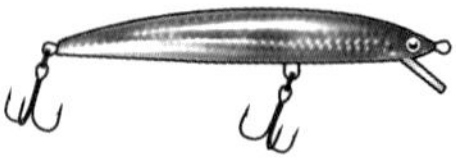
フローティングミノー

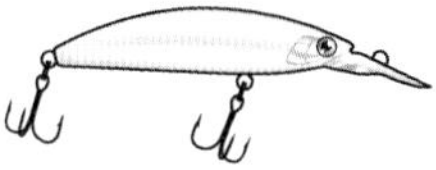
ディープダイバー

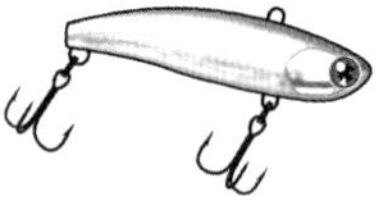
バイブレーション

フルレンジカバー

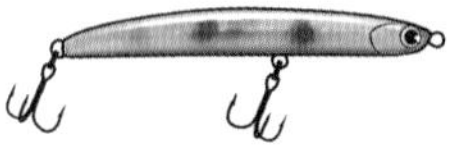
シンキングペンシル

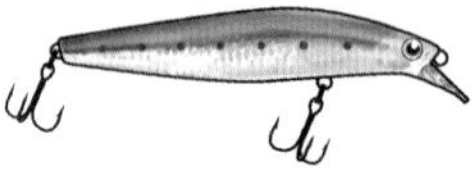
シンキングミノー

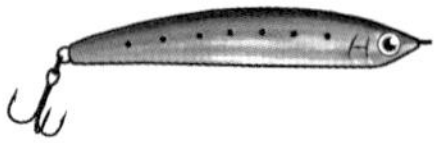
ジグミノー

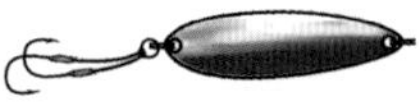
スプーン

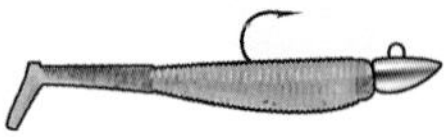
ワーム

ディープエリア(200㎝以上)

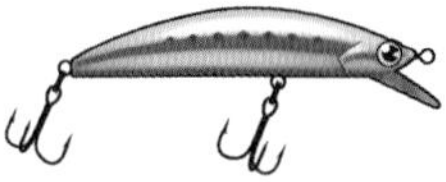
スーパー
シンキングミノー

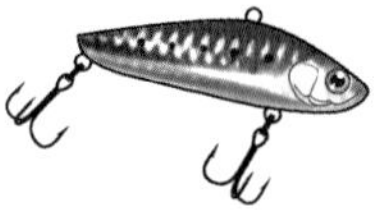
バイブレーション

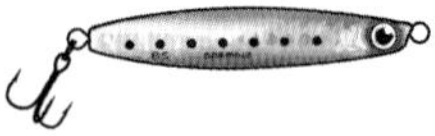
メタルジグ

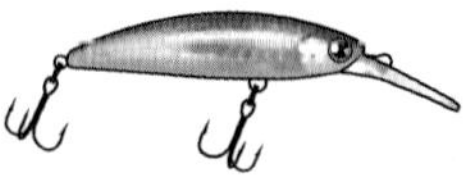
シンキング
ディープダイバー

*フローティングミノーの潜行深度は一般的に50～120㎝。

*ディープダイバーの潜行深度はフローティングで1.5m、シンキングで2.5mくらい。

*ワームはリグによって水面からボトムまで探れる。

*シンキングペンシル、シンキングミノーはある程度沈めると沈下スピードが遅くなる。

*バイブレーションはロッドの角度とリトリーブスピードである程度のレンジ調整可能

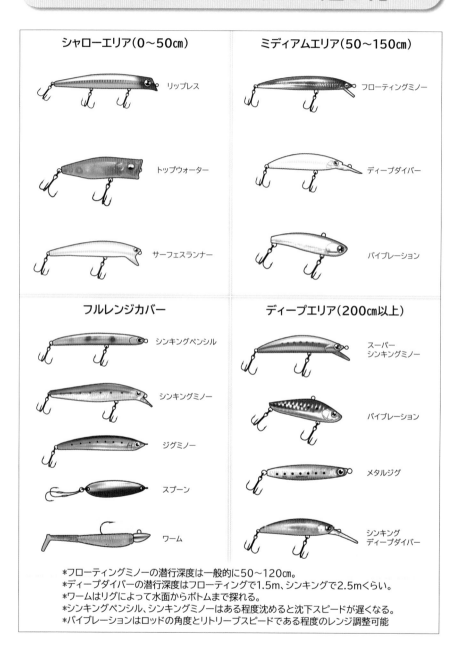

ルアーカラーの選び方

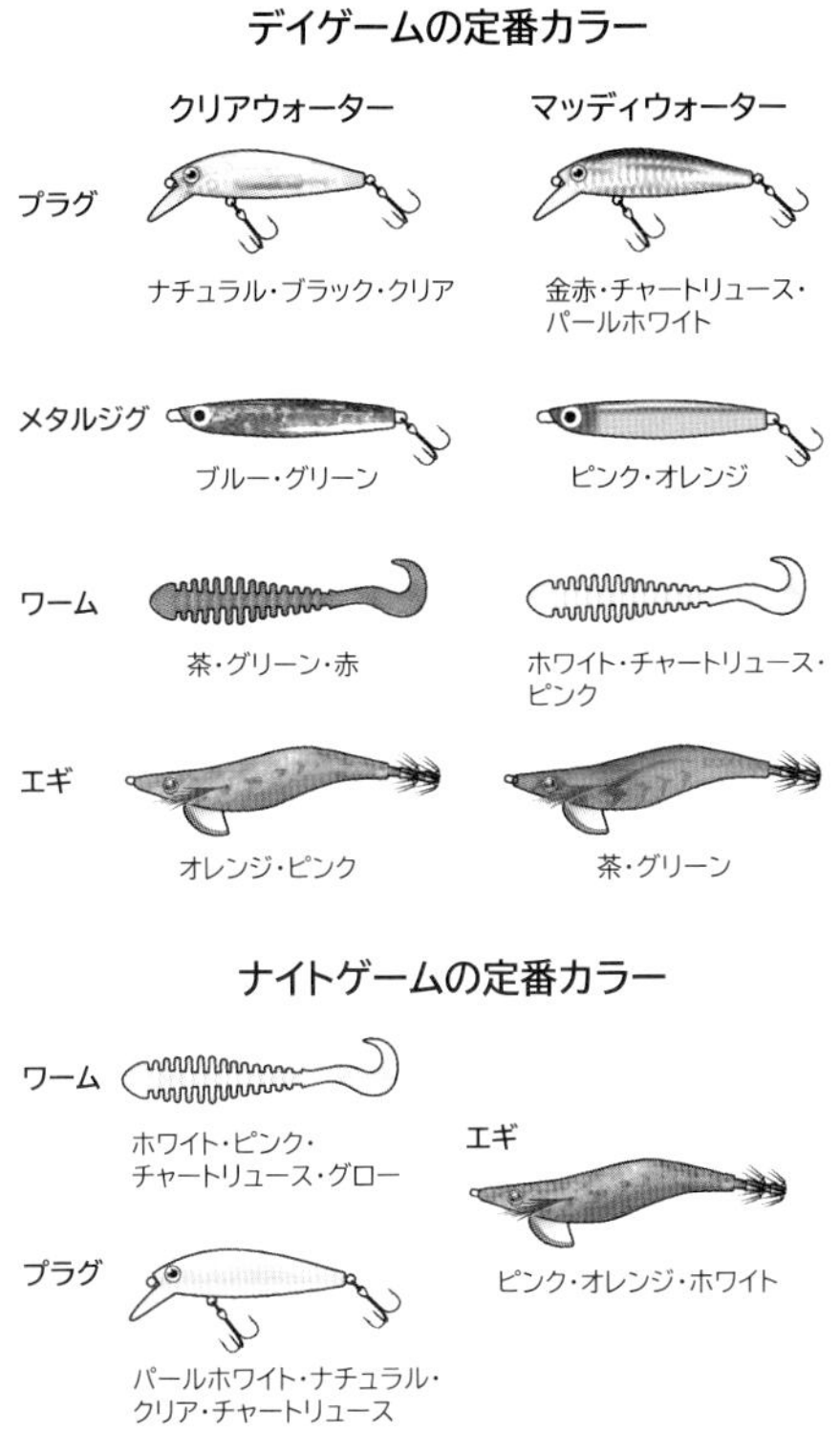

スレッカラシ攻略

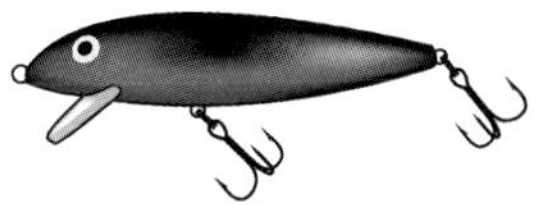

●ブラックカラー

全体が黒色のカラーで、ソリッドカラーのものや、クリアカラーのものがある。地味なカラーだが、スレが進んだ魚には極めて効果的で、密かに隠し持つアングラーも少なくない。日中だけでなく、ナイトゲームでも有効。できれば最後の砦として持っていたいカラーの1本。

デイゲームで意外な効果

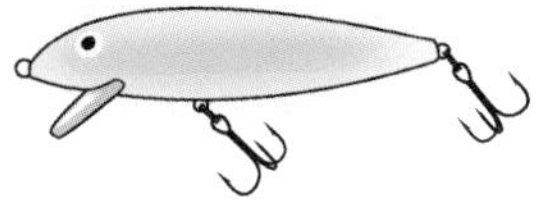

●グローカラー

夜光カラーのこと。ライトを充てるとグリーンに発光するタイプで、白っぽいものほど発光量が多い。夜釣りで効果がありそうに感じるが、実はデイゲームのほうが効果的。このカラーの製品があまり多く流通していないのが残念。

●クリアウォーター

澄んだ水、水が澄んで透明度が高い状態のこと。魚の警戒心が高まるために、あまり良い条件とは言えない。こんな条件の時は、あまり前に出ず、自分の姿や影が魚から見えない工夫をすることが大切。

●マッディウォーター

マッディは「泥」という意味で、雨後の増水時などに水が茶色く濁った状態。透明度が著しく低下した状態。人間の感覚で言えば、こんな条件では魚からルアーが見えないように感じるが、クリアウォーターより好条件と言える。

●ナイトゲーム

夜釣りのこと。夜行う釣りのこと。一般的にはタマズメ以降、朝まずめ前までの時間帯の釣り。タマズメも含めた時間帯の釣りは半夜釣り（はんやづり）などと言う。根魚類はナイトゲームで狙うことが多い。

●デイゲーム

昼釣り。陽が高い時間帯の釣り。一般的には朝マズメ以降、タマズメ前までの釣り。ナイトゲームと異なり、魚の動きを視覚で楽しむことができる。また、周囲の状態が分かりやすいので安全でもある。

●チャートリュース

語源になっているのは、チャートリュースというリキュール（酒）の色で、具体的には黄色っぽい色のこと。単にチャートと言う場合もあるし、漠然とした表現ではチャート系と言ったりする。

●スレッカラシ

釣り人が多く訪れるポイントで、頻繁にルアーをキャストされることによって、極端に低活性になった魚のこと。なかなか釣れないので、様々な攻略方法が編み出されるが、どうやっても釣れない時は釣れないので諦めも肝心。

魚種別カラー選択の一例

クロソイ

デイゲームではシルバーとゴールドベースのナチュラル系、外光のないナイトゲームではパールホワイト系、月明かりや明るい港湾部ではクリア系の使用頻度が高い。シルバーベースナチュラル系の多くは、ベリー部分のカラーがホワイトに塗られている。よって、デイゲームでもナイトゲームでも両方で使えるカラーと言える。同じシルバーベースのナチュラルでも、光の透過性を持たせた「クリアホロ」を採用したものは、更にクリア系の要素も併せ持つ。月明かりや港湾部など、外光が多いポイントでは無難なカラーと言える。

優先度	ナイトゲーム（闇夜）	ナイトゲーム（月夜）	ナイトゲーム（港湾）	デイゲーム	朝夕マズメ
1	ナチュラル（SB）	ナチュラル（SB-CH）	ナチュラル（SB）	ナチュラル（GB）	ナチュラル（SB-CH）
2	パールホワイト	クリア	ナチュラル（SB-CH）	パールホワイト	–
3	チャートリュース	ラメ	クリア	ブラック	–
4	クリア	ブラック	チャートリュース	ナチュラル（SB）	–
5	ブラック	パールホワイト	ブラック	クリア	–

*SB＝シルバーベース　*CH＝クリアホログラム　*GB＝ゴールドベース

メバル

ワーム中心のカラー選択をしてみた。シーバスと同じように、外光の有無でかわってくるが、ベースとなるのはチャートリュース系とピンク、ホワイト、クリアの4色だろう。スレが進むと赤やブラックなどのノンアピール系カラーが有効となるので、普段は使わなくても1種類くらいは準備しておきたい。また、ワームの場合はカラーの他にテール形状や匂い、味（ソーク）の有無なども釣果に影響する。

優先度	ナイトゲーム（闇夜）	ナイトゲーム（月夜）	ナイトゲーム（港湾）	デイゲーム
1	チャートリュース	クリアラメ	クリアラメ	グリーン
2	ピンク	ブラック	ブラック	キンアカ
3	赤	チャートリュース	チャートリュース	ピンク
4	クリアラメ	ピンク	赤	ブルー
5	ブラック	グロー	ピンク	ブラック

ヒラメ

夜でも釣れるが基本的にデイゲームであり、プラグは朝夕や濁りの時を除いてシルバーベースのナチュラル系が主軸となる。背中の色が青、チャート、ピンクなどのものを揃えておけば良いだろう。食いが悪い時の必釣カラーはブラック。黒でしか反応しない場合もある。メタルジグはキンクロ、キンアカ、銀緑、シルバーベースナチュラルの4色有れば充分。銀緑はマズメ時に有効で、ヒットすれば大型の傾向が強い。ワームはクリーン系をメインにクリアラメや茶、赤系の反応が良い。

優先度	デイゲーム（プラグ）	デイゲーム（メタルジグ）	デイゲーム（ワーム）	朝夕マズメ（プラグ）	朝夕マズメ（メタルジグ）	朝夕マズメ（ワーム）
1	ナチュラル（SB）	シルバーホロ	グリーン	ナチュラル（GB）	銀緑	チャートリュース
2	ナチュラル(SB-CH)	キンクロ	クリアラメ	ナチュラル（SB）	キンクロ	ホワイト
3	ナチュラル（CB）	キンアカ	茶	ナチュラル（CB）	キンアカ	グリーン
4	ナチュラル（BB）	ブラック	赤	ナチュラル（PB）	ナチュラル（SB）	赤
5	ブラック	－	ホワイト	パールホワイト	－－	クリアラメ

*SB＝シルバーベース *CB＝チャートバック *CH＝クリアホログラム　*PB＝ピンクバック *GB＝ゴールドベース

青物

カラーよりもルアー自体のアクションやリトリーブスピードが重要になってくるので、カラーの違いで大きな差が出ることは少ないかもしれない。よって、メインとなるメタルジグはシルバーベースでピンク、ブルー、グリーンバックの3色、ゴールドベースでオレンジバック（キンアカ）の計4色で足りる。

優先度	デイゲーム（プラグ）	デイゲーム（メタルジグ）	デイゲーム（ワーム）
1	ナチュラル（SB）	SB ピンクバック	ピンク
2	ナチュラル（GB）	GB オレンジバック	グリーン
3	ナチュラル（PB）	SB ブルーバック	茶
4	ブラック	SB グリーンバック	クリアラメ

*SB＝シルバーベース　*GB＝ゴールドベース　*PB＝ピンクバック

ファイトとランディング、キャッチ＆リリース

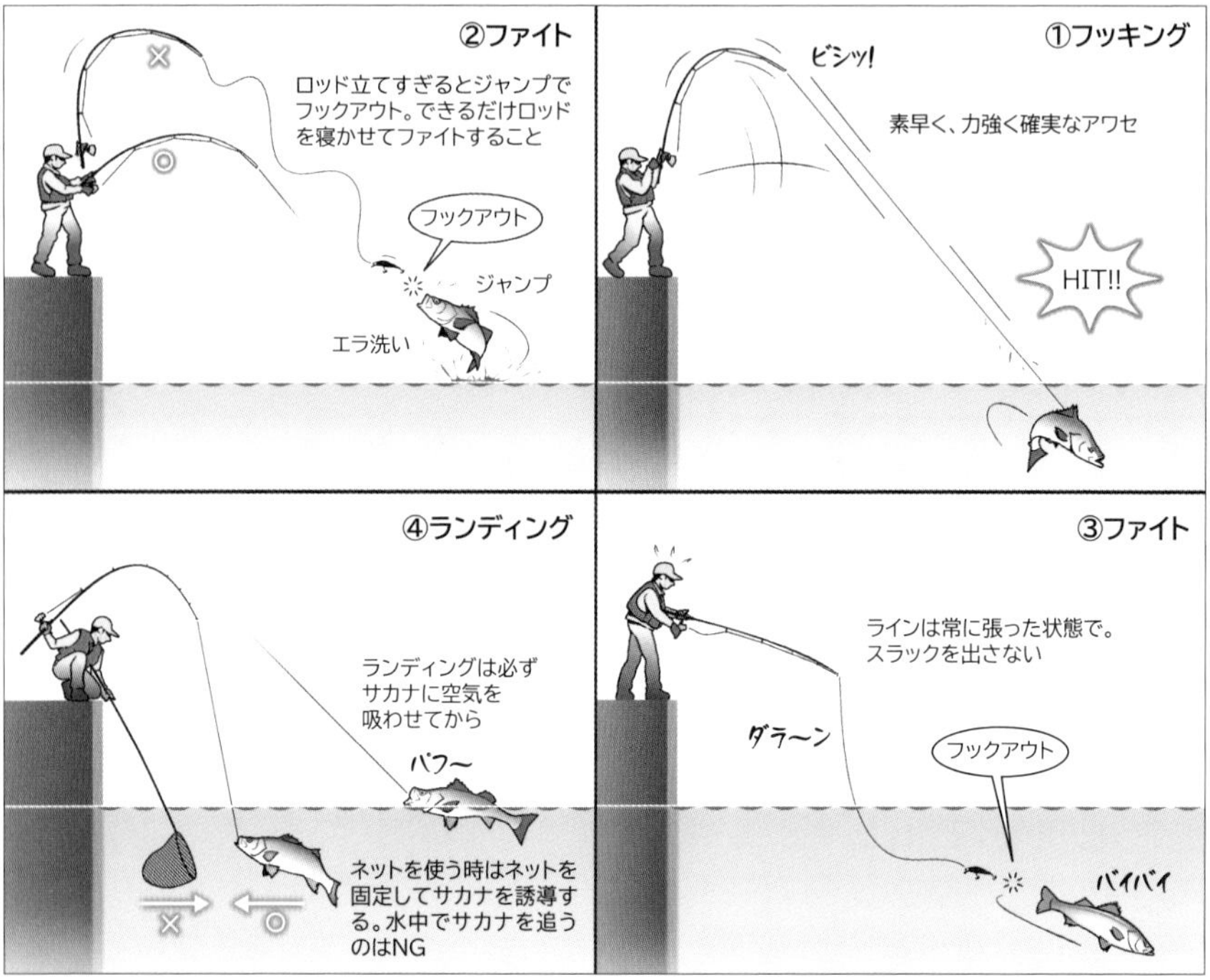

①フッキング
ビシッ!
素早く、力強く確実なアワセ
HIT!!
②ファイト
ロッド立てすぎるとジャンプでフックアウト。できるだけロッドを寝かせてファイトすること
フックアウト
ジャンプ
エラ洗い
③ファイト
ラインは常に張った状態で。スラックを出さない
ダラ〜ン
フックアウト
バイバイ
④ランディング
ランディングは必ずサカナに空気を吸わせてから
パフ〜
ネットを使う時はネットを固定してサカナを誘導する。水中でサカナを追うのはNG

●磯タモ

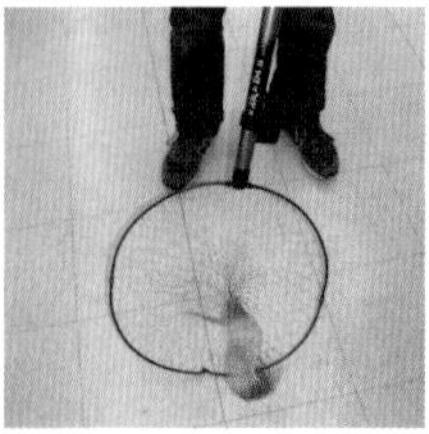

足場の高い堤防や磯では必需品。振り出しタイプで、最低でも4.5〜5mまで伸ばせるものを選ぶ。タモ枠は最低50cm必要で、できれば60cmが理想。網の部分もネットイン後に飛び出さない深いものが良い。

●ラバーネット

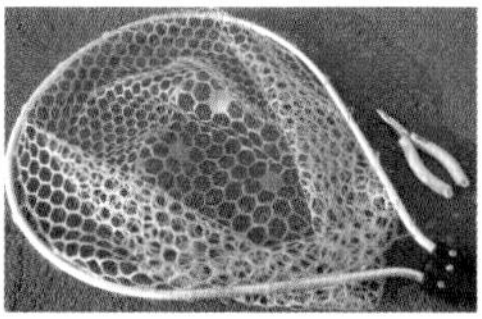

柔らかいラバー素材で作られたランディングネットで、もともとは管理釣り場のトラウト用。網の部分にフックが刺さっても外しやすく、伸度があるので魚も傷めないという特徴がある。紫外線に弱く、変質しやすいのが欠点。

●キャッチ&リリース

魚を食の対象ではなく、あくまでゲームの対象と捉え、ひとつの命として大切にあつかうための考え。リリースは放流の意味で、できるだけ魚を傷つけずに再放流することがその主旨。直接素手で魚を触らず(火傷によるキズが残る)、速やかに水に戻してやる(酸欠にならないように)ためにフィッシュグリップが役立つが、口唇を壊さないように注意する必要がある。すべてが生き残るわけではないが、すべて死んでしまうよりは余程有意義。食べない魚、持ち帰る予定のない魚は、環境が許す範囲で丁寧にリリースしてあげよう。

●フィッシュグリップ

ウェーディング時やフックを外す時に、魚の口を挟んで使うグリップタイプのランディングツール。近年は様々なタイプのものがあり、数万円もする高価なものもある。魚の大きさよりも、使用するルアーのサイズに合わせて(フックによる怪我防止)サイズを選びたい。

第7章 陸っぱりからのステップアップに最適

ライトオフショア

ほとんどの人がいわゆる「陸っぱり」からルアーフィッシングに入門するだろう。ステップアップとして最適なのは様々なボートフィッシングだ。遠征先でGTやマグロなどを狙う世界ももちろんあるが、身近な海で少し沖に出るだけで釣果が違ってくることもある。気軽に楽しめるライトオフショアの世界を紹介する。

陸地が見えないくらいの沖合に出て大物だけを狙うようなスタイルもあるが、近海で手軽に短時間で楽しむスタイルも最近では人気。バチコンアジングなど、新たな釣りも次々と確立されている。

遊漁船

気軽に乗れる短時間の
乗合船から始めよう

遊漁船

オフショアゲームは敷居が高いイメージかもしれない。だが、初心者にも優しい遊漁船を利用することで、意外にすんなりとその扉を開けることができる。

最初は乗合船がおすすめ

遊漁船とは、レジャーとして釣りを楽しむためにお客を乗せる船のこと。ベテランから初心者まで、経験値に関係なく乗船可能だが、初めて利用する時は自分が初心者であることを予め告知しておけば、船長や中乗りさんがサポートし、必要なことを教えてくれる。オフショア初心者向けの船であり、多くのベテランも入口は遊漁船だったというケースが多い。

国内全域、ほぼすべての海域で営業している遊漁船。季節や地域で釣り物は多彩。釣りたい魚を釣りたいときに狙える。多くの場合、予約は「乗り合い」と「チャーター」に分かれていて、少人数で乗りたい場合は乗り合いになる。チャーターは一艘丸ごと貸切ることで、例えば仲間内で大会を開催する場合などに利用すれば、一人あたりの単価が安く済む場合もある。

遊漁船①　乗合船

料金が抑えられるのが最大のメリット

希望した場所に立てるとは限らないなど、知らない人と同じ船に乗るため自由は制限されるものの、チャーター船に比べて料金は抑えることができる。短時間のものであれば数千円から乗船することができる。オマツリ防止のためにジグやシンカーのウエイトを合わせる必要がある場合があり、事前に確認が必要だ。

釣り座は指定だったりローテーション制だったりする。各自が積み込むタックル類なども多くなるため、譲り合って乗船したい。

遊漁船②　チャーター船

ある程度自由に楽しめるが料金は高額になる

日本語でいうところの「仕立て船」。数名で乗ったり、場合によっては1人で乗ることもできる。そのため料金は高額になりがち。近距離のものでも1チャーターで数万円はかかると考えた方がいい。その一方で、数名集めれば乗合船に乗るのと料金としてはほとんど変わらない場合もあるため、仲間内で仕立てるのもありだ。

ルアーフィッシングではミヨシ（船首）に立つ方が有利な場面が多い。乗合船では希望通りにはいかないことが多いが、チャーターなら自由だ。

最低限の知識をもって臨もう

初心者にも優しく、敷居が低い遊漁船だが、全く知識が無いままで利用するのはマナー違反だ。初心者なのだから仕方ない……という意見もあるだろうが、雑誌やネットなどを利用して、どんなルアーを使ったどんな釣りなのか?くらいは予習しておく。

船宿によっては、タックルをレンタルしてくれる場合もある。わからなければタックルはレンタルするのが無難だが、自前で持ち込むのならば釣り物、釣り方に合わせたものでなければならない。特に、ラインの太さや、使用するメタルジグの重さには注意。ラインが太すぎたり、メタルジグが軽いと、他の釣り客とのオマツリで迷惑を掛けることになる。

予約時に、どんな物が必要なのか?をしっかり聞いて、船宿指定があれば合わせて揃えておくべきだろう。

ライトゲームの人気アングラー、岩崎林太郎さんは遊漁船の船長でもあり、近距離の港湾部の釣りも得意とする。

近距離なら短時間、低価格

港湾部など出航する場所からあまり移動せずに釣りをするタイプの遊漁船は燃料もあまり使わず、移動に時間も取られないため料金は定額に抑えられている。いわゆる「アフター5」で楽しむスタイルも人気だ。ターゲットはメバルやアジなどが中心で「オフショア」らしさは薄れるものの、普段とは違った場所から釣りができる良さがある。

近距離では陸っぱり用が流用できるケースも多いが、オフショアではタックルも専用のものを使うことが多い。

本格的オフショアなら1万円〜

はるか沖合に出るため移動に時間がかかる、あるいはシイラやマグロのように移動を繰り返す釣りでは大量の燃料を使うため、乗船料金は1万円を確実に超える。仮に乗船時間が6時間だったとしても船宿集合は夜明け前になり、釣りに割く時間としてはほぼ一日になる。手軽なスタイルではないが、オフショアならではの魚や大物が釣れるのが醍醐味だ。

地域や釣り物で変わる料金

遊漁船の料金は、地域や釣り物で変わってくる。地方の格安遊漁船や短時間の乗船ならば一人五千円程度で乗れる場合もあるが、エサや氷、タックルのレンタルまで入ると一万円〜一万五千円くらいが目安となる場合が多い。

同じ遊漁船でも、釣り物によって釣り場が遠い場合は、料金が高くなることもある。遠い釣り場ほど燃料を使うのだから当たり前だが、あとからのトラブルを防ぐためにも、料金は前もって聞いておきたい。何時から何時まで……と釣りができる時間帯が決められている地域もあるが、多くの場合実釣時間は6時間くらいだ。自然が相手の遊びなので、波や風の状態次第では早上がりになることもある。一旦船に乗ったら、船長の指示に従うこと。

情報は鮮度が命

最近では釣果情報をSNSやブログなどでこまめに、またヒットルアーなどを含めた詳細を公開している船宿が多い。釣れている情報があったら満船になる前に早く予約を入れたいところだが、釣行までに釣果が下降してしまう場合もあり、悩ましいところである。

わからないことは親切になんでも教えてくれる船長がいる遊漁船での釣りは楽しい。

腕がいい船長とは？

第一に釣らせる船長。次にお客さんに楽しく釣りをさせる船長だろう。毎日のように海に出ているため、地元の海のことを知り尽くしており、長年の経験に基づき釣らせるために手を尽くしてくれる。時々きびしいことをいう船長もいるが、船上では安全のためにも船長の指示には必ず従うこと。

長年の経験と、最近では最新機器のテクノロジーもあって、いい船長の船は本当によく釣れるようになった。魚にとっては大変な時代だ。

遊漁船の選び方と予約方法

数多い船宿、遊漁船の中から、どれを選べばよいのか?同じ料金を支払うならば、たくさん釣れた方が良いし、初心者にも親切な船長さんの方が良いに決まっている。かつては遊漁船選びが大変な時代もあったが、現在はネットが普及したおかげで、その遊漁船の評価や得意とする釣り物、釣り方などが簡単に調べられるようになった。それらはあくまで参考でしかないが、釣果報告のブログなどを読めば、船長や中乗りさんの人柄なども分かってくるので、是非チェックしておきたい。

予約は多くの場合、メールを使うか電話で行う。もし不明な点がある時は、その際にしっかり聞いておこう。また、やむを得ずキャンセルしなければならない場合についても聞いておくとよいだろう。

船宿の選択で釣果は変わる

人気の船宿は、極端な例では数年先まで予約でいっぱいというケースもある。そんな超人気の船に乗らなくとも魚は釣れるが、どうしても乗りたい船ならば早めに予約を入れよう。もちろん、最後は自身の腕にも左右されるため、いい船長の船だから、人気の船宿だから、必ず釣れるとは限らない。一方で、特定の船宿に人気が集中するのにはそれなりの理由があるのだ。

常連になることで船長との人間関係を築くことができれば、より釣れるようになる。取材やテストで様々な釣りをこなすヒロセマンには各地に信頼できる船長がいる。

人気の遊漁船は早めの予約が必須

ネットに頼らず遊漁船を見つけたい場合は、釣具店や漁協からの紹介という方法もある。特に釣具店は、あなたに合った遊漁船を多くの中から選んでくれるだろう。

このように、船宿、遊漁船の選択で釣果は大きく変わってくる。船長や中乗りさんの人柄も大切な要素だ。

しかし、すべてにおいて優秀な遊漁船は、連日の予約で埋まっている場合が多く、乗りたくてもなかなか乗れないのが現実だ。場合によっては、一年先の予約が入っていることもあるので、どうしても乗りたい船ならば、早すぎるくらい早めの予約を入れておくことをおすすめする。一番人気は土、日、祝日だが、平日は比較的空いている場合もある。予約表をチェックして、空きのある日に有給休暇を取るなどの調整も必要だろう。

各遊漁船のルールは事前に要確認

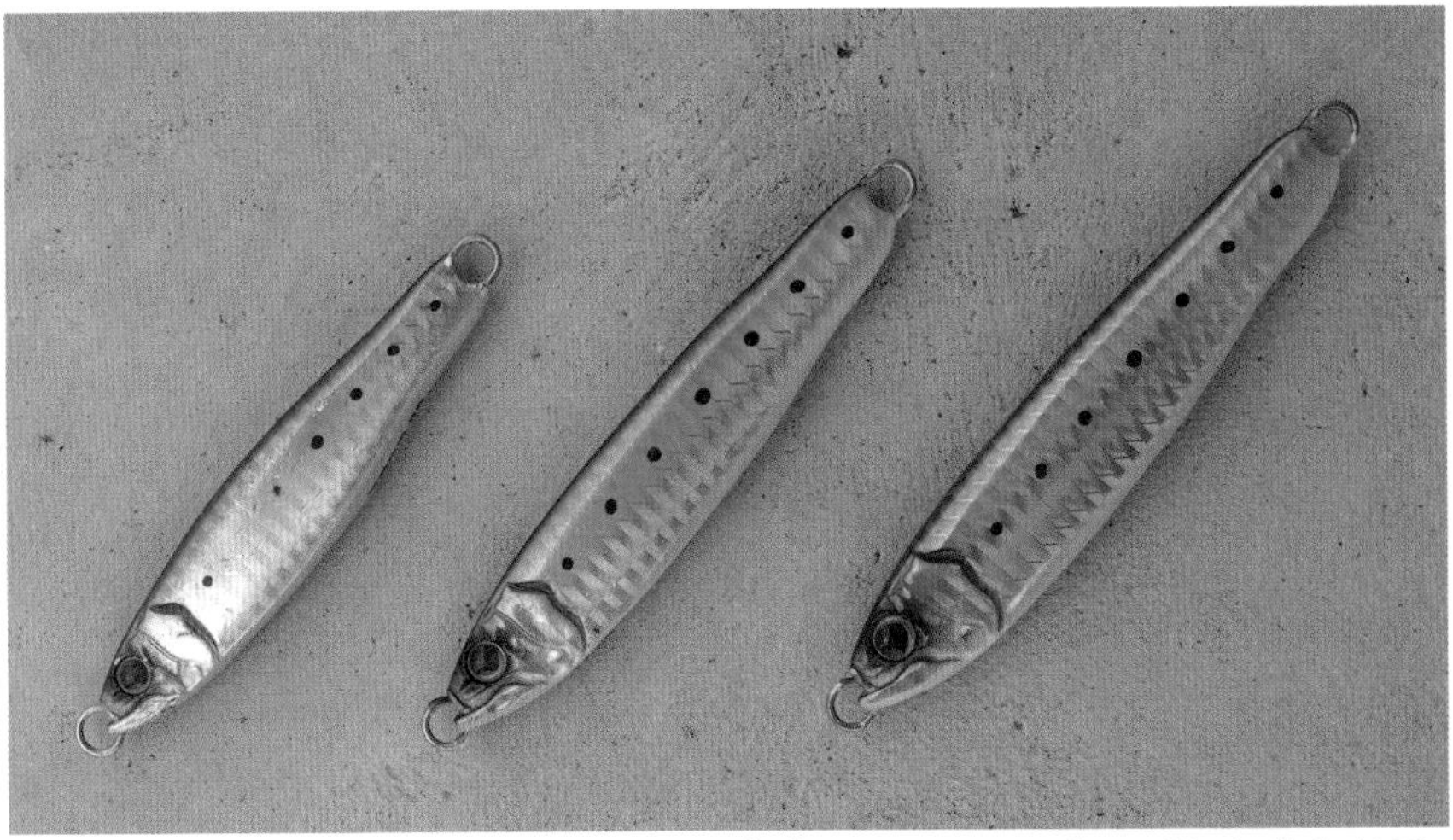

ジグやシンカーのウエイトを合わせる

人気の船では満船状態だとどうしても隣の人との距離が近くなる。ラインが絡んでしまう、いわゆる「オマツリ」を避けるために、ジグやシンカーのウエイトを何g以上と指定している場合がある。事前に確認しておかないと、現場で使えるルアーが限定されてしまう。

釣り座についてもルールがある

地域や各遊漁船によって様々だが、釣り座は完全に指定だったり、ローテーションだったりする。そのほかにも出港時間に遅れない、ゴミを捨てないなど当たり前のマナーは守る必要がある。

マナーとルールを守って楽しい釣りを

遊漁船にはそれぞれにルールが存在している。釣り座のローテーションや、使用するメタルジグの重さ、投入する順番など、船によって異なるが、そのルールには従わなければならない。また、出港時間に遅れない、海にゴミを捨てない、他の釣り人に迷惑を掛けないなど、当たり前のマナーを守れば、初心者でもきっと楽しいオフショアゲームを満喫できることだろう。

ルールを守ることさえできれば素晴らしい魚に出会えるのが遊漁船の釣り。陸っぱりからではなかなか釣ることができない珍しい魚を狙うのもいいだろう。

VARIVAS
PREMIUM QUALITY

ミニボート

マイボートの自由さと小型エンジンの機動力がミニボートの持ち味。自分の目で魚を探し出す醍醐味を味わいつつ、こんな大物だって釣れちゃうのだ。

その手軽さゆえに、ミニボートで釣りを楽しむ釣り人は年々増加している。しかし、事故が多いのもミニボート。天候に注意して早めの撤収が大切。

法規厳守が鉄則　安全第一で楽しもう

ミニボート

法規順守で無理しないこと

一般的に海上でボートを操船するためには小型船舶操縦士免許と、船舶検査が必要である。しかし、登録長3m未満、エンジン出力2馬力未満の、「ミニボート」ならば、免許も船検も不要。手軽にオフショアが楽しめる。

ミニボートにはインフレータブルと呼ばれるゴムボートのほかに、FRPやABSなどの樹脂製のもの、バスボートに多いアルミ製のものなどがあるが、収納や運搬の点で圧倒的にゴムボートが人気である。価格もボート本体とエンジンで25～30万円くらい。中古ならセットで20万円以下と、かなりお手軽。

小型ゆえに波や風に弱いという欠点はあるが、ミニボートの最大の利点はその機動力。釣りをしたい海域まで車載やトレーラーで運び、好きな場所から出艇できる。

小型ボートのターゲット

マダイ

ボートゲームでは定番のターゲットで、水深数mの浅場から水深80mくらいまでが主な生息域。マダイ狙いのためにボートオーナーになる人も多い。特に釣りやすいのは春先の産卵の時期で、水面から20m付近が狙い目になる。ジギングの他、インチク、カブラ、テンヤなどが主な釣り方で、群れを探すための魚探が必要。

メタルジグをはじめ、ジグミノー、ワームなど何でも食ってくる。

底棲魚

海底に張り付くように生息するヒラメやマゴチなど。いずれの場合もそれほど深いポイントではないので(20m程度で充分)、ワームや30～40gのメタルジグ、バイブレーションを使ったライトタックルゲームがメイン。マゴチ狙いの場合は、ポイントを絞り込み、アンカーを入れて錨泊する釣り方が有利。フグが多くてワームがボロボロになってしまう場合は迷わずハードルアーに交換。

近年はスロー系ジギングのヒラメ釣りも流行。もちろんミニボートで楽しめる。

スズキ

マダイと並んでボートゲームの主役。港湾部や河口域、汽水湖など、陸に近いところが主な釣り場になるので、機動力の高いボートのほうが有利。頻繁にキャストするため、フックが他の釣り人に刺さったり、ボートにぶつかったりしないように注意したい。またゴムボートの場合はスズキの背ビレに注意。

陸からでは絶対に届かないポイントを叩ける。それがボートシーバスの魅力。

手軽だが、ルールはある

スロープ（使用できない場合もあるので要確認）やサーフなど、一番良い時期に、一番近い場所からアクセスできるのだ。また、風が強くてボートが出せない状況でも移動して風裏を見つければ釣りが楽しめるという点も、プレジャーボートには無理な離れ業だ。

そんな手軽で便利な小型ボートだが、海上を自由に走り回ってよいというわけではなく、最低限順守しなければならないルールがある。事故を起こせば高額な罰金が科せられるし、人身事故ならば刑事罰に問われることだってあるのだ。

手軽に楽しめる小型ボート、ミニボートだが、いったん海に出たら航海のルールは大型船となんら変わらないということを肝に銘じなければならない。

■足踏みポンプ

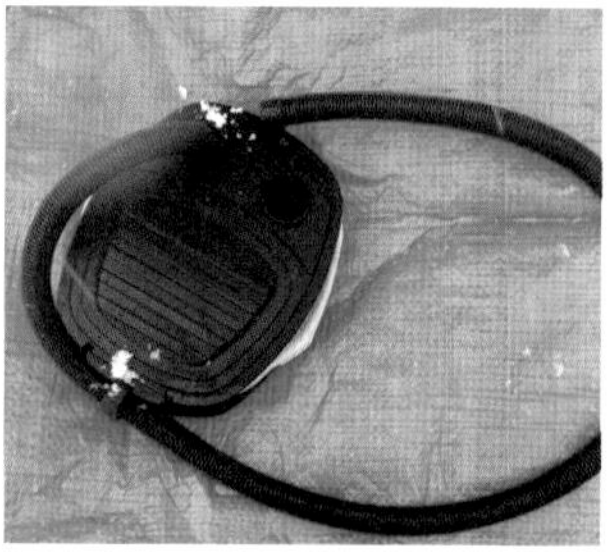

インフレータブルボートでは、フックが刺さったり、魚のヒレが刺さったりして船体に穴が空き、空気圧が低下することがある。また気温が下がると船内の空気が収縮し、船体全体の張りが無くなることもある。そんな時に必要なのが足踏みポンプ。狭い船内では邪魔な存在だが、ケースに入れるなどして航行時は必ず装備しておこう。

■オール

エンジンやモーターが装備されていても、沖でエンジントラブルが発生する場合もある。そんな時のために、必ずオールは装備すること。小型ボートでは、オールの装備は基本であり絶対に積み忘れてはならない。ただし、オールでの推進力には限界がある。風が強くなれば、全く進まないこともある。だからこそ普段からエンジンのメンテナンスを欠かしてはならない。

■工具類

使わなければならない時はかなり緊急を要する場面だが、あれば危機から脱出することもできる。最低限必要なのはプラグレンチとドライバー類。他にはペンチとハサミ、ギザギザ刃のカマ(スクリューにロープなどが絡んだ時に切る道具)があればベスト。

■携行缶

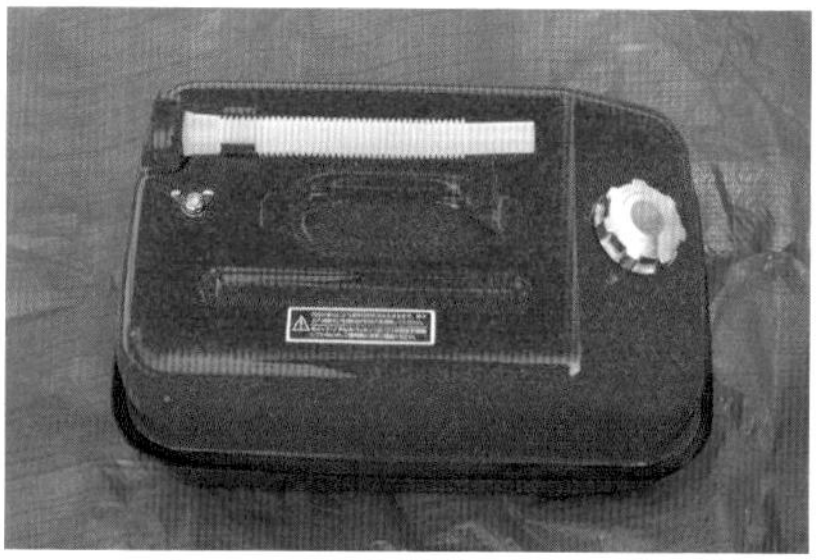

小型船外機は本体にガソリンタンクを持つものが多い。しかし、その容量は1～2リットル程度であり、満タンでも1日遊べる量ではない。ガス欠は漂流の原因になるので、5～10ℓ用の小型携行缶に予備燃料を入れて、忘れずに積み込むこと。

「海上衝突予防法」を熟知しよう

前述した通り、自動車の運転ルールと同様、海にもルールがある。それらのルールを「海上法規」という。

海上法規とは「海上衝突予防法」、「港則法」、「海上交通安全法」からなる法規。

それぞれの詳細について、ここでは割愛するが、これらの中で特に重要なのが「海上衝突予防法」。例えば正面から船が来ている場合や、交差する場合に、自船がどういう行動を取れば良いかが定められている。例外はあるが、基本的にはお互い右側に避けるのが決まりだ。

これは全世界で同じ決まりとなっているため、決まりに反した動きをされると大事故に発展しかねない。よって、船舶免許を持っていない場合でも「海上衝突予防法」はしっかり熟知しなくてはならない。

安全のための装備

■ロープ

救命や係船など使い途が多いので必ず積み込むこと。長さは最低で10m。できれば15m以上のものが理想。細いものでは役に立たないので、8～10mmの擦れに強いものが良い。

■アンカー

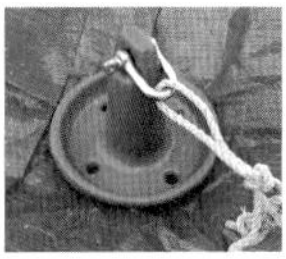

船を錨泊(びょうはく)するためのイカリ。釣りのスタイルにもよるが、水深の3倍の長さのロープが必要になるため、深場ではあまり使うことがない。ただし、状況によっては危険を回避したり漂流を防止する目的で必要になる場合がある。重いがスペースは取らないので是非装備しておきたい。

■水汲みバケツ

船内に入り込んだ水(アカ)をくみ出す時に必要。最近のボートは逆止弁付きの排水システムが標準装備のものもあるが、停船時は使えない。大きなバケツは邪魔だし、使い勝手が悪いので百均で売っている風呂用の桶が便利。できれば角ばってるものがいい。

■携帯電話を忘れない

法定備品のひとつに、緊急時に赤い煙を出す「信号紅炎」がある。しかし、近年は携帯電話が普及したため、電波が繋がる海域では紅炎を常備しなくても良くなった(船検時に申請の必要あり)。携帯は防水なら申し分ないが、そうでなければ密閉できる袋などに入れておけば安全。緊急時には躊躇せず118番に電話を入れるようにしよう。

■ガムテープ

積んでおけば意外に役立つ。特に、ゴムボートではちょっとした補修、応急処置に便利。小さな穴程度ならば、貼り付けるだけで空気漏れを防ぐことが可能。紙製では全く使い物にならないので、必ず「布ガム」で。

■救命浮環

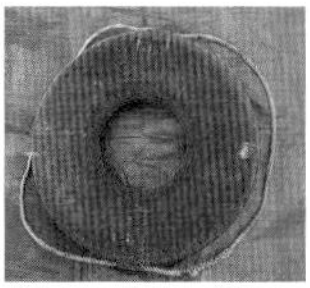

船舶検査が必要な艇であれば、法定備品(航海時に必ず装備しなければならないもの)のひとつ。落水者を救助したりする時に使う浮き輪で、船名を入れることが義務付けられている。それなりに場所を取るので置き場の工夫が必要だが、免許不要艇でも常備したほうが良い装備。

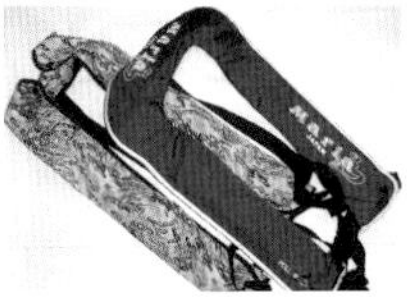

■ライフジャケットの着用

今更いうまでもないが、ボートに乗船する場合は、ライフジャケット(救命胴衣)の着用が義務である。積んであるだけでは違反になるので注意。ミニボートではどんなタイプのライフジャケットでも違反にはならないが、できれば国土交通省認可の「桜マーク」付きのものが安心。落水時に自動的に膨らむ「自動膨張式」が便利だが、ガスボンベには使用期限が定められているので定期的に交換しなければならない。

安全のための装備

小型船舶操縦士免許が必要な船舶では、常に船内に積載していなければならない「法定備品」というものがあり、船舶検査の時には必ずチェックを受ける。ひとつでも問題があれば通らないほど厳しい検査なのだが、それが安全のために必要不可欠な最低限の装備なのだから、当たり前のことなのである。

ミニボートでは、法定備品は義務づけられていないが、オール、足踏みポンプ、予備ガソリン、救命浮環、ロープ、アンカー、ガムテープ、水汲みバケツ、工具など最低限の装備は揃えておくべきだろう。コンテナケースなどに収納しておけばケースごと積み込めばよい。

特に携帯電話。緊急時に助けを求めるためには防水ケースに入れておくのが望ましい。

海上法規

海上衝突予防法」、「港則法」、「海上交通安全法」などから成る、海上航行のルール定めた法律。人命救助などの特別な例を除いて、なにびともこれに違反した場合には民事罰や刑事罰、罰金が科せられる。つまり、船に乗る以上、必ず守らなければならない決まり。

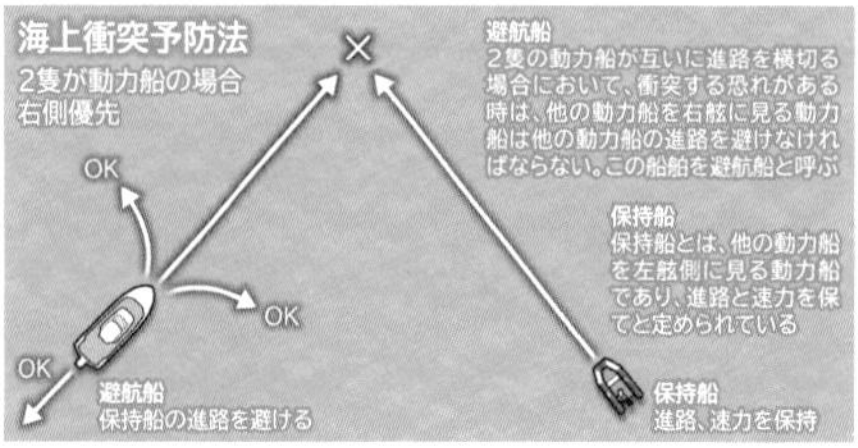

■海上衝突予防法

国際条約に基づいて制定された法律。海上を航行するすべての船舶の衝突を防ぐために必要な灯火、形象物、航法、信号などについて規定している。海上法規の中でももっとも重要な法律で、海上の交通ルールの基本であり、しっかりと覚える必要がある。

■港則法

船舶の往来が多い港内での航法を定めた法律。港内ではどちらが通行か、どんな船に対して進路を譲らなければならないか、港の出口ではどうするべきかなどの他、制限事項も決められている。

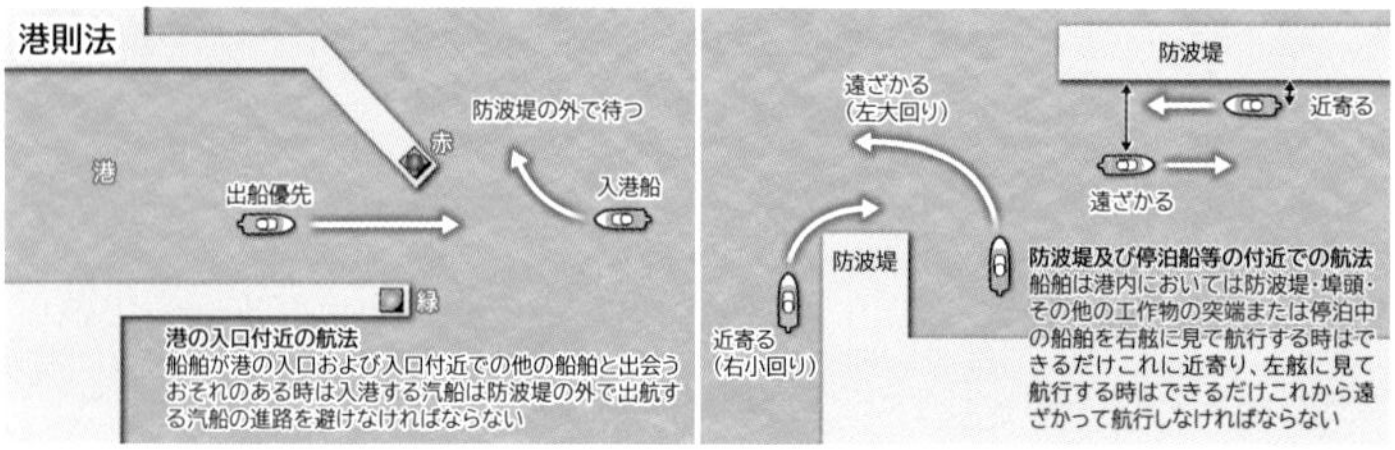

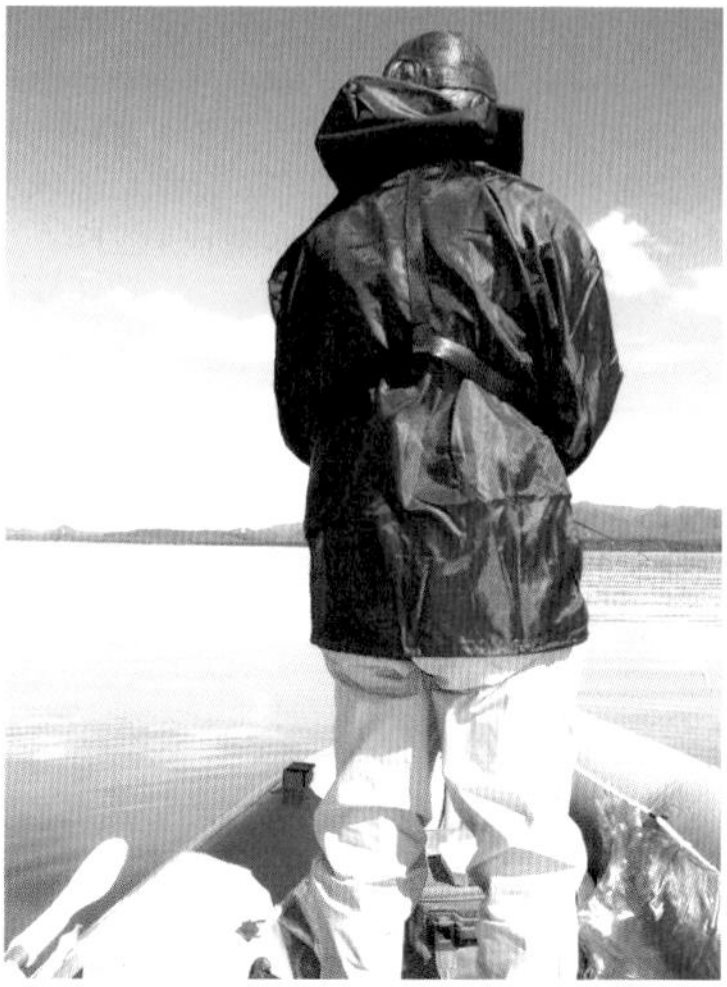

1気質でも破れたら一大事

筆者は釣り場で何度もゴムボートを救助した経験があるが、後部の気室が破れた場合には、すぐに大声で周囲の船舶に助けを求めるべきだろう。

とても多いミニボートの事故

ライフジャケットも必需品だ。ミニボートの場合、ライフジャケットは着用していればタイプは問われないが、より安全性を重視するならば桜マーク（国土交通省認可品）付きのものを選びたい。また、他の船舶からの視認性を高めるため、赤やオレンジなど目立つ色の大き目フラッグを立てるようにしよう。

海上保安庁の統計によると、ミニボートの事故率は全体の約2パーセントとなっている。しかし、それは海上保安庁に連絡が入った分だけであり、死亡事故に至らないまでも、転覆や沈没などの事故は日常的に発生している。

空気注入型のゴムボート（インフレータブルボート）の場合、気室が複数に分割されている場合が多いが、けっして安全ではない。

様々なミニボート

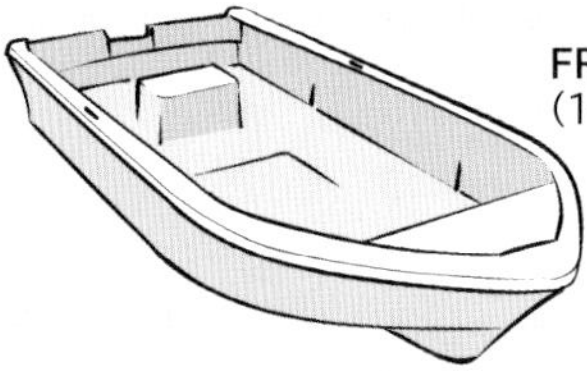
FRPボート
(1～2人用)

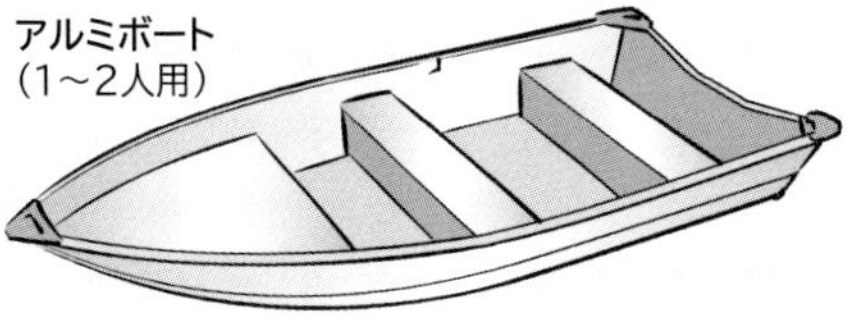
アルミボート
(1～2人用)

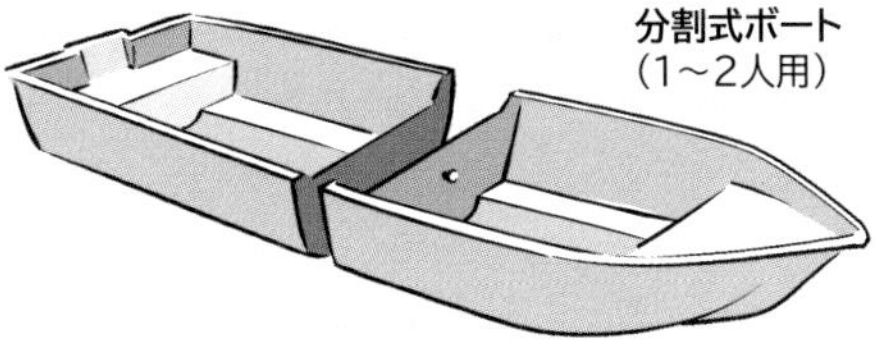
分割式ボート
(1～2人用)

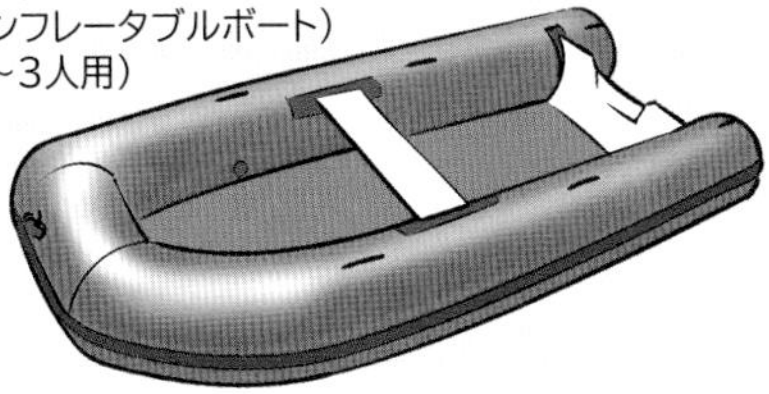
ゴムボート
(インフレータブルボート)
(1～3人用)

風に弱い、波に弱い……ボートの種類で特性が変わる

■FRPボート
　繊維強化プラスティックを材料に作られたボートで、高強度、耐久性に優れる。しかし、3mサイズのボートで約60kgと、他のミニボートと比較して重いのが難点。また、安定性が悪く横波に弱い傾向があるので、片舷に負荷が掛かる使い方はしないほうが良い。近年は浮沈構造のものが多い。

■アルミボート
　海で使うと純アルミを使ったものは電食で腐食するので、マグネシウムなどを混ぜたアルミ合金が良い。内部に浮力体が無いものは、浸水すると沈没してしまうので、外洋で使うならば、必ず浮力体のある浮沈構造のものを選ぼう。アルミとは言え10フィートで50kg前後の重さになる。

■分割式ボート
　2～4ピースに分割できるタイプのボートで、1ピースあたりの長さが1～1.5mのため、車内に積んで運べる。慣れれば数分で組立てができ、特殊なジョイントを使って接合する。素材は主にFRPで、組み立て済みの船体はけっこうな重さになる。このタイプもやや不安定で横波に弱い。

■ゴムボート(インフレータブルボート)
　多層構造の特殊ゴムで作られたボートで、チューブに空気を入れるタイプ。耐久性と摩耗性に強いアキレスのハイパロン製が有名。風には弱いものの、波にはすごぶる強く、余程のことが無い限り転覆ということはない。そういう意味では、最も安全な小型ボートと言える。

ローカルルールを守ろう

気室のどれかひとつでも破れれば、あっという間にバランスが崩れ、航行不能。最悪の場合は沈没してしまう。

小さなゴムボートに2名乗船していると、2馬力エンジンではパワー不足。風や波が出始めると、フルスロットルでも前に進まない状態に。事前に天気予報を確認しておくことはもちろん、天候悪化の兆しがある時は、早めに撤収して陸に向かうのが無難だ。

ミニボートで今一番問題になっているのが、出艇場所や駐車場関係。勝手にスロープを使用したり、港内にトレーラーを放置したりなど、漁業関係者や近隣住民からの苦情が絶えないのが現状だ。漁港施設を利用するならば、漁協に問い合わせて許可をもらう、駐車の際には土地の持ち主に確認するなど、釣りをする以前にやるべきことはたくさんあるのだ。

カヤック
フィッシング

自由気ままに自然を満喫できるカヤックフィッシング。釣れるのも、釣れないのもすべて自分の技量次第。危機に対応する術もしっかりマスターしよう。

静かにのんびりと楽しむ　カヤックの釣り

カヤックフィッシング

静かに自然を満喫する釣り。それがカヤックフィッシング。釣りもいいが、景色を眺めたり、イルカたちと戯れるのも楽しい。

カヤックフィッシングとは

ここ10年ほどの間に全国的なブームとなったカヤックフィッシング。最初の頃はカヤックを車載しているだけで奇異の目で見られることが多かったが、近年はその光景も当たり前になり、日常化しつつある。陸っぱりで釣りをしていて、沖に浮かぶカヤックを目にすることも多いだろう。

カヤックと聞いて多くの人がイメージするのは、カヤック内部に体を入れる「シットイン」タイプだろう。だが、シットインタイプでは釣りをするための装備など、艤装が困難なため、カヤックフィッシングでは艇の上に乗る「シットオン」タイプが使われる。衝撃や紫外線に強く、比較的安価なポリエチレンのものが多いが、ABS製やFRP製のものもある。

カヤックの魅力は自分のペースでのんびり釣りを楽しめることだ。

カヤックフィッシングの利点❶

圧倒的な小回りの良さ

動力船では近づくことすら難しい浅瀬にも入っていけるし、エンジン音でプレッシャーを与えることもない。静かにアプローチして、ポイントではすぐに停止することができる。ピンポイントの攻略には圧倒的な強みを持つのがカヤックフィッシングだ。一方で動力はパドル一本のみ。無理はできないことも覚えておこう。

カヤックフィッシングの利点❷

大物が釣れる

小回りの良さを生かしていいポイントをランガンできるため、いい魚と遭遇する確率が高くなる。ナブラのど真ん中での釣りも可能。ブームにより多少混雑している場合もあるかもしれないが、基本的にはポイントは選び放題。自分のポイント選びとテクニックで大物を手にする感動は乗合船では味わえないものだ。

カヤックフィッシングの利点

車載して好きな所から好きな時間に出艇できる。使用後の手入れが比較的容易など、カヤックフィッシングの利点はたくさんある。だが、カヤックフィッシングが凄いのは、その釣果かもしれない。ポイントに静かにアクセスでき、すぐに停止できるため、魚を散らさず、ピンポイントの攻めが可能だ。よって、動力を持った他の船舶が見向きもしない、浅瀬での爆釣が期待できる。動力付き船舶では難しい、ナブラのど真ん中での釣りも可能だ。

パドル一本のマンパワー頼りなので、無理は禁物。風速2m以下が出艇の条件になるし、水をかぶるのが当たり前の釣りだが、2、3時間の空き時間でも釣りが楽しめるカヤックフィッシングは、忙しい現代人にはうってつけの遊びなのかもしれない。

シットオンタイプが基本　できるだけ大きなものが安全

カヤックフィッシングはただカヤックを漕ぐだけでなく、ロッドホルダーや魚探など様々なアイテムを取り付けてはじめて快適に楽しむことができる。これを「艤装（ぎそう）」という。釣った魚を持ち帰るならクーラーボックスも積み込まねばならない。そのため、内部に入り込むタイプのシットインではなく、上に乗るシットオンが基本。また、小さいカヤックの方が準備が楽で小回りも効きやすいと思いがちだが、直進性・安定性を考えるとできるだけ大きめがいい。

安全のためのカヤック選び

フィッシングカヤックには様々なタイプがある。間違った選択をすると事故につながりかねないので注意だ。

釣り用として販売されているカヤックは、小型のものだと3m以下、大きなものだと4・5mくらいだろう。大きなカヤックは、当然重くなる。車載や運搬の際には、軽いほうが体への負担が少ないので、ついつい小型のものを選びがちだが、初心者ほど大型を選ぶべきである。直進性や一次、二次の安定性は、大きなカヤックほど高く、急な強風や波の場合でも、安全に帰着できる率が高いからだ。具体的には3・6m以上がおすすめで、できれば4m以上の艇が良い。

近年はスクリューやフィンを持った足漕ぎタイプもあるが、こちらは艇の形状そのものが異なり、SUPなどと同様別物と考えた方がいい。

軽自動車でも4m前後までは車載可能

軽自動車の場合、全長は約3.4mだから、プラス68㎝の4m8㎝までは合法ということになる。フィッシングカヤックは大きくても4.5mくらいまでだから、かなり大きなものまで軽自動車で車載できることになる。

大型、小型 それぞれのメリットとデメリット

小型のものでは3m以下、大きいものだと4.5m前後まで存在するフィッシングカヤック。重さで見れば当然小型の方が軽く、大型は重いため、短い方が準備は楽だ。ただし、直進性や安定性では長いものに分があり、急な強風や波でも無事に帰着できる確率が高まるため、初心者ほどできるだけ大型を選びたい。目安としては3.6m以上、できれば4m以上が理想的だ。

大型。全長は長く、重量も重いため車載する際の上げ下ろしは大変だ。海上での小回りもやや効きづらい。反面、直進性、安定性に優れ、急な悪天候にも対応できる。

小型。全長は短く、重量は軽い。上げ下ろしは楽だし、小回りも効きやすいが、直進性、安定性に欠け、状況判断に長けたベテラン向けと言える。写真は足漕ぎタイプ。

車載はカヤックの長さに注意

ところで、成人男性がカートップに楽に車載できるカヤックの重さとはどれくらいだろうか?車のルーフの高さもあるが、一人でストレス無しに車載できるのは30㎏くらいまでである。ポリエチレン製で4mのカヤックがこのくらい。FRPだとぐんと軽くなり20㎏以下だ。命を預ける乗り物だから、多少重くても、一人で車載できる限界サイズを選択したほうが良い。

カートップでカヤックを車載する場合、積めるカヤックの長さに制限がある。とはいえ、4mサイズのカヤックを車載するならば、軽自動車でも違反にはならないので大丈夫だ。令和4年5月の道路交通法改正により、車長の1・2倍まで車載が可能になったからだ(それ以前は1・1倍まで)。カヤックフィッシングは車載が必須だが、大きな車である必要はないのだ。

「風が止んだら撤収」の理由

自然界には同じ日は一日としてないが、「傾向」はある。風が止むのはひとつの合図。それまでと逆の強い風が吹くことが多い。風が止むと釣り自体はしやすいためついつい釣りを継続しがちだが、風が止んだことを合図に陸に近いところまで移動するようにする。

カヤックフィッシングのターゲット

人力で漕げる範囲でもちょっと沖に出ることで釣れる魚は変わってくる。陸っぱりでは釣りづらい魚種との遭遇率も上がるし、釣れるサイズも大きくなるし、なによりたくさん釣れる。

風が止まったら要注意

釣りを終えたら基本的に出艇場所まで自力で帰ってこなければならないカヤックフィッシング。風は大敵である。もちろん波も怖いが、陸から何km も離れた場所で強風に吹かれると、いくら漕いでも前に進まず、陸にたどり着くのが大変になる。

こうなる前に、早めに撤収して陸に向かいたい。「風が止まった時」がそのタイミング。風が止まると、やがて今までと逆の強い風が吹いてくる。風が止まると釣りやすくなるため、ついその場にとどまりがちだが、そこをグっと我慢して陸に近いところまで移動するべきだ。

再乗艇訓練で万が一に備えよう

カヤックフィッシング最大の危機のひとつは転覆だ。急な天候の急変、操船のミスなどによって転覆してしまった時、いかに対応するか？転覆したカヤックにつかまり、ひっくり返し、再度乗艇する。文章にするとこれだけのことだが、カヤックは30kg前後の重量があり、あらかじめ訓練しておかないと難しい。万が一の危機を想定して訓練しておくこともカヤックフィッシングの大切なマナーのひとつだ。

重量があるカヤックを、海上で元の位置に戻すのは難しい。自力での対処ができないと、カヤックにつかまったまま海上を漂流することになり、体温低下などによって遭難となる。海上ではあらゆる場面で自分の技術と責任が要求されるのだ。

定期的に再乗艇訓練を

初心者はもちろん、カヤックフィッシングに慣れた上級者でも、単独での釣行はできるだけ避けたい。複数での釣行であれば何か問題が発生した場合でも、近くに仲間が居れば救助を求められるからだ。

どうしても単独釣行しなければならない場合は、家族や仲間に、どこから出艇して何時まで釣りをする予定なのか？　釣行の計画をしっかり伝えておくこと。

舟である以上、カヤックは転覆する。艇の上でふざけたり、悪天候で無理しない限り滅多に転覆はないのだが、もしもの時のために再乗艇訓練は定期的にやっておきたい。荷物は失っても、命を失わないために、再乗艇訓練はとても大切であり、カヤックフィッシングを行う上での義務である。

COLUMN05

DANGER

諦める勇気も時には必要

「ちょっとだけ」が招く悲劇

毎年100件以上の釣り人が関係する海難事故が発生している。その多くは状況判断の甘さと水に対する甘さが招いたものがほとんどなのだ。

せっかくの休日なのに荒天。ここ数日、ずっと楽しみに仕事を頑張ってきただけに、なんともやるせない週末。

よくある話ではないだろうか?そして、荒天と知りつつ、とりあえず現場に足を運んでみなければ気が済まないのが釣り人の性分。

さて、現場に到着してみると、何とか竿を出せそうな場所を発見。波は高く風も強いが、無理すれば少しなら遊べそうだ……。

こんな感じで海難事故は発生する。その多くは状況判断の甘さにほかならず、「ちょっとだけ」という安直さが命取りとなる。

海難事故は自分だけでなく、家族や職場、友人、そして釣り人全体にまで多大な迷惑を掛けるということを肝に銘じておかなければならない。貴方が事故を起こしたことで、みんなの釣り場が閉鎖されてしまうこともある。「ちょっだけ」が招く悲劇は、貴方が想像しているよりも遥かに多くの人たちを振り回す結果になるのだ。

海の怖さを知ろう

命あっての釣り、安全第一の遊びなのだから、身の安全を確保できない状況では潔く諦めることが肝心だ。仲間と一緒の釣行であれば、どちらか一方がストッパーになることもある。しかし、単独釣行ではなかなか「諦める勇気」が沸かない。

水難事故の犠牲者は毎年数百人にのぼる。そのうち、釣り人が絡む事故は毎年百件ほどで、年々増加傾向にある。交通事故に比べればその数字は小さいが、多くの尊い命が失われていることに違いはない。それらの多くは防ごうと思えば防げた事故がほとんど。やはり、ちょっとした判断の甘さが命取りになるということだ。

体調不良なら無理をしない。荒天時は慎重な判断を。単独釣行はできるだけ避け複数で。そして、少しでも不安要素があるならば潔く諦める。それが海難事故を防ぐための4つの厳守事項だ。

第8章 これさえ覚えればソルトルアーは完璧！

基本のフィッシングノット

次項から数種類のノットを紹介するが、最初のうちはルアーやスナップの結束 1 種類とメインラインとリーダーの結束 1 種類ずつだけ覚えれば十分釣りになる。ベテランでも同じノットばかりという人も多く、すべてのノットを完璧に覚える必要はない。自分にとって必要なノットを、光量が少ない時間帯でも完璧に結べるようにしておきたい。

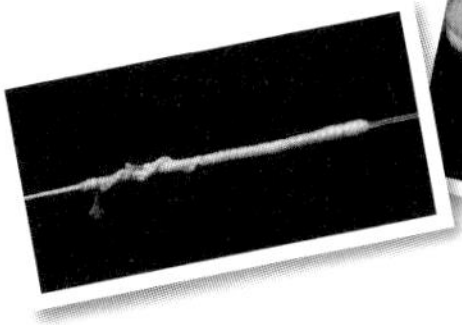

釣り糸の結び方

ロッドもリールも揃ったし、ラインも巻いた。もちろんルアーも準備万端。これでいよいよルアーフィッシングにチャレンジ……と言いたいところだが、とても大切な「結び」という作業が残っているのだ。

ルアーフィッシングではラインを何かに結ぶことをノットと言う。スナップなどの金属類に結んだり、ラインとラインを結んだり、その結び方は数え切れないほど存在している。「電車結び」や「8の字結び」など、古くから日本で使われていた結び方については日本語の名前がそのまま使われているケースもあり、イメージ的に分かりやすいが、多くの場合は「○○ノット」という名前が付けられているのが普通だ。近年のリーダー結びでは考案者の名前の頭文字が使われるケースが多いが、中には名前の由来が全く不明なものも少なくない。よって、結び方と名前が合致しにくく、ルアー用語の中でも覚えにくい項目になっている。

大切なのは信頼性と実践

だが、そのすべてを覚える必要はない。スナップやルアーにラインに結ぶ方法とラインとラインを結ぶ方法。そのたった二つの結びを練習して覚えるだけで良い。ここで紹介している結び方は、しっかりと結んであれば充分な強度を保てる優秀なノットたち。自分に合ったノットが見つかったら、あとは浮気することなくひたすら練習して使い込むことで、ノットに対する信頼性が生まれる。この信頼性こそがノットに求められる最大の要素。突然襲ってくる未知の大物や、千載一遇のチャンスに対しても、ノットに対する信頼性が高ければ、安心して落ち着いて対処できるだろう。

ノットを完璧にマスターするためには、現場で実践を繰り返すことも大切。完璧と思ったノットも現場の環境によっては簡単に切れてしまうことがある。様々な状況を経験することによって、その対処法をあれこれ盛り込みながら、自分なりのパーフェクトノットが完成してゆくのだ。

アシストツールも活用しよう

結びの中でも面倒なのがリーダーの結束。そんな面倒な結びを補助してくれるのが、各社から発売されているノットアシストツール。慣れるまで少し時間が必要だが、使いこなせばこれほど便利なものはない。多くの場合、1種類のノットに特化した設計になっていて、すべてのノットに対応しているわけではないので、購入時はしっかりと確認する必要がある。

リーダー結びに便利なノットアシストツールも活用したい。

リーダーとスナップ or ルアーの結束

ユニノット

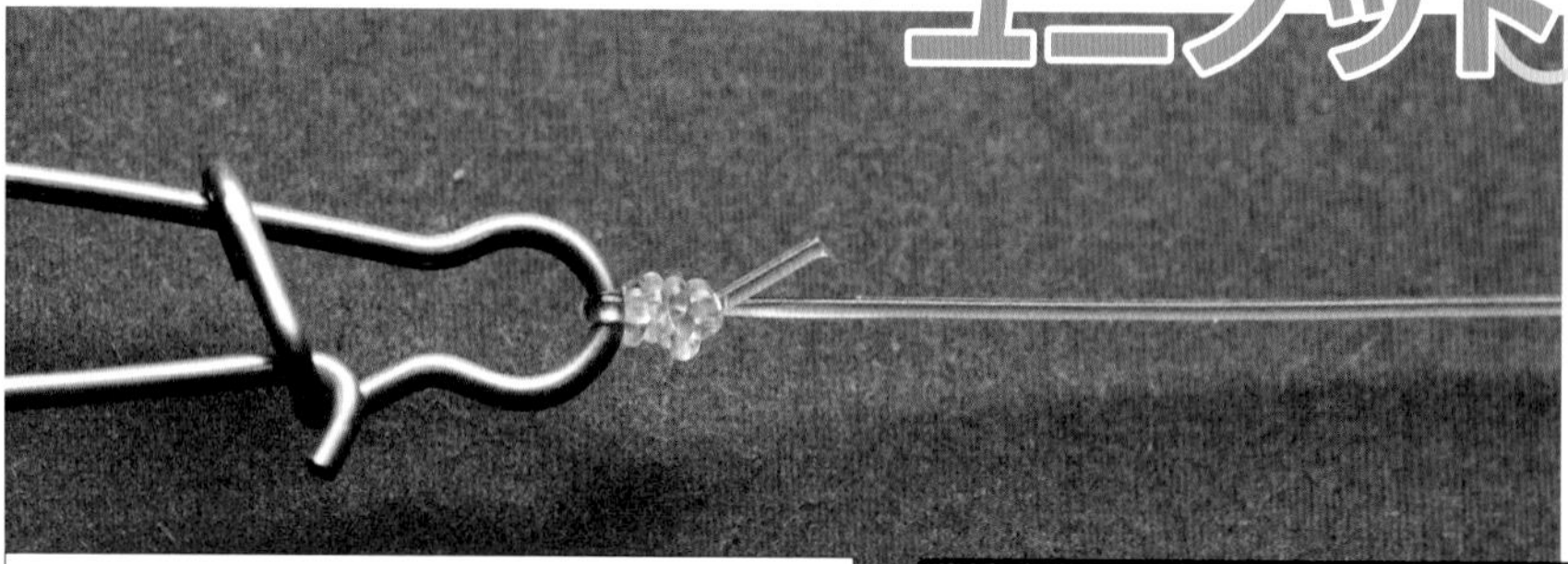

初心者にも優しい、最も簡単なノットの一つ。フックとライン、ラインとライン、アイとラインなど、あらゆる結節への応用が利く。ラインの太さを問わず使えるが、6ポンド以下の細ラインの場合はラインを二重にすることで結束力をアップできる。

汎用性の高い必須ノット。必ず覚えよう。

ルアーやスイベルなどへの結束、ラインとラインの結束、ダブルラインなど、ユニノットは様々な場面で応用できる基本中の基本と言って過言ではない。強度的には他のノットに比較してやや不安な面もあるが超簡単なのが何よりも魅力。慣れれば暗闇で手探りだけでも作れてしまう。極端な話、ユニノットだけ知っていればとりあえずルアーフィッシングは可能なので、何度も練習して必ず覚えたいノットのひとつ。

ユニノットの大きな特徴のひとつに、結束強度にバラツキが少ないという点がある。作り方が面倒なノットほど仕上がりの状態で結束力にムラがあり、ここぞという場面で裏切られたりする。しかしユニノットは強度がある程度一定なので、使い込んで慣れてくれば大物とのファイト時など結束の限界がわかりやすい。強度的にも平均以上だが、100点満点とは言えないので総合評価は18点とした。

これを知らないと釣りにならない場面も

スイベルやルアーへの結束の他、ラインとラインを結ぶ電車結び。リールのスプールにラインを結ぶ時や、結束金具を使わないループノットなど、ユニノットの出番はかなり多い。これだけ知っていれば釣りが出来るが、裏返せばこれを知らないと釣りにならない場面もある。

注意点と結び方のコツ

雑誌やネット上で紹介されている結び方は様々で、何種類かの方法があるようだが、大抵の場合、ラインの巻き数は3回程度で説明されている。しかし、滑りの良い細フロロの場合など、3回では摩擦係数が足りず強度不足になるので、最低でも4～5回の巻き数にしたい。

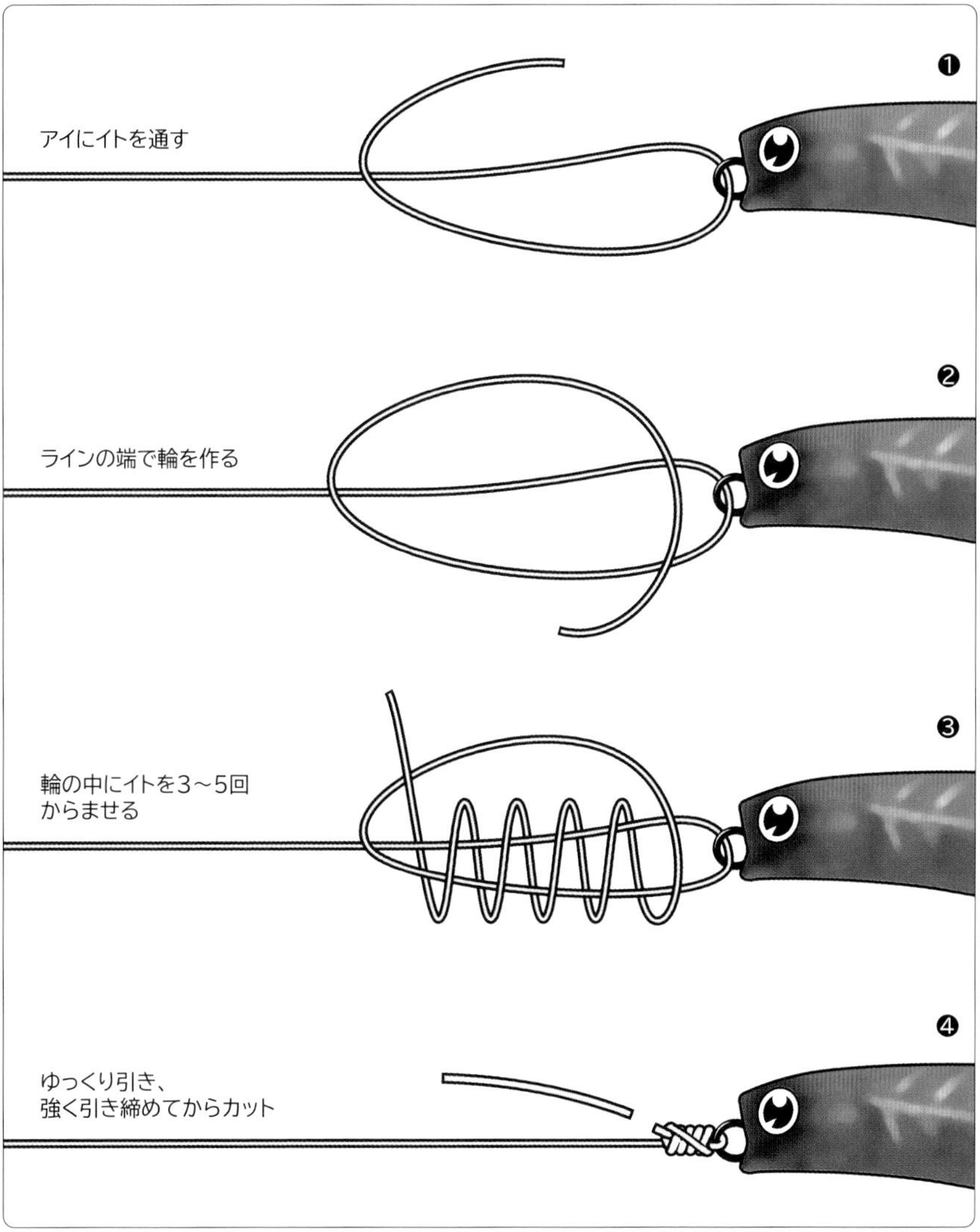

❶
アイにイトを通す
❷
ラインの端で輪を作る
❸
輪の中にイトを3～5回からませる
❹
ゆっくり引き、強く引き締めてからカット

ココがキモ!

ラインを巻き付けた後の締め込みは弱めにしておく。最後に本線を引いて締めるが、その時は結び目を軽く指で押さえて、本線を引くというよりも、「結び目を下げる」感覚のほうが綺麗に結べる。最後の締め込みはきっちりと行わないと(締めすぎもラインを傷める原因なのでほどほどに)、太ラインほど「緩み」が起きやすい。

KNOT DATA

○おすすめ度	★★★★★
○信頼度	★★★★
○結束力	★★★★
○作りやすさ	★★★★★

総合評価 18/20

リーダーとスナップ or ルアーの結束

クリンチノット

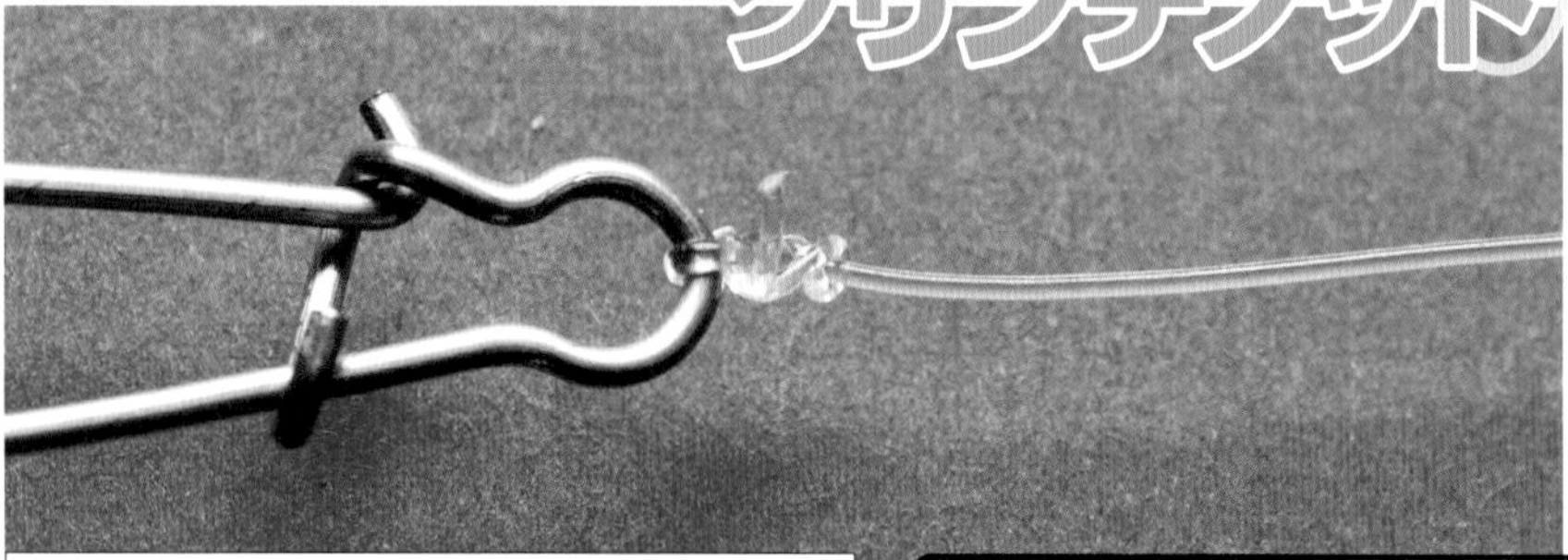

釣りを始めて最初に覚えたのがクリンチノットだったというアングラーも多いのではないだろうか?ユニノットと並ぶノットのひとつとして有名で、主にスナップ類やルアーなどに結束する場合に使用される基本的なノット。様々な応用の結びも存在する。

太ライン使用時は緩みに注意

基本ノットとは言うものの、ノット自体は複雑な構造。巻いてみたり、通してみたりの行程が多いので、太ラインほど締め込みが難しく、使用中に解ける可能性も高い。ナイロンならば20ポンド以下、フロロならば16ポンド以下のラインで使用するのが妥当だろう。

注意点と結び方のコツ

本文中でも説明しているが、このノットは締め込み時にラインに掛かる摩擦抵抗が大きく、熱が発生してヨレができやすい。締め込む時の熱対策として、水で濡らすという方法があるが、面倒な場合は口に入れてツバで湿らせれば良い。たったこれだけで結束強度は大幅に違う。

結束方法によって強度にムラができやすい

子供の頃、釣りを始めて最初に覚えたのがこの結びだった記憶がある。釣り雑誌などではユニノットよりもはるかにメジャーな結び方として取り上げられていたし、釣具屋さんで小物を買った時に入れてくれるハリメーカーの紙袋の裏に書かれていたのも、クリンチノットが多かった気がする。

でも、いつの頃からかこのノットを使わなくなったのは、結束強度にムラがあったこと。夜釣りの場合、手探りで結ぶのが難しかったこと。そして自分の性格がせっかちなことがその理由だろう。もちろん、しっかりと時間を掛けて結べばこのノットは充分に強いのだが、使用するラインや種類に応じて多少結び方を変えてやる必要があるし、完璧に結ぶにはユニノットの倍ほどの時間が掛かる。そういう意味では、実は初心者向けではないのでは? なんて疑問も沸くが、未だに基本ノットとして広く愛されている事実に違いはない。

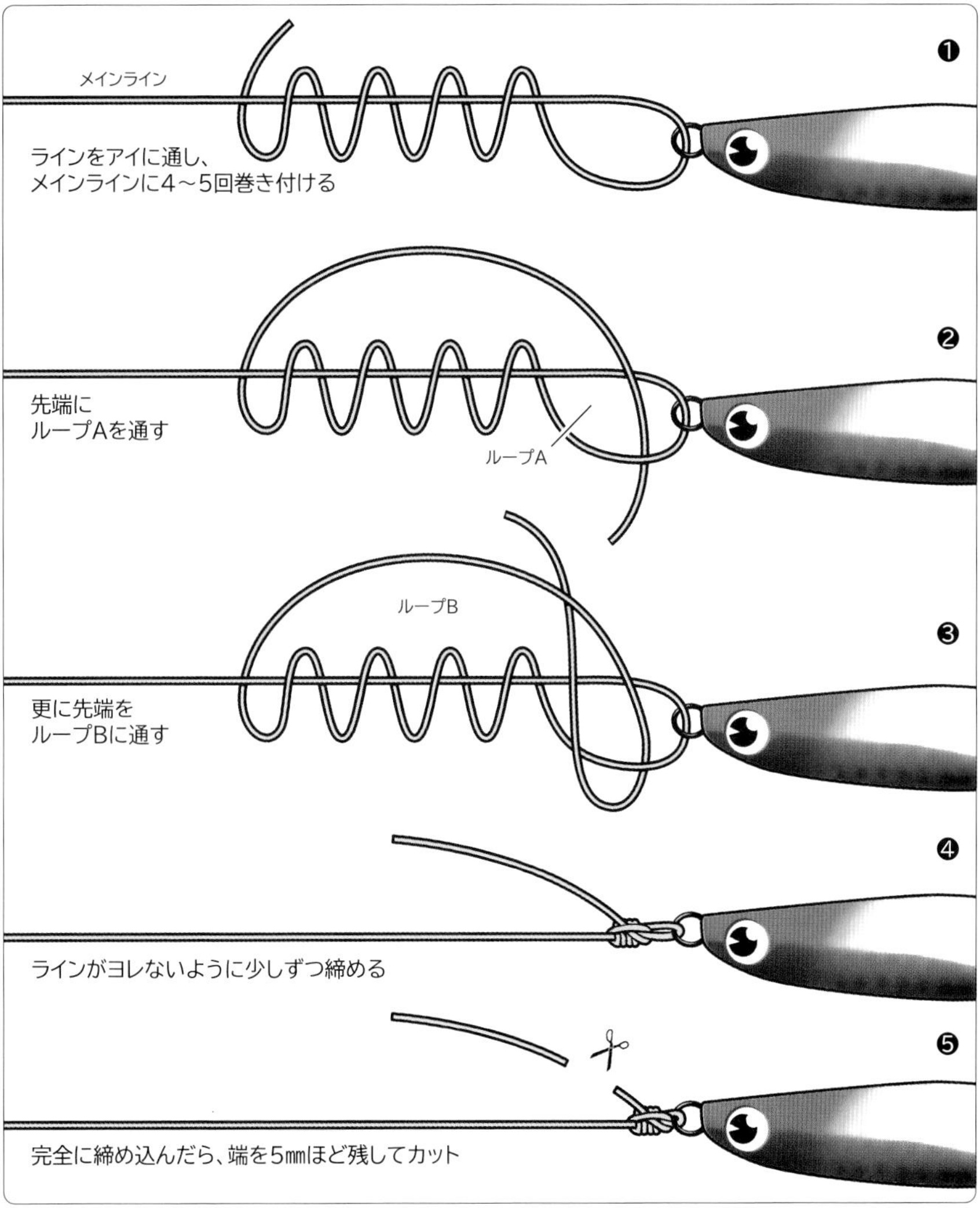
❶
メインライン
ラインをアイに通し、
メインラインに4〜5回巻き付ける
❷
先端に
ループAを通す
ループA
❸
ループB
更に先端を
ループBに通す
❹
ラインがヨレないように少しずつ締める
❺
完全に締め込んだら、端を5㎜ほど残してカット

ココがキモ!

ラインの種類や太さによって多少結び方を変えるのがコツ。例えばPEラインの場合は滑りやすいので巻き数を多めにすれば良いし、結び終えた後にライターで焼きダマを作ってやるだけで強度はアップする。太ラインの場合は、最後のループに入れる部分を省略したほうが緩み防止になるし、強度的にも大きな差は無い。

KNOT DATA

○おすすめ度	★★★★
○信頼度	★★★★
○結束力	★★★★
○作りやすさ	★★★★

総合評価　16/20

パロマーノット 03

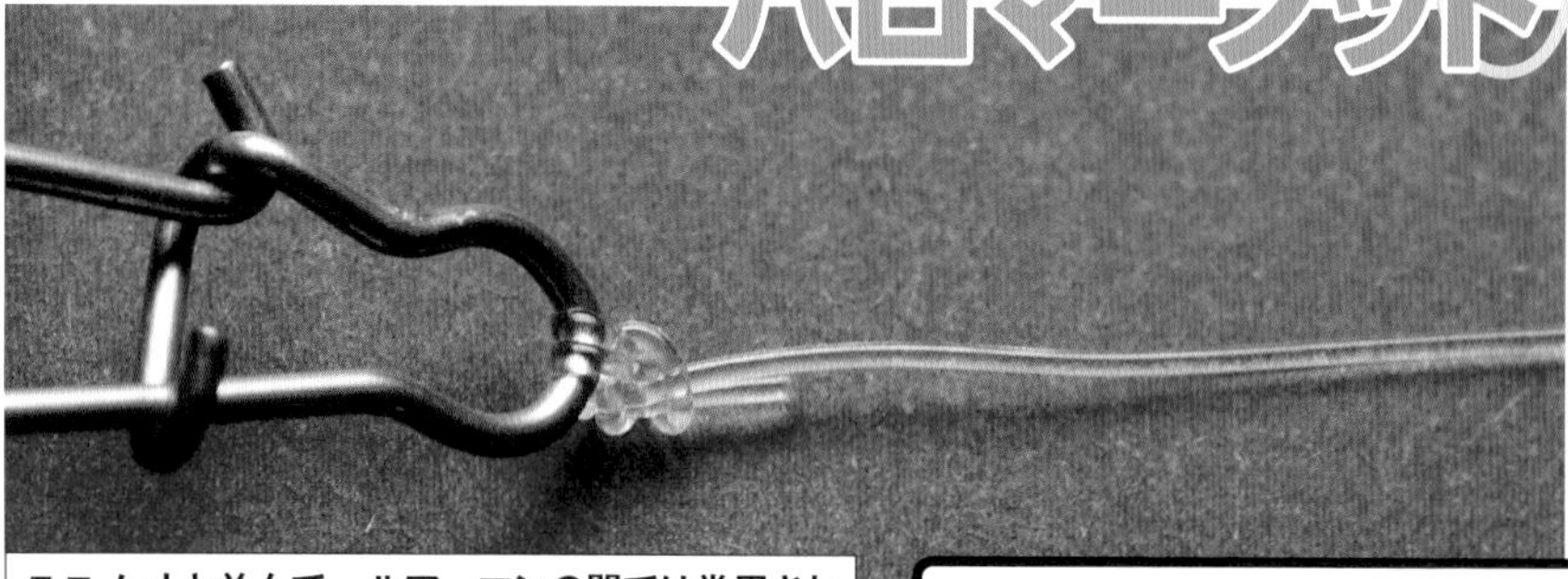

ユニノットと並んで、ルアーマンの間では常用されている定番ノットのひとつで愛用者は多い。もともとが二つ折りのダブルで結ばれる仕組みなので、結びの簡単さの割に摩擦係数が大きく、高い結束力を誇る。性質上、大きなものに結ぶには適さない。

結束力に優れた簡単ノットで、愛用者は多い

こんな結び方で、本当に大丈夫？と疑ってしまうほど簡単なノットだが、多くのアングラーの信頼を集める人気のノットで、有名アングラーの愛用者も多い。

素材によっては充分な強度が出せなかったり、締め込みの段階でコツがあったりと、製作上の注意点もいくつかあるが、慣れてしまえば高結束のノットをわずか数十秒で完成させられる。ナイトゲームの場合でも、ライトが無くても手探りで作れるほど簡単なので、覚えておいて損はないだろう。

対象物をくぐらせるという結びの性格上、ループを大きくしすぎると最後に切り捨てる部分が多くなるので、使用しているリーダーが短めの場合は注意。また、太ラインでは、場合によっては使用途中に緩んで解ける場合もある。

目安としてはナイロンで20ポンド、フロロでは16ポンド以下での使用をおすすめしたい。

ラインの種類によって多少のムラあり

滑りやすいPEラインを使った直結では、結びしろの端を焼いて抜け防止の対策が必要。そういう意味では素材や結び方によって強度差が生じる場合があり、どのラインが適しているのかを把握する必要がある。特に使用するラインを変更する時は注意。

注意点と結び方のコツ

最後の締め込みは、ライン本線と端側を交互にゆっくり引いてジワジワと締めてゆく。かなりの高熱が発生する結びなので、急いで締め込むのはNG。水中で締め込んだり、それが不可能ならばツバなどで湿らせてからゆっくりと締め込むことを忘れずに。

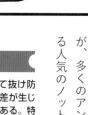

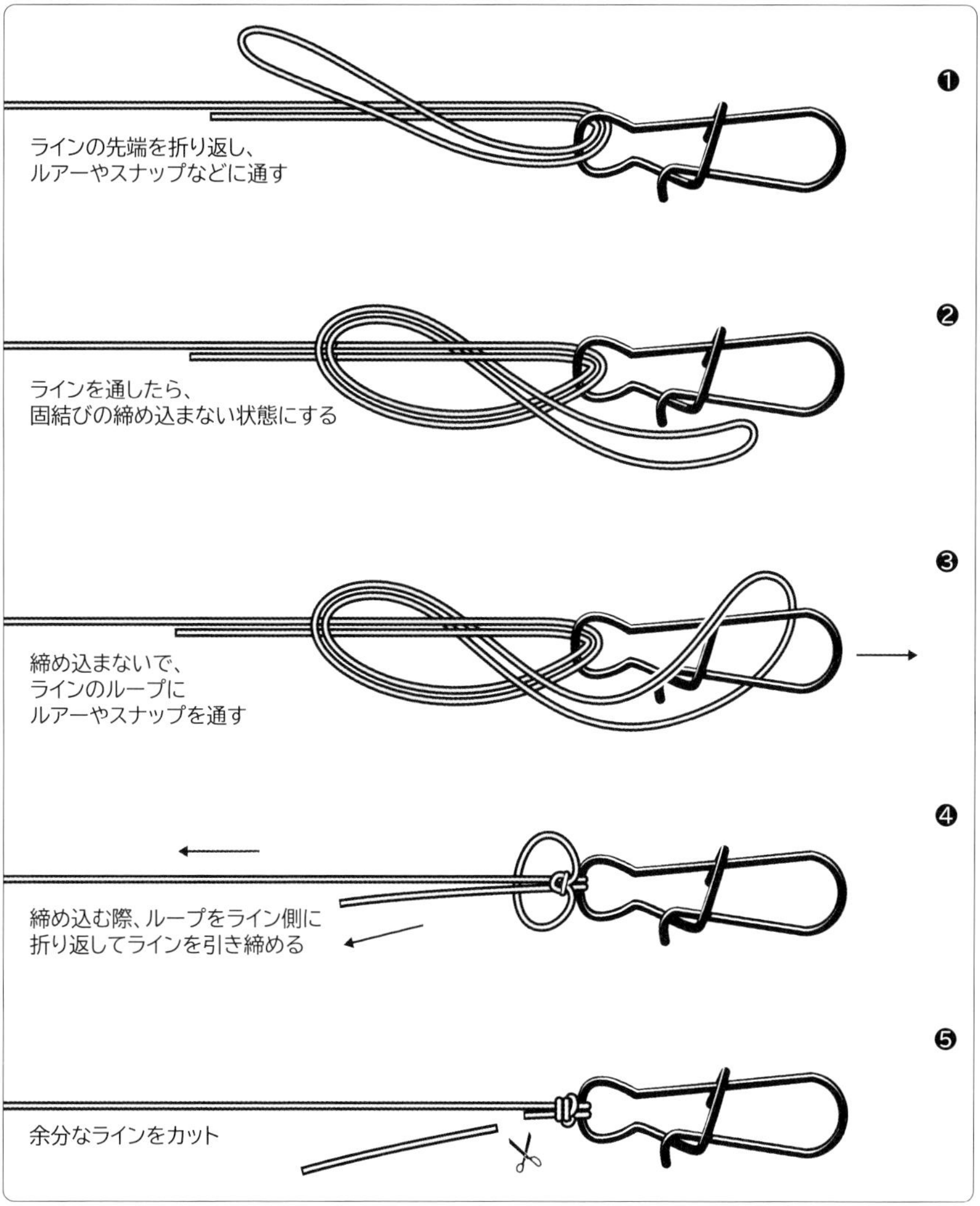
❶
ラインの先端を折り返し、
ルアーやスナップなどに通す
❷
ラインを通したら、
固結びの締め込まない状態にする
❸
締め込まないで、
ラインのループに
ルアーやスナップを通す
❹
締め込む際、ループをライン側に
折り返してラインを引き締める
❺
余分なラインをカット

ココがキモ!

別項でも説明しているが、このノットは最後の締め込み時で強度が決まる。一気にギュッと締め込むと、間違いなく熱で劣化して強度低下を招くことになるので、かならず湿らせて、ユックリジワジワと、本線と端の側を交互に引っ張って締めてゆくのがキモ。本線と端の両方を引っ張っても、構造上締めこむ事はできない。

KNOT DATA

○おすすめ度	★★★★★
○信頼度	★★★★★
○結束力	★★★★
○作りやすさ	★★★★★

総合評価 19/20

ハングマンズノット

リーダーとスナップ or ルアーの結束

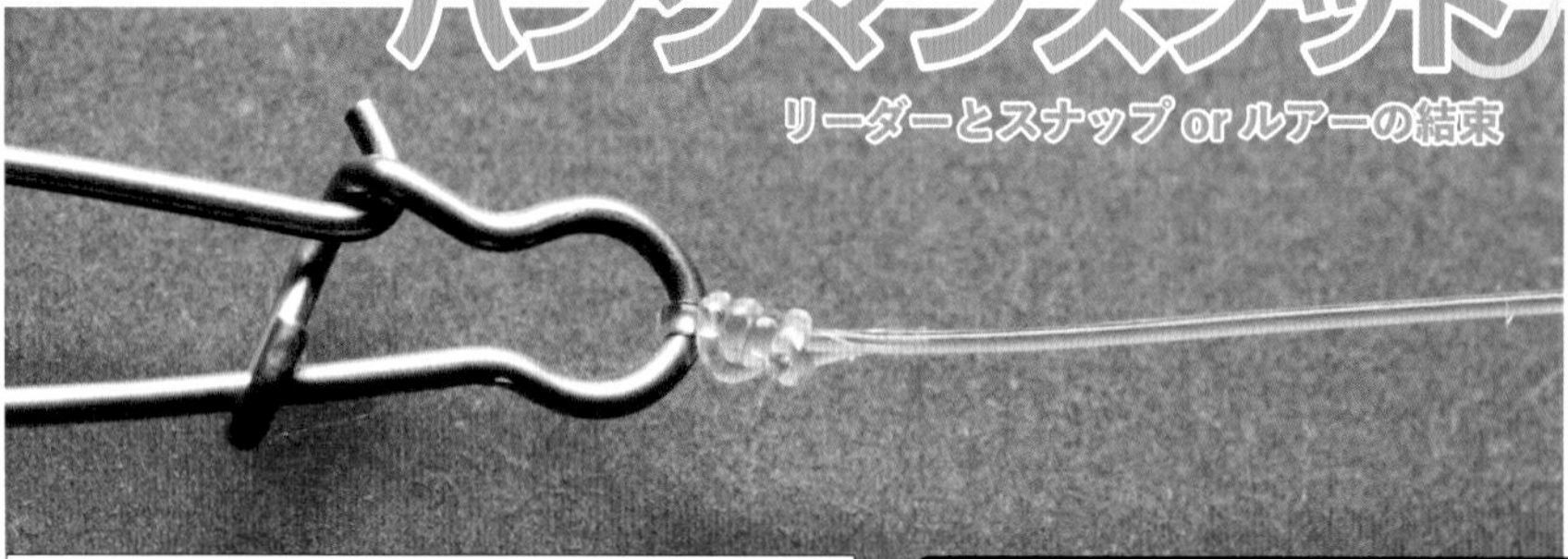

一見してクリンチノットと良く似ているが、クリンチノットで巻き込むラインが1本なのに対して、こちらは2本という点で異なる。また、クリンチノットよりも締め込みが容易で、しかも解けにくいので、強度的な安定感がある。

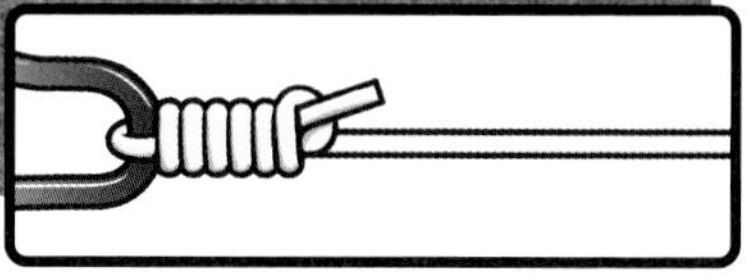

負荷が掛かるほど締め込まれる

簡単なノットだが、その結束強度は高く、安定性もあって信頼できる。仕組み上、負荷が掛かれば掛かるほどノットが締め込まれてゆく。そう言う意味では潰れに対して強いPEラインには最適の結びかもしれない。

注意点と結び方のコツ

3ポンド程度の細ラインで使用する場合は、巻き数を通常の4～5回から、3回程度に減らすほうが強度的に有利。また、細ラインほどしっかりとラインを湿らせて、ユックリと締め込むことで充分な強度が実現できる。PEの場合は、最後に焼きダマを作って処理すること。

PEラインの直結におすすめのノット

最近は相手がシーバス程度であればリーダーを使わずに、ルアーやスイベルにPEを直結するアングラーも多いようだが、そんな場合におすすめなのがハングマンズノット。ブリンソンノットという別名もあり、日本では「行ってこい結び」などと呼ばれたりもする。締め込みの最後に、コクッ……というショックとともにノットが回るので、完全に締め込まれた合図としてわかりやすい。

スイベルやルアーなどにも結びやすいが、対象物をぶら下げた状態での製作が容易なので、重いルアーやオモリ類などに結ぶ時は便利。ラインの太さを選ばないのもこのノットの特徴だが、メバル用などの細ラインの場合は、巻き回数を少なめにするのが良い。完璧に作れば、スッポ抜けなどのトラブルが無いのが、このノットの最大の魅力であり、より完璧なノットを求めるのであれば、ダブルラインバージョンのダブルハングマンズに挑戦して欲しい。

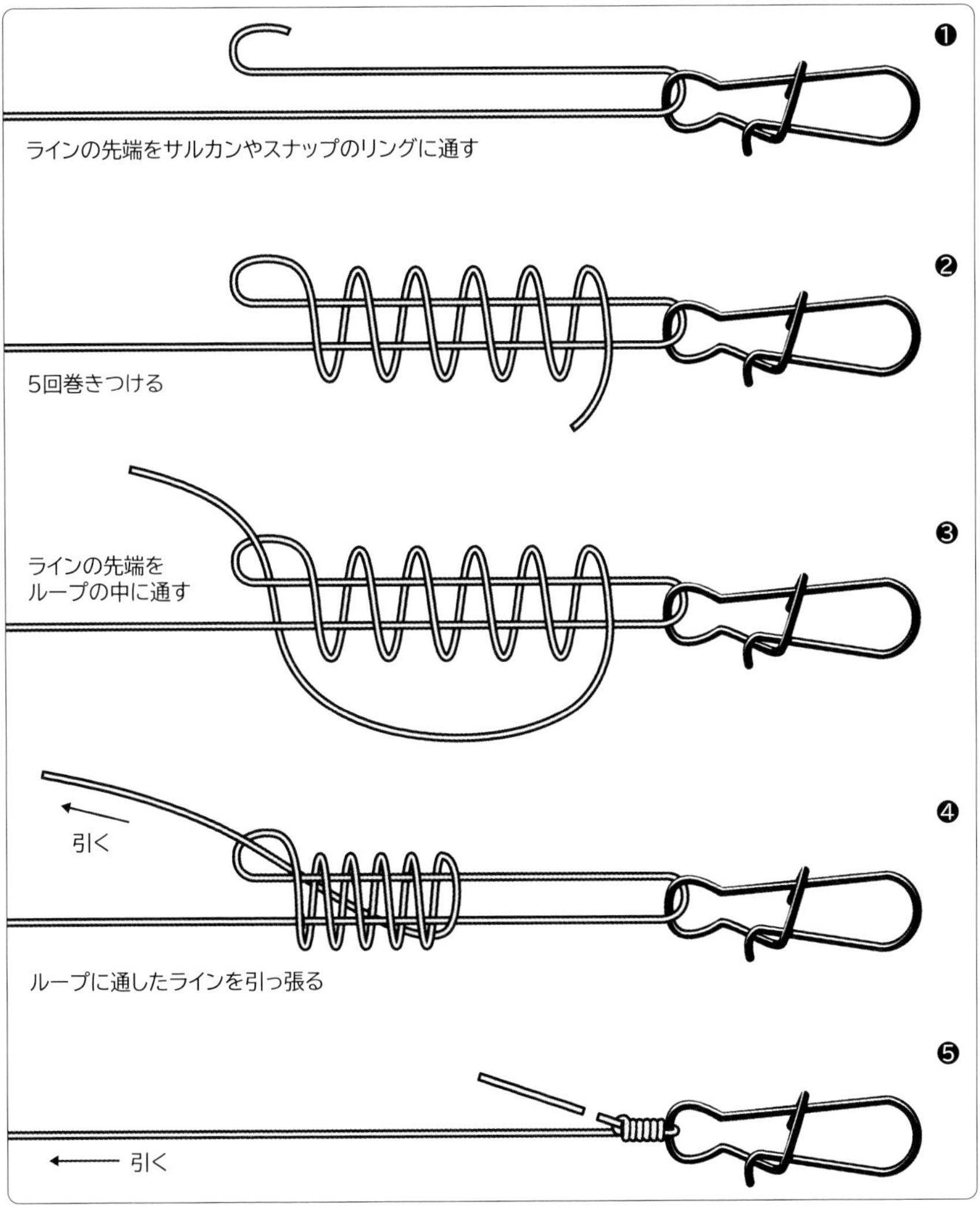
❶
ラインの先端をサルカンやスナップのリングに通す
❷
5回巻きつける
❸
ラインの先端を
ループの中に通す
❹
引く
ループに通したラインを引っ張る
❺
引く

ココがキモ!

ラインを折り返して最初にできるループ部分を手で押さえておき、逆の手でラインを巻き付けてゆくと作りやすい。イラストは下のループにラインを通さない方法だが、細めのラインであれば、一度ラインをくぐらせたほうが強度は出しやすいかもしれない。PEラインで使用する場合は、念のために最後に焼きダマを作ってスッポ抜け対策をする。

KNOT DATA

○おすすめ度	★★★★★	総合評価
○信頼度	★★★★★	19/20
○結束力	★★★★	
○作りやすさ	★★★★★	

電車結び 05

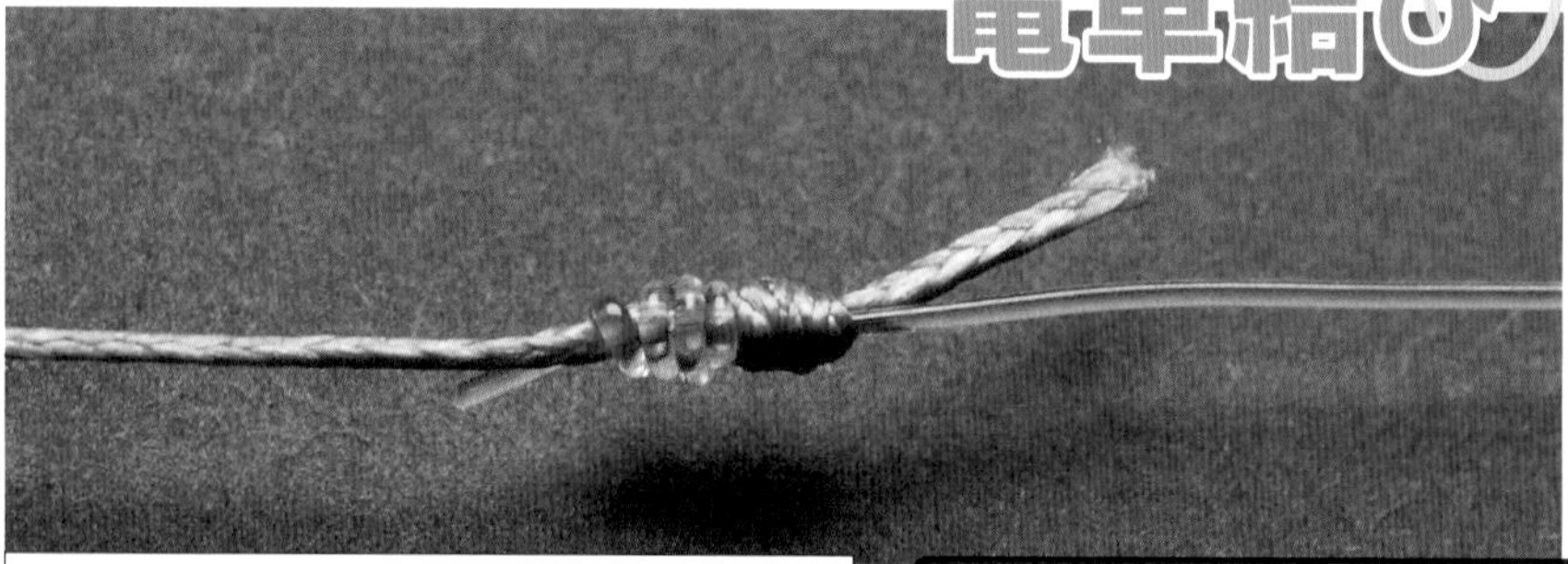

釣りを始めて、最初に覚えるラインとラインの結束方法であり、もっともオーソドックスな結びと言える。太さが異なるラインでも強度が出せるので便利。様々な場面で応用できるので、基本ノットのひとつとして、必ず覚えておきたい。

便利なノットだが、場面によって使い分ける必要あり

8の字結び（エイトノット）と並んで、あらゆる結びの基本となるのが電車結び。応用が利くので、必ず覚えておきたいノットのひとつだが、結束強度はそれほど高くなく、やや信頼性に欠けるのが残念。

摩擦係数が大きく、抜けにくい利点はあるが、負荷が掛かると結び結びが無制限に押しつけられる形となることから切断が発生しやすい。よって、このノットが活かせるのはある程度太めのラインを使用する場合であり、6ポンド以下のラインでは極端に結束力が落ちるので注意したい。

確実に結ぶためのひと工夫として、PEラインとフロロカーボンラインなど、滑りやすい素材を繋ぐ場合は、巻き回数を多くすることで結束力が高まるが、必然的に結び目が大きくなる。よって、リーダー結びで使用する場合は短めのリーダーにして、キャスト時に結び目がトップガイドに入らないくらいが良い。

ラインの途中接続には不向き

電車結びはエイトノットと違って繋ぐライン同士の長さに制限がないという利点がある。しかし、結び目から出る2本の端線が左右に出るため、例えばリールに巻かれたラインを途中で結んだ場合にはキャスト時に引っかかってライントラブルの原因となる。

注意点と結び方のコツ

滑りやすい素材は多めに巻くのがコツだが、細いラインではなかなか強度が出せないので、ナイロンやフロロカーボンでは8ポンド以上で使用するのが無難。また、PE同士の連結では、すっぽ抜けの可能性もあるので、端線にライターで焼きダマを作って対処したい。

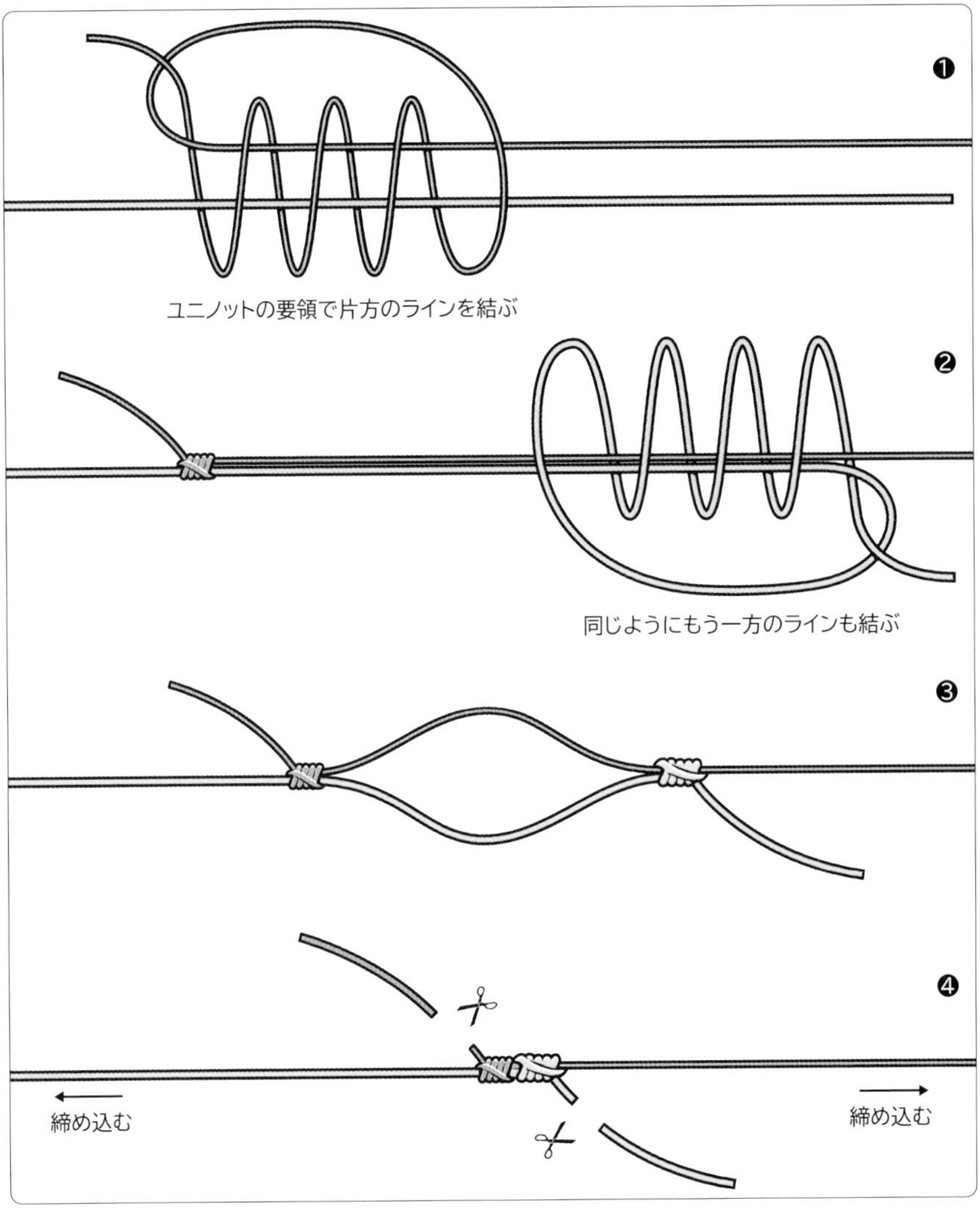
❶
ユニノットの要領で片方のラインを結ぶ
❷
同じようにもう一方のラインも結ぶ
❸
❹
締め込む
締め込む

ココがキモ！

いわゆるユニノットの組み合わせなので、ユニノットを知っていれば誰でも簡単に結べる。最後の締め込みで急激に引っ張ると、熱が発生してラインの劣化が著しくなるので、必ず舌先で全体を湿らせてからユックリと引いて連結させる。ラインの端はギリギリに短く切りすぎると解ける可能性あり。最低でも1～2mmは残しておくのがコツ。

KNOT DATA

○おすすめ度	★★★★
○信頼度	★★★
○結束力	★★★★
○作りやすさ	★★★★★

総合評価 16/20

FGノット

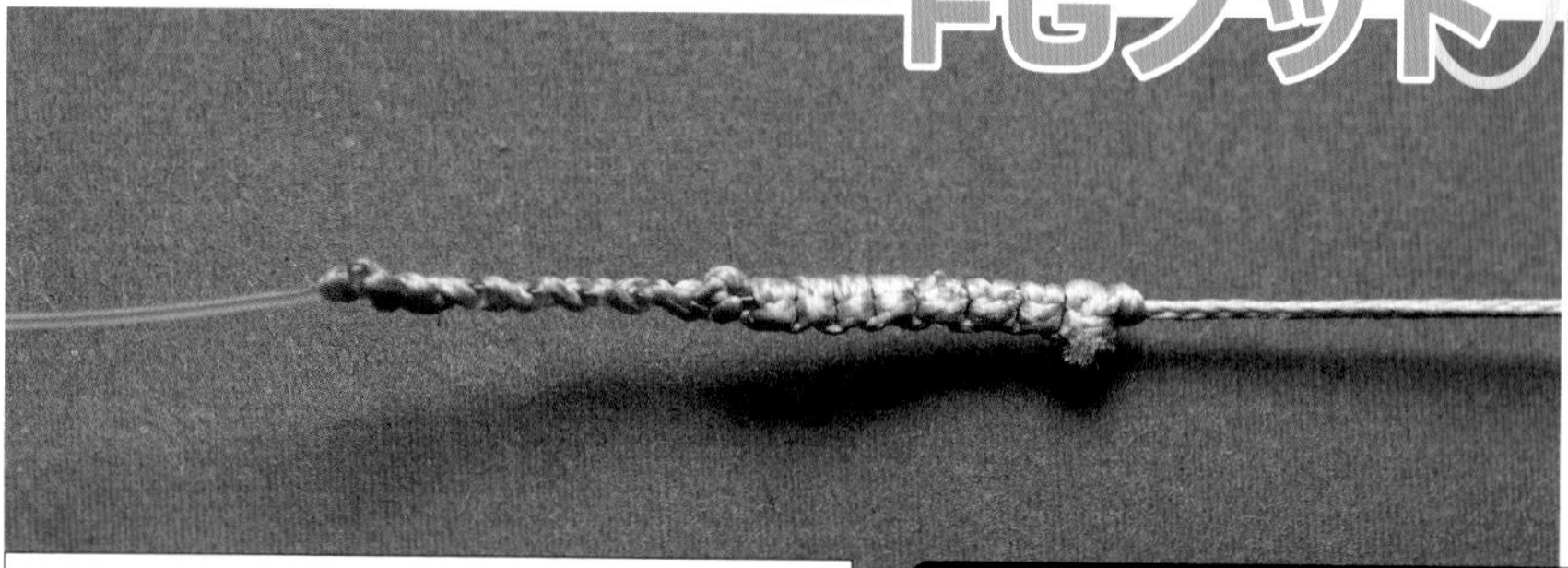

いつの頃からか、ダブルラインを使わずにリーダーを結束する方法が主流となった。その主役となったのがFGノットであり、その結束の強さには定評がある。簡単確実に結ぶ方法も考案され、定番中の定番ノットとして多用される。

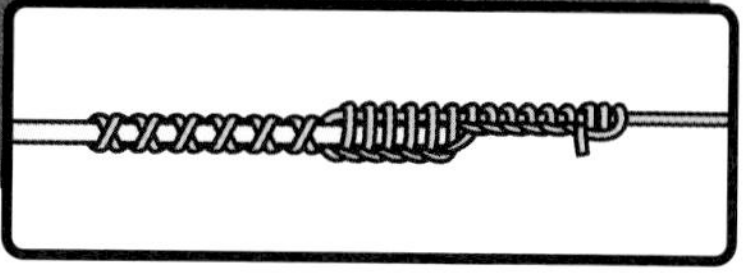

現場で簡単に作れる定番の結束方法

このノットの特徴は、リーダーにPEラインを編み込みしているという点。単純なグルグル巻きよりも、高い摩擦係数を得られるこの方法は、少ない編み込み数でも完璧な強度を生み出す。唯一の欠点は、編み込みの面倒さ。リーダーにしっかりとPEラインを編み込むためには、それなりの慣れと技が必要だ。ノッターなど、専用のアイテムを活用するのもいい。

しかし、近年はリーダー側でPEラインに編み込んでゆくという方法が考案され、これによって現場でも短時間で簡単に確実なノットが結べるようになった。図解のイラストは構造を解説するもの。すぐには理解しにくいかもしれないが、何度かくり返し練習すればやがてコツを掴めるだろう。結び目も小さく、ライントラブルが少ない上に、メバルなどの小物からオフショアの大物まで幅広く対応できる点では、PRノットよりも汎用性が高いノットであると言えるだろう。

ロッドのテンションを利用すれば簡単に作れる

編み込みと聞けば難しいイメージが強いが、リールをロッドにセットし、PEラインをガイドに通した状態でテンションを掛けてから作業すれば、わずか数10秒で編み込みが完成する。つまり、腰までウェーディングしている状態でも、何の問題も無く作れるのがこの方法の大きな特徴。

注意点と結び方のコツ

従来の方法と異なり、リーダー側で編み込んでゆく方法は、編み込み部分の締め込み作業が必要無い。編み込みした時点で、既に締め込みが完了しているからだ。また、この方法では、1回編み込むごとにリーダーを強めに引いて、編み込み部分が重ならないように確認する必要がある。PEのテンションが強すぎると、編み込み部分が開き気味になるので、適度なテンションを保持しよう。

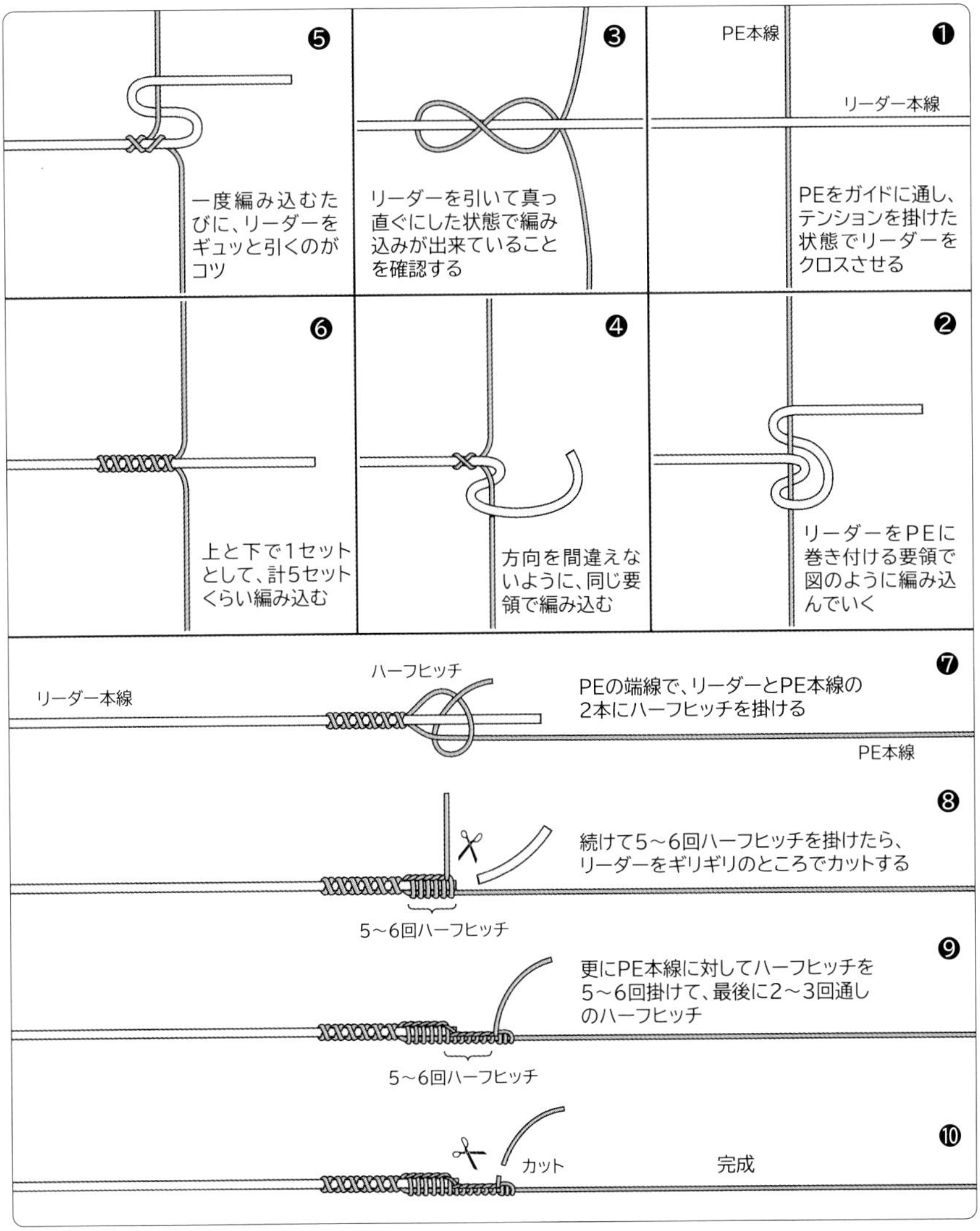
❶
PE本線
リーダー本線
PEをガイドに通し、テンションを掛けた状態でリーダーをクロスさせる
❷
リーダーをPEに巻き付ける要領で図のように編み込んでいく
❸
リーダーを引いて真っ直ぐにした状態で編み込みが出来ていることを確認する
❹
方向を間違えないように、同じ要領で編み込む
❺
一度編み込むたびに、リーダーをギュッと引くのがコツ
❻
上と下で1セットとして、計5セットくらい編み込む
❼
ハーフヒッチ
リーダー本線
PEの端線で、リーダーとPE本線の2本にハーフヒッチを掛ける
PE本線
❽
続けて5〜6回ハーフヒッチを掛けたら、リーダーをギリギリのところでカットする
5〜6回ハーフヒッチ
❾
更にPE本線に対してハーフヒッチを5〜6回掛けて、最後に2〜3回通しのハーフヒッチ
5〜6回ハーフヒッチ
❿
カット
完成

ココがキモ!

編み込み後にリーダーに被せるハーフヒッチは、単純なPEラインのグルグル巻きでも良い。要するにリーダーが飛び出さなければそれで良い。ただし、PEライン本線に対しては、5〜6回のハーフヒッチをしっかりと掛け、2〜3回巻きのハーフヒッチでエンドノットを施すこと。

KNOT DATA

○おすすめ度	★★★★★	総合評価 20/20
○信頼度	★★★★★	
○結束力	★★★★★	
○作りやすさ	★★★★★	

ノーネームノット改

メインラインとリーダーの結束

人気のノーネームノットの改良型。摩擦系と結び系ノットの絶妙な組み合わせで、スッポ抜けは皆無。ノット全体の仕上がりがやや大きめながら、トラブルが少なく、信頼性の高い定番ノットのひとつとして定着。

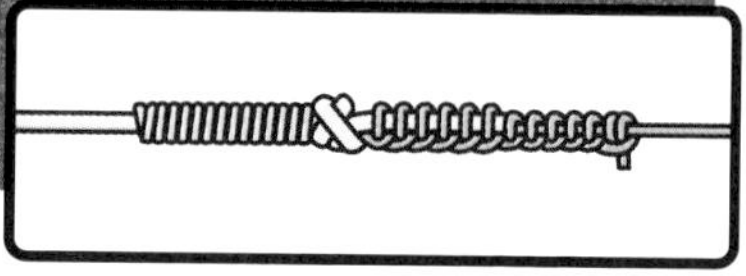

数少ない「結束力100%」の超エリートノット

PEラインの全盛期を迎えてから、リーダー結びは様々な方法で行われてきた。それらの中には結束力100%を誇るものもあったが、複雑さゆえに、製作が面倒で、結び自体が大きくなる……という欠点があった。それら先人の知恵を活かしつつ進化してきたノットのひとつが「ノーネームノット改」。摩擦系にありがちな締め込みの面倒さもなく、「結び」を併用することでスッポ抜けをも防止している。

オリジナルとの違いはPEの巻き方向を片道のみにして、汎用ノットのユニノットを使った点。特別な器具も必要なく、ユニノットとハーフヒッチさえ覚えていれば、誰でも簡単に結べ、しかも初心者でも綺麗に仕上げられる。そういう意味ではリーダー結びの超エリートノットと言えるが、太いリーダーでは結びコブが大きくなる欠点があるので、あくまでライトゲーム用のノットとして活用したい。

太いリーダーには不向きな点も

ノーネームノットの特徴は、スッポ抜け防止のために8の字やユニノットで結びを作る点。20ポンド以下の細めのリーダーならば問題無いが、それ以上の太さになると、結びコブが大きくなってライントラブルの原因となる。太めのラインを使う場合は、FGノットやPRノットのほうをおすすめしたい。

注意点と結び方のコツ

オリジナルのノーネームノットでは、ユニノットではなくて8の字結びが使われている。実はこれには、ユニノットよりもスッポ抜けしにくいという理由がある。2～3回巻きのユニノットでも不安……という場合は、迷わず8の字結びに変更することをおすすめしたい。

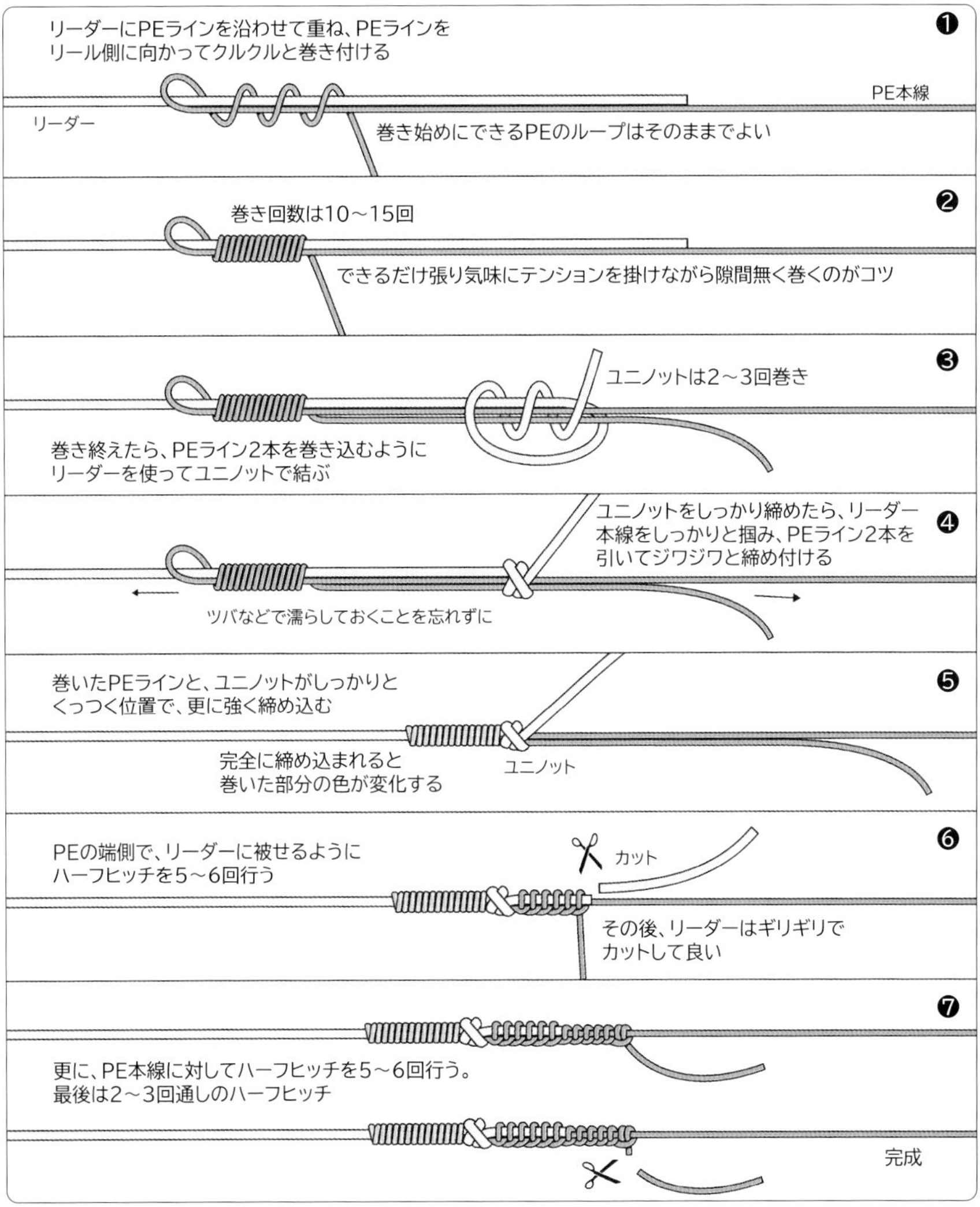
❶
リーダーにPEラインを沿わせて重ね、PEラインを
リール側に向かってクルクルと巻き付ける
PE本線
リーダー
巻き始めにできるPEのループはそのままでよい
❷
巻き回数は10～15回
できるだけ張り気味にテンションを掛けながら隙間無く巻くのがコツ
❸
ユニノットは2～3回巻き
巻き終えたら、PEライン2本を巻き込むように
リーダーを使ってユニノットで結ぶ
❹
ユニノットをしっかり締めたら、リーダー
本線をしっかりと掴み、PEライン2本を
引いてジワジワと締め付ける
ツバなどで濡らしておくことを忘れずに
❺
巻いたPEラインと、ユニノットがしっかりと
くっつく位置で、更に強く締め込む
完全に締め込まれると
巻いた部分の色が変化する
ユニノット
❻
PEの端側で、リーダーに被せるように
ハーフヒッチを5～6回行う
カット
その後、リーダーはギリギリで
カットして良い
❼
更に、PE本線に対してハーフヒッチを5～6回行う。
最後は2～3回通しのハーフヒッチ
完成

ココがキモ!

リーダーの端側は、長く残すとライントラブルの原因になる。よって、PE本線を傷つけないように、ギリギリでカットするほうが良い。ちなみに、PE本線に施す最後のハーフヒッチは、リーダーの端でPE本線をキズ付けないための処置なので、カットしたリーダーに被せてしまっても良い。

KNOT DATA

○おすすめ度	★★★★★	総合評価 19/20
○信頼度	★★★★★	
○結束力	★★★★★	
○作りやすさ	★★★★	

トリプルエイトノット

メインラインとリーダーの結束

いわゆる8の字結びの応用で、単純にラインとラインを結びたい時に使用する簡単な方法。太さの異なるラインでもそれなりに結べるが、全体的な強度は直線強度に対して60～70%と低めなので、大物狙いには推奨しない。ただ、アジング・メバリングなどのライトゲームでは実用性十分のオススメノットである。

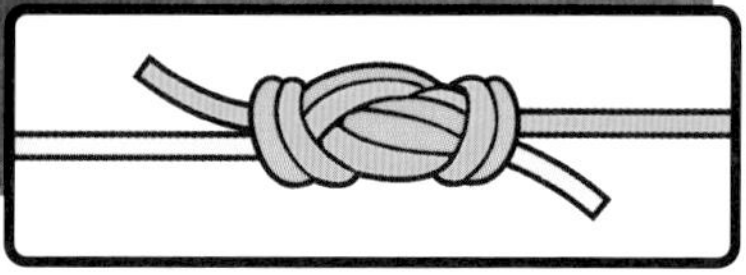

高負荷の釣りには不向き。あくまで簡易ノットとして割り切ること

例えば太めのナイロンライン2本を繋げたい場合などはそれ相当の強度で使えるノットだが、PEラインとフロロカーボンなどの滑りやすい素材同士を繋げるとスッポ抜けの確率が高くなる。よって、負荷の掛かりやすい釣りには不向きと思ったほうが良い。目安としては初期のアオリイカやセイゴやフッコ、メバルなどの小型ロックフィッシュなどが妥当なターゲット。中型以上の青物や高負荷が掛かるリバーシーバスなどでは、時合を逃さないための応急処置的なノットとして使用する以外は、できれば他のノットを使用すべきだろう。

　とは言え、エイトノット自体はぜひとも覚えておきたい基本ノットのひとつ。覚えておけば、ルアーフィッシング以外の釣りでも多種多様に応用できるので是非とも習得しておきたい。

シンプルではあるが……

構造的に、どちらかのラインが短くカットされていないと結べないのが欠点。よって、リーダーを結んだり、仕掛けを作ったりする時は問題ないが、例えばキャスト後に何らかのトラブルによりラインが途中で切れた時などの応急ノットには使用できない。

注意点と結び方のコツ

組み合わせるラインの種類と素材によって、強度を出せる巻き回数が異なる。組み合わせによっては、3回程度で充分なこともあれば、5～6回必要な場合もあるので、何回もテストしてみて自分で使用するラインに合わせたベストな巻き回数を見つける必要がある。

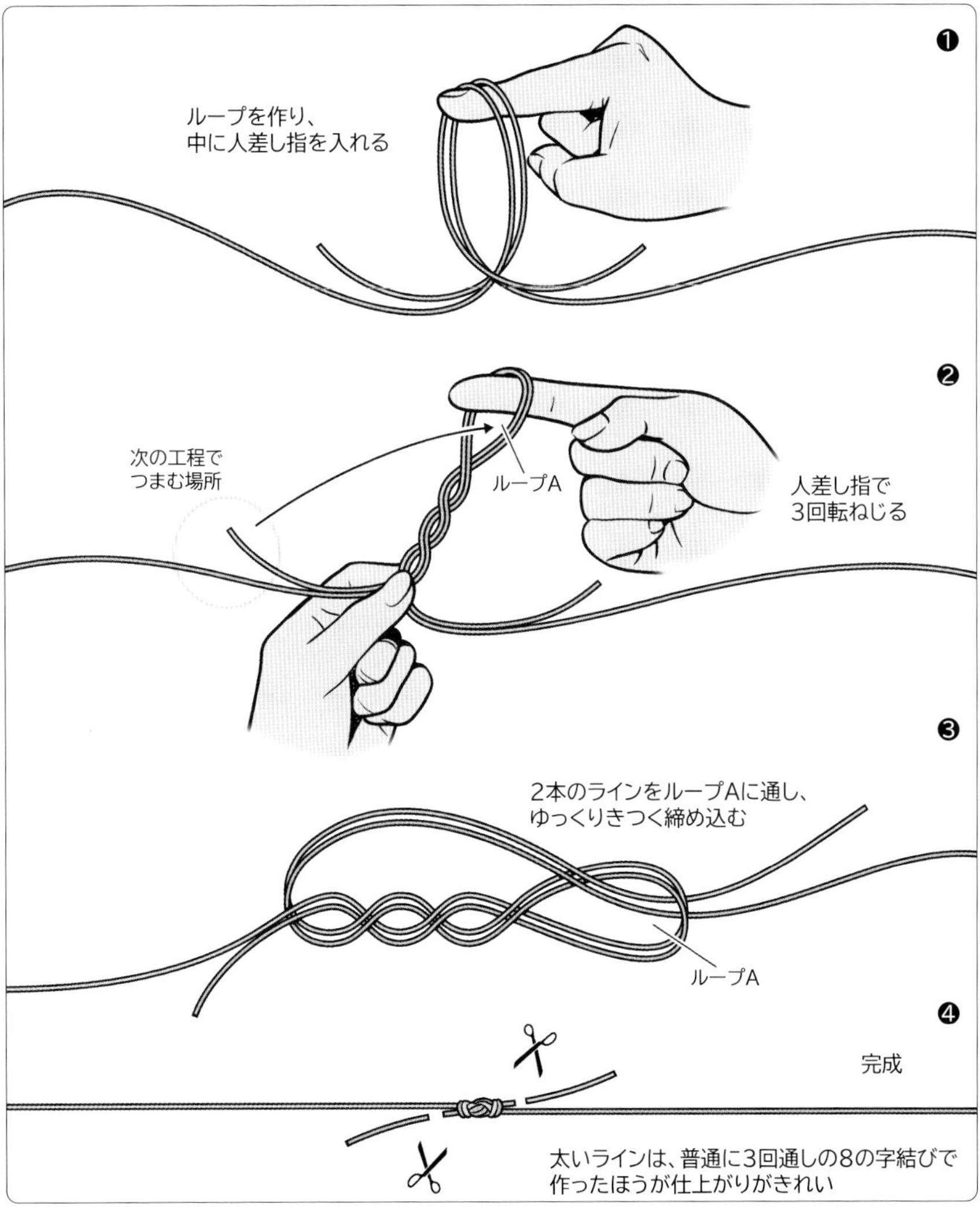
❶
ループを作り、
中に人差し指を入れる
❷
次の工程で
つまむ場所
ループA
人差し指で
3回転ねじる
❸
2本のラインをループAに通し、
ゆっくりきつく締め込む
ループA
❹
完成
太いラインは、普通に3回通しの8の字結びで
作ったほうが仕上がりがきれい

ココがキモ!

PEとナイロンを組み合わせる場合、PEの締め込みによってナイロン素材が潰され、強度が落ちる場合がある。よって潰れに強いnanodaXやフロロカーボンとの組み合わせがベストで、80～90%の結束力を実現することも可能。長時間使用し続けると、結び目自体が劣化してくるので、早め早めの結び直しをしたほうが良い。

KNOT DATA

○おすすめ度	★★★★
○信頼度	★★★
○結束力	★★★
○作りやすさ	★★★★★

総合評価 15/20

ダブルラインの作り方

ビミニツイスト

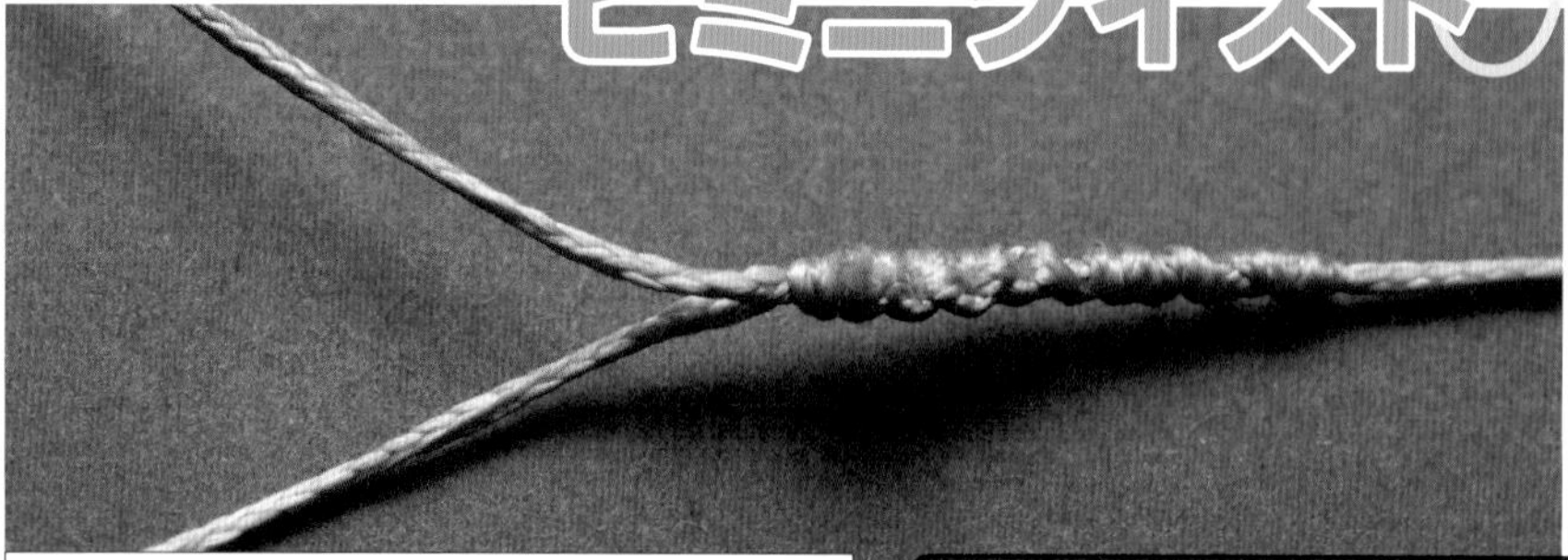

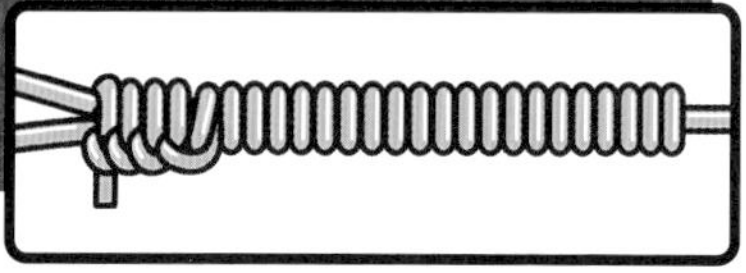

ダブルラインの作り方としてはあまりにも有名。膝やヒジを利用した作り方の他に、近年はロッドの弾力を活かした方法が主流となり、ウェーディングした状態でも簡単に作れることから一般化した。「結び」とは異なるため、ライン強度を100%活かせる利点がある。

根強いファンが多い、ここ一番には必要不可欠なノット

ルアーフィッシングを嗜むならば、ビミニツイストの名前を聞いたことが無いという人はほとんど居ないだろう。それほど有名でポピュラーなノットだが、それでも初心者にとってはやや敷居が高いかもしれない。

　ビミニツイストは本線の上にラインを往復で巻き付けることで、その摩擦抵抗を利用している。そのため、普通の結びとは異なり本線を全く痛めないことからライン直線強度の100%を活かせる。

　FGノットなどの普及により近年はダブルラインを使わない結束方法も多くなってきたが、依然として根強いファンは多く、オフショアの大物狙いや、ここ一発という大切な場面で欠かせないシステムであることは間違いない。「ダブルライン」「ラインシステム」という概念を釣り人の間に浸透させた立役者であり、その功績は大きいと言える。

素材によって巻き回数を変えることで強度保持できる

ビミニツイストの巻き回数は、滑りやすいPEでは25～30回、ナイロンやフロロでは20回前後が目安となる。それ以上でも以下でも強度的な問題が出るので注意。特に、6ポンド以下の細ラインでは20回以上巻くと、潰れによって強度低下が著しくなる。

注意点と結び方のコツ

ラインの巻き上げと返しの両方を、できるだけ密にきれいに重ねて行うことが大切。テンションを掛けすぎると、ラインを巻いた付近の上下にヨレや潰れができて強度低下を招くので注意が必要。テンションの掛け具合は、使用するラインの素材と太さによっても異なる。

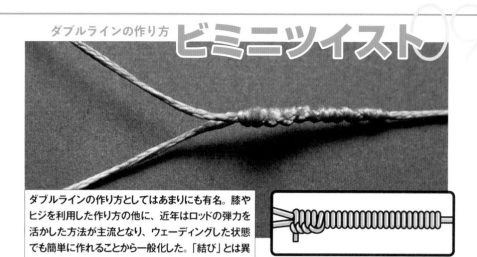

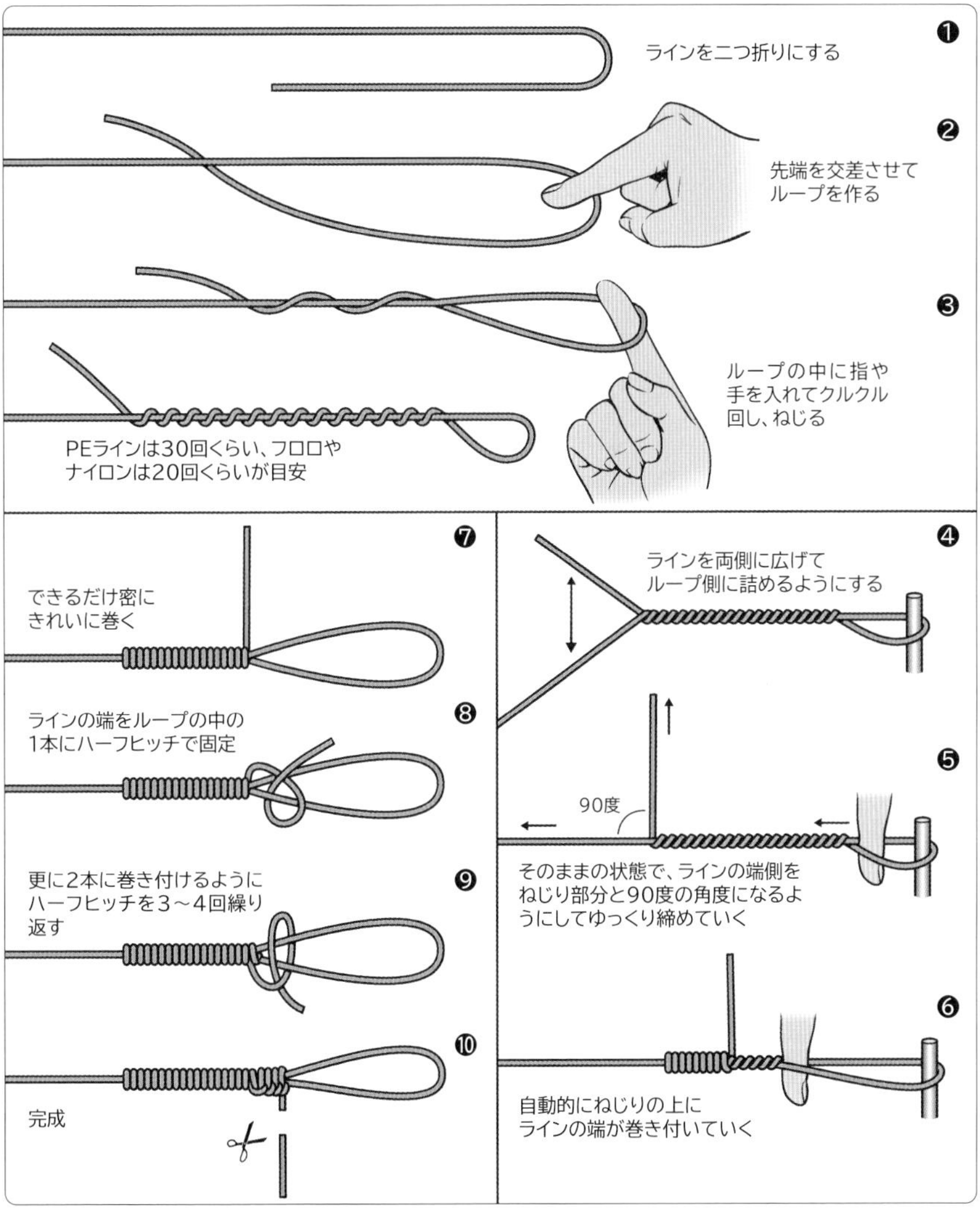
❶
ラインを二つ折りにする
❷
先端を交差させて
ループを作る
❸
ループの中に指や
手を入れてクルクル
回し、ねじる
PEラインは30回くらい、フロロや
ナイロンは20回くらいが目安
❹
ラインを両側に広げて
ループ側に詰めるようにする
❺
90度
そのままの状態で、ラインの端側を
ねじり部分と90度の角度になるよ
うにしてゆっくり締めていく
❻
自動的にねじりの上に
ラインの端が巻き付いていく
❼
できるだけ密に
きれいに巻く
❽
ラインの端をループの中の
1本にハーフヒッチで固定
❾
更に2本に巻き付けるように
ハーフヒッチを3～4回繰り
返す
❿
完成

ココがキモ!

最後のハーフヒッチとエンドノットの回数は人によってまちまちだが、PEならばハーフヒッチ7～8回でエンドノットは3～4回通しが妥当だと思う。フロロカーボンやナイロンの場合は、ハーフヒッチは4～5回で充分。エンドノットも2回通しで解けることは少ない。いずれせよ、ハーフヒッチは回数が多すぎてもあまり意味が無いのでほどほどに。

KNOT DATA

○おすすめ度	★★★★★
○信頼度	★★★★★
○結束力	★★★★★
○作りやすさ	★★★★

総合評価 19/20

COLUMN06

KNOT

自信のあるノット2つでいい

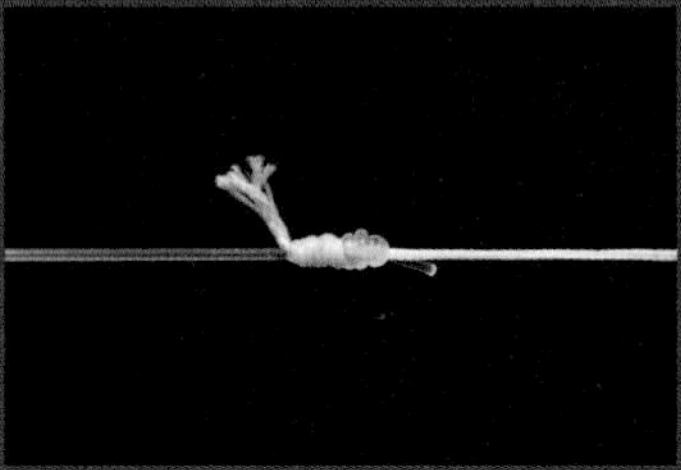

「摩擦系」と「結び系」がある

あまりに多すぎるノットの数。だが、ラインとライン、ラインと結束金具を結ぶ二つだけを覚えれば釣りを楽しめる。そのたった二つを練習すればよいのだ。

快適なルアーフィッシングを楽しむ上で、避けて通れないのが「結び」という作業。ノットと一口に言っても、種類は多く、ラインとラインを結束する「リーダー結び」だけを挙げてみても十数種類が存在する。

ノットに求められるのは、「高い結束力」、「トラブルレス」、そして何よりも「現場で簡単に作れる」ことだ。いくら強いノットでも現場で簡単に作れないのでは実用的ではない。だから、たくさんのノットを覚えるのではなく「自分で自信が持てる2つのノット」を覚えれば良い。

ノットはラインとラインを結ぶ「摩擦系」とルアーや金具類を結ぶ「結び系」に大別される。PEラインを使用するならばリーダーを結び、そのリーダーをルアーやスナップに結ぶ2つの結束を覚える必要がある。

たった2つだが、自分のスタイルに合った結束を見つけるのは難しいかもしれない。実際に現場で使用するラインを使い、これぞと思うノットを自宅で繰り返し作ってみることが大切だ。

では、具体的にどのノットが良いのだろうか?

スナップなどの金属パーツ、またはルアーに直接結ぶ方法でおすすめなのは「ユニノット」や「クリンチノット」。特にユニノットはラインとラインを結ぶ電車結びや、ラインをスプールに結ぶ時など様々な応用が可能だ。

PEラインにリーダーを結ぶ時のおすすめは「FGノット」と「ノーネームノット改」。いずれも慣れてしまえばそれほど時間を掛けずに結べるし、結束強度も100%に近い。

ここだけは注意しよう

どんな結びにも言えることだが、最後の締め込みの時に発生する「熱」。結びを弱くする原因がこの「熱」であり、締め込み時に結びの部分を水に浸けるか口に含んでツバで湿らせるだけで締め込みがスムーズになり、より完璧に近い完成度の高い結びに仕上げることができる。

第9章 わかりづらい横文字もすべて解決！

海ルアー完全用語集

ここではルアーフィッシングで頻繁に登場する用語に加え、他の項目で説明しきれなかった用語を集めてみた。英語由来のカタカナ語や釣り人の間でのみ使われるような独特な言い回しなども多いルアーフィッシングだが、わからない用語はここでチェックすれば、ほとんど完璧だ。

■ランディング
釣れた魚をネットや器具を使って取り込む動作。シーバスなど、手で取り込むことを「ハンドランディング」と言う。

あ行

■アイ

ルアーにあるラインや、フックをセットするための穴や針金できた輪っか。

■アイチューン

真っ直ぐに泳いでこないルアー（ミノーやクランクベイト）の泳ぎを安定させるために、ラインアイを曲げて調整する行為。

■朝マヅメ

早朝、夜明け頃から日の出までの時間帯で、魚が活発に活動するとされる時合のひとつ。少しずつ明るくなってゆく時間帯のため、日中活発に活動する昼行性の魚に対して有利とされる。

■アジング

近年流行中の主にルアーを使ったアジ釣りのこと。

■アクション

主にルアーの動き・泳ぎを言う。ロッドに対しても使われることがあり、ロッドの曲がり具合や調子のこと。

■アタリ

魚がルアーに触れることで手元に伝わる小さな衝撃。ルアーを追って食い付こうとしているのだが活性が低くフッキングしない状況の場合に使う用語で、必ずしもヒットには結びつかない。バイトとも言う。

■アップクロスストリーム

流れのあるポイントで、立ち位置から上流側45度方向にルアーをキャストする釣り方。低活性の魚に対して有効だが、流れを上手く利用するプラスαのテクニックが要求される。

■アップストリーム

流れのあるポイントで、立ち位置から上流90度にルアーをキャストする釣り方。流れの速さよりもルアーを速く巻き取る必要があるので、ギア比の高いリールが有利。

■アピール

ルアー自体がもつ、魚に対する誘惑性。また、アクションやルアーカラーによって魚に興味を持たせること。「アピール性の強いルアー」、「アピールする」などと表現する。

■アベレージ

季節や釣り場によって異なるが、そのポイントで釣れる平均的な魚の大きさ。アベレージサイズやレギュラーサイズも同じ意味。

■アワセ

ルアーのフックを魚にフッキング（針がかり）させるための動作。一般的にはロッドをあおることで行う。

■アングラー

職業漁師の意味も含むフィッシャーマン（fisherman）とは区別して、趣味で釣りを楽しむ人達のことをアングラー（Angler）と呼ぶ。一般的にはルアーやフライなどを楽しむ人達のことをさす場合が多い。

■居着き

回遊せずに、そのポイントや釣り場に

居着いている魚。

■糸よれ
糸がねじれてしまうこと。

■イレギュラーアクション
ルアーの動き。トゥイッチングやジャーキング、ヒラ打ちなど。

■入れ食い
キャストするたびに魚がヒットする状態。ワンキャスト・ワンヒット。

■ウォブリング
ボディ中心付近を支点にして、ヘッドとテールを左右に振るルアーの泳ぎ。

■ウォブンロール
ウォブリングにローリングの動きが加味された泳ぎ方。

■エギング
日本伝統のイカ釣り漁具、エギ（餌木）を使った釣りのこと。主にイカ類をエギを使って釣ることの総称。

■エリア
近年はトラウト類など管理釣り場で楽しむ釣りを「エリアフィッシング」と呼ぶが、元来はその場所のことであり、「このエリアは大型が多い」などという使い方をする。

■遠心ブレーキ
ベイトキャスティングリールのブレーキの一種。スプールの回転による遠心力によって、ブレーキパーツが外に膨らみ、回転を制御するシステム。

■オーバーハング
岩壁の傾斜が頭上にヒサシ状に覆い被さっている状態のこと。釣りでは磯などで足もとがえぐれている地のことを言う場合が多い。

か行

■ガイド
ロッド（竿）に付いているラインを通すパーツ。ラインが触れる部分はガイドリングと呼ばれ、摩擦熱などに強い高級素材がSiC。

■ガイドフレーム
ガイドの足の部分～リングを囲むところ。主にチタンやスチールなどの金属製だが、珍しいところではカーボンを使用したものもある。

■回遊魚（かいゆうぎょ）
居着きとは異なり、一定の場所にとどまらずに常に移動している魚のこと。

■カケアガリ
海底や湖底の傾斜の大きく浅くなる場所。魚の着きやすい場所なので、ぜひとも狙いたいポイントのひとつ。

■カーボン
現在主流となっているロッド素材だが、たくさんの種類がある。一般的に反発力が強く高感度。他にグラファイトやボロンなどの素材が使われる。

■逆引き
流れのある釣り場で、クロス、ダウンクロス、ダウンストリームにキャストし、ルアーが流れを受ける状態でリトリーブする釣り方。下流から上流に引き上げてくる釣り方。

■キーパーサイズ
キーパー＝キープのことで、もともとはブラックバスの競技で検量可能なサイズのことを言う用語。ソルトウォーターでは、持ち帰っていいサイズの意味で使われる。キーパーサイズ以下はノンキーパー＝ノンキー。

■キャスト
ルアーを投げること。

■キャスタビリティ
ロッドの投げやすさや投げる性能のこと。

■キャッチ＆リリース
ゲーム性を楽しむフィッシングスタイルで、釣った魚を可能な限り傷めずに元気な状態で再放流すること。ルアーフィッシングのルールのひとつだが、強制されているわけではない。食べたければ持ち帰っていい。

■クロスストリーム
流れのあるポイントで、立ち位置から流れに対して真横にキャストする釣り方。下流側にルアーを流しながら、ターンさせる誘い方が一般的。

■クリアホロ
ベースがクリア系のルアーに、ホログラムシートを貼り付けたタイプ。昼夜問わず良く釣れるため、近年はこのタイプのルアーが多くなった。グリッターなどのラメを散りばめたカラーはクリアラメ。

■ケイムラ
UV発光する塗料のカラーの中で、蛍光紫のもの。紫外線を受けて紫やブルーに光り魚に対してアピールするが、人間の目では視認できない。

■外道（げどう）
狙った目的以外の魚が釣れた場合、その魚に対して使う言葉。シーバス狙いで釣れたヒラメは外道。

さ行

■サミング
本来はベイトキャスティングリールで使われる用語で、キャスト時にスプールを親指（thumb）で押さえることでラインの繰り出し量を調整する方法のこと。スピニングタックルでは、スプールエッジに指をあてるので、フェザーリングと言うのが正解。

■ジギング
メタルジグを使用した釣りの総称。ショア、オフショアを問わずメタルジグを使用した釣りはジギングと呼ぶ。本来の英語のジギングは、船で電動リールを使ってイカを釣ること。

■スイッチ
低活性でルアーを追わない状態から、何らかの方法、要素を与えて活性を高めることを「補食スイッチをオンにする」と言う。スイッチを入れる、スイッチが入る。

■スウィープ
バイトがあった直後のアワセの方法。スイープも同じ意味。「ゆっくり大きく」という意味で、確実に深いフッキングを求める場合に有利。対義語は「速く強く」を意味するシャープ。

■ステディリトリーブ
アクションをルアー本来の泳ぎに任せて、ノーアクションのままリールだけを巻く方法。ストレートリトリーブ、ただ巻き、棒引きなども同じ意味。

■ストリンガー
スナップを大きくしたような金属製、またはプラスティック製の道具で、釣った魚をつないでおくために使用する。釣った魚を活かしておきたい時は必需品。

■ストローク
リフト＆フォールやジャークなど、ロッド操作を必要とするアクションにおいて、ロッドを操作する振り幅のこと。大きな振りの場合はロングストローク、小さな振り幅の時はショートストロークと言う。

■スパイラルフォール
フォールテクニックのひとつで、らせん状（スパイラル）にルアーを落とし込む方法。多くの場合ルアー自体のフォール姿勢に依存し、ロッドワークでの演出は難しい。

■スプーニング
金属ルアーのスプーンを使った釣り全般のこと。元来はトラウト用語だが、海でもスプーンが使われるようになってからは、淡水、海水にかかわらずスプーニングと呼ぶようになった。

■スレ
ファールフッキングとも言い、フックが魚の口以外に引っかかってしまうこと。複数のフックを持つプラグ類では頻繁に発生する。

■ソーク
ワームオイルにワームを浸け置きしてボディに染みこませ、匂いや味を付けること。ソークされたワームは大きく太くなる。近年は最初からオイル浸けされたものが多数販売されている。

た行

■タイト
魚がストラクチャーにピッタリ張り付いている状態。またはその付近を攻めること。

■ダウンクロスストリーム
流れのあるポイントで、立ち位置から下流45度にキャストする釣り方。逆引きを併用して、ひとつのポイントをジックリと攻めたい時に有効。

■ダウンストリーム
流れのあるポイントで、立ち位置から下流真下にキャストする釣り方。

着水と同時にルアーには水の抵抗が掛かる。リーリングしなくてもルアーが泳いでくれる。

■ただ引き

ステディリトリーブ、ストレートリトリーブ、ただ巻き、棒引きと同じ意味。実際の会話の中では、もっとも分かりやすく多用される用語。

■ダートアクション

トゥイッチングやジャークのアクションで、ミノーのバランスを不規則にするテクニック。エギングでは釣果を左右する重要なアクションのひとつ。

■タフコンディション

魚の活性が低く、なかなかルアーに反応しない状態。人が多い釣り場で魚がスレていたり、水温低下で魚の動きが鈍い時などにこのような状態になりやすい。短縮して「タフ」「タフコン」と言う。

■チェイス

ルアーの後方を魚が追ってきている状態。活性が低い時にありがちで、なかなかヒットしてくれないケース。「チェイスはあるがヒットしない」などと使う。

■テクトロ

主に岸壁で、際にルアーを落とし込み移動しながらトローリングする方法。シンキングミノーなどを使う。「テクテク歩いてトローリング」という意味だが、実際は小走り程度のスピードのほうがよく釣れる。

■テールウォーク

シーバスなど、ヒット後に水面で暴れて「シッポで水面を歩く」ように見える状態のこと。シーバスゲームの醍醐味だが、フックアウトを招きやすくバラシの原因になる。

■テンション

釣り人の精神状態を言う場合もあるが、多くはラインの状態を言う。ラインを張った状態を「テンションを掛ける」、「テンションを維持する」などと言い、スラックが出ている状態はテンションフリー、またはノーテンション。

■テンションフォール

カーブフォールと同じ意味。ラインテンションを保ちながらフォールさせる方法。放物線状にゆっくりと落とし込みたい時に使うテクニック。ラインが張り気味なので、小さなバイトでも感じ取りやすい。

■ドラグ

リールの機能のひとつ。魚の引きでラインが強く引っ張られるのに対して、ラインを少しずつ送り出すことで切れるのを防ぐ機能。

■ドリフト

流れを利用して、ルアーを流しながら誘うテクニック。トゥイッチングなどのアクションを加えることで、アピール力が増す。

■トレース
ポイント付近にルアーを通すこと。トレースさせる軌道のことをトレースコースと言う。「テトラ際をトレースしたら食ってきた」などと使う。

■ドロップオフ
主に淡水域で、ある部分から岸壁状に急激に深くなっている状態のこと。岸壁の際は魚の回遊コースになり好ポイントを形成する。

な行

■ナイロン
釣り糸としてポピュラーな素材。誰でも扱いやすいので、最初に触れるラインとしてオススメである。

■ナブラ
大型の魚の群れが海面で小魚を捕食し暴れている様子。捕食モードの魚がいるので、チャンス大。

■根（ね）
岩、海草、魚礁など海底にある障害物の総称。

■根掛かり（ねがかり）
フックやオモリなどが岩や石、海草などに引っ掛かってしまうこと。無理矢理外そうとするとロッドの破損などに繋がることもある。

■ノッコミ
魚が春に産卵のために浅場へとやってくる行動のこと。

■ノット
結び方のこと。

■ノーバイト
アタリがまったくないこと。

■ノーフィッシュ
魚が釣れないこと。ボウズと同義語。

■ノンアピール
ルアーカラーで、ピンクやチャートなどのアピール系カラーに対して、ブラックやレッドなどの地味なカラーをノンアピール系と言う。

は行

■バイト
魚がルアーを追いかけて、瞬間的にルアーに触れたがフッキングしていない状態。アタリのこと。魚の存在が感知できることで、次のキャストに気合いが入る。

■パイロットルアー
経験上、その場で釣れる確率が高く、最初に「様子見」のためにキャストするルアー。または、魚の活性を確認するために使用する、自分が得意とするルアー。

■ヒット
ルアーフィッシング全般で使われる用語で、魚がハリ掛かりすること。同じ使い方で「フィッシュ」や「フィッシュ・オン」がある。

■バーチカル
主にオフショアジギングで使われる

用語で、キャストせずに船の真下にメタルジグを沈めて釣ること。

■バチ抜け

主に砂泥底の海域で、夜になるとゴカイ類が産卵のため泥から抜け出て水面を泳ぎ回る状態。全国で見られるわけではなく、南東北以北ではほとんど見かけることが無い。

■PEライン（ぴーいーらいん）

超高分子量ポリエチレンで作られた糸。比重が軽く水に浮く。引っ張り強度が強く、伸びが少ないことが特徴。PEラインの先に素材の異なるショックリーダーを付けるのが基本。

■比重（ひじゅう）

物質の質量を同体積の1気圧における4℃の水の質量で割った値。要は水は、比重1と思っていればOK。

■ヒットルアー

魚が釣れたルアーのこと。過去に実績があるルアーのこと。また、その場所で有効なルアーのこと。

■ピンスポット

限られた範囲のごく狭いポイントのこと。そこでしか魚が釣れない場合に使用する用語。

■ファイト

魚がヒットして、暴れること。またはそのやり取りやランディングまでの過程を楽しむこと。よく暴れた魚に対しては「ナイスファイト」と賞賛する。

■フィッシュイーター

一般的には日常的に小魚をエサにしている魚のことを言う。しかし、多くの魚が小魚類を捕食して生きていることを考えれば、魚類のほとんどがフィッシュイーターと言えなくもない。

■フィーディング

フィッシュイーターが小魚を追って捕食している状態のこと。小魚が着きやすく、それを狙って大型魚が回遊しやすいポイントは、フィーディンクスポットなどと呼ぶ。

■フェザーリング

スピニングリールでキャスト時に、スプールエッジに指を添えてラインの出方を調整する方法。サミングとも言うが、サム（thumb）とは親指のこと。本来ベイトリールで使う用語。

■フッキング

魚の口唇にフックが刺さること。「フッキングが甘い」とバラシが発生する。「確実なフッキング」のためには、新しいフックを使い、しっかりとアワセを入れることが大切。

■プラッギング

ミノーやバイブレーション、ペンシルベイトなど、プラグ全般を使ったルアーフィッシングの総称。

■フリーフォール

ラインスラックを出した状態でテンションフリーでルアーを沈めてゆく誘い方。テンションフォールよりも速く沈むので、ボトムに速く沈めたい時に有効。ルアーのバランスによっては、不自然になることもある。

■ブレイクライン
サーフなどで、沖に向かって水深が深くなっている部分のこと。このような地形では、波が盛り上がり砕ける現象が見られるため「ブレイク」という言葉が用いられる。周囲は魚が居着きやすい好ポイントを形成。

■プレゼンテーション
ポイントと思われる場所にルアーをキャストして送り込むこと。

■ベイエリア
BAYは港のこと。よってベイエリアは港湾部の意味。港ほどの規模ではなくも、大きめの漁港や堤周りなど、人工物が多い場所はベイエリアと呼ばれることが多い。

■ベイトフィッシュ
エサになっている魚。アジ、イワシ、サバ、ボラ、ワカサギ、サヨリなどの小魚類。単にベイトと呼ぶ場合もあるが、その場合はエビやカニ類など、捕食対象全般を指して言う場合が多い。

■ボイル
魚が小魚を追い回して、水面でお湯が沸騰するように波紋を作っている様子。

■ボウズ
魚が1尾も釣れなかったこと。または本命として狙っていた魚が1尾も釣れなかった状態のこと。

■ポンドテスト
主にラインの強度表示。4ポンドのライン強度は約2kgで、国内における表示方法では4ポンドが1号となる。よって12ポンドのラインは3号。ただし、これはライン自体の切断強度を示したもので、実際には何かに結んで使用されるために（結束強度）、強度は10～30％低下する。また、「IGFAクラス」と表記されたものは、「表示ポンド数以内で切断される」という意味で、強いラインということではない。

■ポンピング
魚がヒットした時に、弾力を利用しながらロッドを立てて魚を引き寄せ、引き寄せた分をロッドを前に倒しながらリールを巻いて回収する繰り返しのこと。ラインテンションを常に一定に保つのがバラシ回避のコツ。

ま行

■マッチ・ザ・ベイト
今現在、その場所で魚がどんなベイトを食べているかを予測し、そのベイトに似せたサイズやカラーのルアーをセレクトすること。

■マヅメ
マヅメ時とも言う。1日で朝と夕方の2回あり、夜明け直後、日暮れ直前の太陽が出ていない薄暗い状況のこと。一般的に潮汐に関係なく魚の活性が高く、よく釣れる時間帯とされる。

■マグネットブレーキ

磁石の力を利用したベイトリールのブレーキシステムのひとつ。

■ミノーイング

プラグ全般を使ったルアーフィッシングのことをプラッギングと言い、その中でもミノープラグを使った釣りがミノーイング。

■メソッド

エサ釣りで言う釣法のこと。ロッドの操作によってトゥイッチングメソッドとか、ジャークメソッドなどたくさん存在する。「爆釣メソッド」、「必釣メソッド」などの使い方をする。

■メバリング

メバルをメインターゲットにした釣り全般のことを言う。

や行

■U字ターン

リバーシーバスなどで河川を攻める場合、ルアーが下流に流されてからターンさせ、逆引きで回収するまでの間の軌跡がローマ字のU字になることからこう呼ばれる。ターン直後にヒットするパターンが多い。

■タマヅメ

日没後、日暮れで真っ暗になるまでの時間帯。魚が活発に活動するとされる時合のひとつ。暗くなってゆく時間帯のため、夜活発に活動する夜行性の魚に対して有利とされる。

ら行

■ライズ

水面や水面直下を流されている小魚を補食するために、魚が水面から姿を現す状態。もともとはフライ用語で、水面を流れる虫にトラウト類が反応し、水面に飛び出しながら波紋を作って捕食する状態。

■ライトタックル

細いライン、細いロッドの組み合わせ。また、それらを使った釣りのこと。

■ラインシステム

キャスティング時のライン切れを防いだり、結束力を増す目的で、ライン先端に施される工夫。ショックリーダーを結んだり、ライン先端を2重に編み込んだりと方法は様々。

■ラインスラック

スラック（Slack）は「たるみ」のことで風や水の抵抗で発生する糸フケのこと。「スラッグ」は間違い。ドリフト時などに、より自然に演出するために故意にスラックを出してルアー操作する方法はナチュラルドリフトと言う高等テクニック。

■ラインテンション
ラインをピンと張ること。または張った状態のこと。ラインテンションを維持する……などのように使われる。

■ラトル
プラグに内蔵するガラス、プラスチック、金属などの玉。泳がせるとこれが音を発する。

■ラン＆ガン
ポイント1ヶ所に留まらず、次々に早いペースで多くのポイントを叩いてゆく釣り方。居着きの魚を狙うには効果的だが、回遊魚に対しては裏目にでる場合もある。

■ランカーサイズ
本来はブラックバス用語。「大会で入賞できるほど大きな魚」の意味だが、魚種を問わず大型の魚をこう呼ぶ。

■ランディング
釣れた魚をネットや器具を使って取り込む動作。シーバスなど、手で取り込むことを「ハンドランディング」と言う。

■リアクションバイト
「衝動的に飛びつく」という意味で、食い気のない魚に対して条件反射でルアーを食わせることを言う。

■リーダー
ショックリーダーとも言う。根ズレ防止やショックを吸収する目的で、ラインの先端に結ばれる太めの先糸。主に根ズレしにくいフロロカーボンが使われる。ＰＥライン使用時は必須。

■リブ
ワームのボディに刻まれた凸凹のヒダ。水を噛んで、小さな波動を出す。

■リフト&フォール
ロッドをあおって、水中のルアーを上げ下げするアクションのこと。

■リーリング
リールのハンドルを回転させてラインを巻き取る動作のこと。

■ルアー
LURE。ゴムやプラスチック、金属、木材などあらゆる素材で作られた疑似餌の総称。

■ルアーセレクト
釣り場の状況や条件などを考慮した上で、その時々に有効と思われるルアーを選択すること。

■レッドヘッド
パールホワイトやホログラムのボディで、頭部を赤く塗装したカラーリング。シーバスのナイトゲームでは、定番中の定番カラー。

■レンジキープ
魚の泳層に常にルアーがあるように、または常に同じレンジをルアーが通過するようにリーリングスピードやロッド角度を調整すること。

■ロッド
釣り竿のこと。

■ロッドパワー
そのロッドがどれだけの負荷に耐え

られるかの目安。ライト、ミディアム、ヘビーなどで表記される。

■ローテーション

カラーやルアーを交換すること。

■ロングビル

細長い形状をしたリップのこと。

■ローリング

ルアーアクションのひとつ。ボディをねじるようにして泳ぐ動き。

■ロッドワーク

ルアーに対して任意のアクションを与えたり、魚とのやり取りで障害物を交わしたりする時に行うロッドの操作全般のこと。

■ロスト

ルアーを根掛かりなどで無くすこと。

わ行

■ワーミング

ワームを使った釣りのスタイル全般の呼び方。ジグヘッド、スプリットショット、テキサス、キャロライナなどたくさんのリグがあるが、リグに関係なくワームを使っていればワーミングと言う。

■ワームオイル

ディッピング、フォーミュラなど様々だが、いずれもワームに匂いをつけたり、ワームの劣化を防ぐための液体。匂いは強烈なので、衣類に付着したりしないように注意。オイルにワームを浸けることを「ソーク」と言う。

■ワンド

入り江のように湾状になった地形。一見英語風だが、和製造語。漢字では「湾処」。

COLUMN07

GAME FISHING

ゲームフィッシングの概念

ベースはIGFAルールにある

ゲームフィッシングという言葉は、敷居が高く感じられる。だが、それは大きな誤解であり、釣りは全ての分野において同じなのである。

「ゲームフィッシング」とはどういう意味だろうか?元来はフライフィッシング用語で、「ハリ掛かりすると暴れる魚」、「食べて美味しい魚」、「獲物」など、主に鮭鱒類に対して使用された。つまりルアーフィッシングに特化した用語ではなく、全ての釣りがゲームフィッシングということであり、娯楽としての釣りを楽しむ「スポーツフィッシング」とも同じということになる。

しかし、現在はそれらを区別して、「ゲームフィッシング」＝「紳士的かつ常識的なルールが必要とされる釣り」という認識であり、漁のための釣りは「コマーシャルフィッシング」と呼び、別の扱いとなっている。

釣りが「食べるため」だけでなく、「楽しむため」の娯楽に変わると、魚の大きさを競う「競技」的な要素を持つようになった。そんな中で乱獲や無駄な殺生を防ぐために作られたのがキャッチ＆リリースに代表されるルールであり、このころから「ゲームフィッシング」の概念や意味合いが変わってきた。

1938年に創立されたIGFA（国際ゲームフィッシュ協会）では、「良い競技をするためには正確なルールが必要」という理念のもと、タックルやフック、ランディングに至るまで紳士的且つスポーツマンシップに則ったルールが細かく決められている。現在、日本で行われているルアーフィッシングは、このIGFAルールをベースとしたものである。

常識と節度を守ること

ルールと言っても、堅苦しいものではなく、例えば、釣り場にゴミを放置しないとか、生き物を大切に扱うとかの類である。記録魚を釣り上げて申請するのが目的でなければ、一般常識内のルールと思って間違いない。よく耳にするキャッチ＆リリースも、強制的なものではなく、常識の範囲内で自分が食べる分を持ち帰っても全く問題はない。

ビギナーのための 海のルアーフィッシング

2023年8月28日初版発行

田澤　晃（たざわ・あきら）
北海道生まれ青森県在住。トラウトからソルトのオフショアまで幅広くこなすマルチアングラー。ライター歴40年。新しい釣りの開拓が大好物で、日本のルアーフィッシングを構築し続ける一人。過去に執筆した記事は5000本をはるかに超える。

STAFF

著　者　田澤 晃
編　集　コスミック出版釣り編集部
カバーデザイン　阿部真司
本文デザイン　田中あつみ
写真撮影　田澤 晃
イラスト　廣田雅之

※本書は2019年7月4日発行の『ゼロから始める爆釣ルアーフィッシング』（コスミックムック）に一部加筆し、再編集したものです。

編集人／佐々木正和
発行人／杉原葉子
発行所／株式会社 電波社
〒154-0002　東京都世田谷区下馬6-15-4
代　表　TEL 03-3418-4620　FAX 03-3421-7170
振替口座：00130-8-76758
https://www.rc-tech.co.jp/
印刷・製本／株式会社 光邦
ISBN　978-4-86490-239-7　C0076